SCHWEBEN ZWISCHEN GEGENSTAND UND EREIGNIS:

BEGEGNUNGEN MIT LILI DUJOURIE

Umschlag: aus dem Video *Sonnet*, 1974

Mieke Bal

Schweben zwischen Gegenstand und Ereignis:

Begegnungen mit Lili Dujourie

KUNSTVEREIN MÜNCHEN

WILHELM FINK VERLAG

Diese Publikation erscheint anläßlich der Ausstellung
Lili Dujourie – Frühe Werke 1969–83

27. Juni – 16. August 1998
Kunstverein München
Galeriestraße 4
D-80539 München
Tel. +49.89.22 11 52, Fax +49.89.22 93 52

Deutsche Erstausgabe
Aus dem Englischen von Silvia Friedrich-Rust

Die Deutsche Bibliothek – CIP-Einheitsaufnahme
Bal, Mieke:
Schweben zwischen Gegenstand und Ereignis : Begegnungen mit Lili Dujourie : [anläßlich der Ausstellung Lili Dujourie – Frühe Werke 1969 – 83, 27. Juni – 16. August 1998, Kunstverein München] / Mieke Bal. Kunstverein München. [Übers. aus dem Engl. von Silvia Friedrich-Rust]. – Dt. Erstausg. – München : Fink, 1998
ISBN 3-7705-3354-2

ISBN 3-7705-3354-2

Deutsche Bearbeitung: Heike Ander
Englische Endredaktion: Sherry Marx
Gestaltung: Leopold & Zonen, Gent
Lithographie: Quart-repro, Gent
Druck: Imschoot, Gent
Auflage: 1000

Printed in Belgium

Dank an: Sophie Lauwers; Barbara Vanderlinden, Roomade, Brüssel; Filiep Tacq; Sophie Spillemaeckers; Johan Van Heddegem

INHALT

Vorwort

Anlaß zu diesem Buch gibt die Retrospektive des frühen Werkes von Lili Dujourie im Kunstverein München. Zehn Jahre nach einer Überblicksausstellung ihrer skulpturalen Arbeiten in Bonn, Grenoble, Otterlo und Berlin, konzentriert sich diese Ausstellung ausschließlich auf frühe, zum Teil noch nie zuvor gezeigte Arbeiten. Diese Entscheidung ist von der Behauptung motiviert, daß Dujouries Frühwerk auf exemplarische Weise die Sprache und Themen veranschaulicht, die seit den siebziger Jahren in der Bildenden Kunst im Rahmen einer Demontage eines erstarrenden Modernismus entwickelt wurden.

Diese Initiative — Buch und Ausstellung — will einen Einblick geben in Lili Dujouries intellektuelle und künstlerische Hintergründe und ihre Position in Bezug zur Definition und Kanonisierung postmoderner Kunst in den achtziger Jahren. Die Ausstellung beschränkt sich — im Gegensatz zu dem Buch — auf den Komplex an Arbeiten, der vor 1983 entstand, dem Jahr, das den Umbruch in ihrem Werk und für seinen Bekanntheitsgrad markiert. In dieser Zeitspanne entsteht Dujouries letzter Videofilm, und sie beginnt mit der Arbeit an den monumentalen Samt-Skulpturen. Diese an barocken Formen orientierten Skulpturen, die ihr ein international positives Echo und die Anerkennung als eine der wichtigsten Vertreterinnen der neuen postmodernen Skulptur einbringen, überschatten die vorherigen Arbeiten.

Die bisherige Einordnung von Dujouries Frühwerk als bloßen Auftakt und vorbereitende Arbeit, das zu stark noch von Einflüssen der Minimal und Konzept-Kunst geprägt sei, versuchen wir mit der Ausstellung zu widerlegen und die thematische Kohärenz sichtbar zu machen, die ihr gesamtes Werk durchzieht und die in den verschiedenen Medien und Materialien abzulesen ist. Der visuelle Minimalismus ihrer Videofilme, Photographien, Collagen und Diaprojektionen ist historisch betrachtet vielmehr als Antwort auf eine Auseinandersetzung innerhalb der Problematik der Repräsentation zu verstehen, welche im Konzeptualismus zur Vermischung von Performance, Film, Dokumentation, Medien und Architektur geführt hat. Diese den Arbeiten inhärente Problematik sucht die Nähe zu den populären Massenmedien und dem Alltäglichen, gerade um der Akademisierung des Konzeptualismus in den siebziger Jahren zu entkommen. Die subtile Form der Kritik an sexueller Politik, die in den Arbeiten gegenwärtig ist, ist heute im Rahmen eines breiten kulturellen und intellektuellen Kontexts deutlicher erkennbar. Das vorliegende Buch ermög-

licht diese umfassende Rezeption und Interpretation und dehnt diese auf Dujouries gesamtes Werk aus, bis hin zu ihren jüngsten Skulpturen.

Bis vor kurzem wurde der Ansatz, Lili Dujouries Arbeiten aus der Perspektive der Auseinandersetzung von Künstlerinnen seit den sechziger Jahren mit den ästhetischen Normen und Kategorien eines essentialistischen Modernismus zu betrachten, als forciert abgetan. Mangelnde und unvollständige Information über die Programme und künstlerischen Positionen ist in einer komplexen und intensiven Epoche der Gegenbewegungen problematisch und verleitet fast notwendigerweise zu geschichtlicher Schematisierung und Simplifikation. Gerade in Europa findet eine Aufarbeitung dieser jüngeren Geschichte ästhetischer Positionen, die sich mit den künstlerischen Diskussionen ihrer Zeit, aber auch in Relation zu intellektuell und politisch rivalisierenden Entwicklungen und Auffassungen innerhalb der Emanzipationsbewegung auseinandersetzen, kaum Resonanz. Diese Perspektive zu verstärken ist eine der Ambitionen unseres Unterfangens. Ziel kann dabei nicht sein, die Geschichte im Licht einer Nostalgie gegenüber radikalen Zeiten zu rekonstruieren. Statt dessen soll eine permanente Hinterfragung ermöglicht werden, eine Betrachtung und Interpretation der Aktualität durch die Brille von Problematiken, die ihre Entstehung in der jüngsten Vergangenheit kennen, und im Bewußtsein der historischen Fakten. Auch in dieser Hinsicht stellt die Konfrontation mit Dujouries Arbeiten ein Wiedererkennen kritischer Themen dar, die die visuell bewußte Übertragung emanzipatorischer Modelle sind, jedoch ohne diese militant vorauszusetzen, sondern vielmehr als Effekt und Reaktion auf visuelle Erfahrung zu konstruieren.

Beim Zusammenbringen von Mieke Bal und Lili Dujourie war unsere Intention und Erwartung, daß durch parallele Interessen beider, obwohl jeweils die eine die Arbeiten der anderen nur skizzenhaft kannte, ein Wiedererkennen stattfinden würde. Diskurs und Kunst sind gleichgewichtig. Wir haben Mieke Bal gebeten einen Text zu schreiben, da sie — ähnlich wie Lili Dujourie — seit Ende der sechziger Jahre in den Beneluxländern an der Produktion von Theorie und Kommentar über Kunst aus einer feministischen Perspektive maßgeblich beteiligt ist. Mit Mieke Bal haben wir zudem eine Autorin angesprochen, die aus derselben Generation wie Dujourie stammt und deren gesamtes Werk einer interdisziplinären Analyse von visueller und diskursiver Sprache gewidmet ist. Unsere Erwartung dabei war, die unterschiedlichen Ebenen von Diskurs und visueller Studie miteinander zu verbinden, mit dem Werk einen produktiven Dialog einzugehen und so das intellektuelle Projekt Dujouries nachzuzeichnen.

Das vorliegende Buch, das selbständig neben der Ausstellung steht, zeichnet sich durch die Intensität des Textes aus, der neue Einblicke und Interpretationen bietet und unsere Erwartungen weit übertroffen hat.

Das Projekt der vollständigen Restaurierung von Dujouries Videofilmen wurde vor einigen Jahren in Angriff genommen, als auf einmal die Gefahr bewußt wurde, daß diese für die Entwicklung der frühen Videokunst wichtigen Arbeiten einfach verschwinden könnten. Unterstützt von der Kommission für Bildende Kunst des Ministeriums der Flämischen Gemeinschaft wurde eine erste Rettungsmaßnahme zur Erhaltung des größten Teils der Videofilme finanziert. Der Plan für eine Ausstellung entstand kurze Zeit später in der Société des Expositions du Palais des Beaux-Arts, Brüssel als Teil einer Ausstellungsreihe über die belgische Avantgarde der siebziger Jahre. Daß dieses immer noch nicht abgeschlossene Unterfangen zur Konstruktion eines historischen Bewußtseins der progressiven Kunst erst aus einem Restaurierungsprojekt entstand, ist angesichts der negativen Konnotation, die dem Begriff Postmodernismus oft anhaftet, eine ironische Wendung des Schicksals und eine willkommene sprachliche Doppeldeutigkeit. Durch die Initiative von Barbara Vanderlinden für Roomade, Brüssel, die auch die Aufgabe der Archivierung und Katalogisierung übernahm, wurde dann die vollständige Restaurierung geplant. Zur Einordnung und Verortung dieser Videoarbeiten war es nun unumgänglich, auch alle anderen Aspekte in Dujouries Werk zugänglich zu machen. Daß dies möglich war, ist in erster Linie der Zustimmung von Lili Dujourie, die es ablehnt, ihre Arbeiten durch eine lineare Chronologie einordnen zu lassen, und ihrer enthusiastischen Mitarbeit zu verdanken. An dieser Stelle möchte ich mich herzlich bei Mieke Bal und Lili Dujourie für den intensiven und ungewöhnlichen Dialog zwischen Arbeit und Interpretation bedanken.

Dirk Snauwaert
Direktor des Kunstvereins München

Einleitung

Lili Dujouries künstlerische Produktion umfaßt enigmatische Videos, sinnliche Skulpturen — oft aus Samt —, Papiercollagen und konzeptuelle Skulpturen. Alle diese Arbeiten, die in einer Schaffenszeit von fast vierzig Jahren entstanden, bedienen sich eines breiten Spektrums von Medien, Konzeptionen und Materialien, haben aber verschiedene Aspekte gemeinsam. Sie alle sind von hohem intellektuellen Gehalt wie auch von starker visueller Aussagekraft. Überdies richten sie sich an mehrere Sinne auf einmal. Aber der wichtigste allen gemeinsame Nenner ist, daß sie ein Gefühl von Begegnung vermitteln. Sie aktivieren nicht nur den Betrachter, der einer so heftigen Konfrontation ausgesetzt wird, daß er oder sie nicht passiv vor ihnen verharren kann, sondern sich mit diesen Werken auf den Ebenen intellektuellen Denkens, sinnlicher Erfahrung und poetischer Teilnahme auseinandersetzen muß. Jede von Dujouries Arbeiten inszeniert auch Begegnungen zwischen Gebieten, die traditionell voneinander getrennt sind.

Ihre Kunst akzeptiert keine Kategorien und keine Abgrenzungen. Sie stellt sich gegen solch konventionelle Gegensatzpaare wie Materie/Intellekt, Zwei-/Dreidimensionalität, Gegenständlichkeit/Abstraktion, Ruhe/Bewegung, Distanz/Nähe, groß/klein; oder gegen Dualitäten wie Subjekt/Objekt, männlich/weiblich, innen/außen, Körper/Geist. Es gibt keine Kategorie, die bei den Begegnungen mit Lili Dujouries Werken intakt bleibt. Im Grunde genommen schweben daher ihre Arbeiten; sie schweben zwischen dem Ding — dem Gegenstand, der materialiter präsentiert wird — und dem Ereignis, der Begegnung, die unsere vorgefaßte Meinung bezüglich der Kategorien wandelt, wobei dieser Wandel von bleibender Wirkung ist. In diesem Sinne sind ihre Arbeiten wie Feuer, um den Hauptvergleich aufzunehmen, den J.L. Austin heranzog, um seine umwälzende Theorie der Sprechakte zu entwickeln: Sie können nie definitiv eingegrenzt, mit Bestimmtheit festgelegt werden.

Eine Folge des interaktiven Charakters dieser Kunst ist es, daß auch eine letzte Unterscheidung aufgehoben wird — wodurch zugleich das Verfassen des vorliegenden Textes komplizierter wird —, die Unterscheidung zwischen dem Kunstwerk und seinem Betrachter. Das folgende kann daher nur demselben Schweben unterworfen sein, jenem Oszillieren, das alle Gewißheiten in Frage stellt. Es gibt keine Gewißheit, ja noch nicht einmal die Wahrscheinlichkeit, daß das, was ich schreiben werde, die Bedeutungen, die Wirkungen, die semantische und ästhetische Bandbreite dieser Kunst »erfassen« wird — ganz zu schweigen von den Intentionen der Künstlerin. Mir scheint es jedoch so, daß man die Wichtigkeit und Wirksamkeit von Dujouries Werken nicht besser deutlich machen kann als dadurch, daß man verschiedene Interpretationen von ihnen vorlegt, die jener Interaktivität, die sie so ungreifbar und gleichzeitig so aufregend macht, gerecht werden. Wie Feuer strahlen diese Werke etwas aus, versetzen einen in Wallung und ziehen sich dann wieder von einem zurück.

Um diesem Werk bestmöglich gerecht zu werden, muß man sich wohl unvermeidlich auf jenen Aspekt konzentrieren, der das Schreiben über dieses Werk zu einem solchen Vorstoß in die fernen Regionen der Ungewißheit macht. Ich habe mich jedoch ohne zu zögern entschlossen, die Anfechtbarkeit, die dies zur Folge hat, hinzunehmen, weil diese am besten der Anfechtbarkeit jener Gewißheiten nahekommt, die jeder Betrachter zunächst in sich trägt, wenn er das Werk anzuschauen beginnt, die dann aber im Laufe seiner Werkerfahrung zerbröckeln. Da eine der Kategorien, die durch dieses Werk zu neuem Leben erweckt und verändert werden, die Kategorie der Zeit ist, habe ich das Gesamtwerk nicht in der Folge seiner Entstehung untersucht. Die Zeitlichkeit des Sehens erhält eine stärkere Bedeutung, während andere zeitliche Aspekte ausgeklammert werden, vor allem so konventionelle wie die chronologische Abfolge. Im folgenden lege ich meinen Bericht über eine Reise durch Dujouries Schaffen vor, der, wie es unvermeidlich der Fall ist, durch das, was mich gegenwärtig beschäftigt, gefärbt wird. Dazu gehört ein schon lange währendes Interesse für die Kunst des 17. Jahrhunderts. Diese Begegnung mit Dujouries Kunst hebt daher Aspekte ihres Werkes hervor, die in Einklang mit diesem Interesse stehen. Diese Resonanz kann ein Effekt unserer Kontemporaneität in Geschichte sein, muß es aber nicht ausschließlich.

Als Folge davon wird Dujouries Werk in eine retroaktive, meta-geschichtliche Position gerückt. Das ist die Art und Weise, in der ich auf dieses Werk reagiere, mit einer Parteilichkeit, die unumgänglich ist, die ich aber von vornherein deutlich machen will. Mit dem Terminus »interaktiv« möchte ich ausdrücken, daß die Zusammenhänge, die ich im folgenden aufzeigen will, wechselseitig und nicht chronologisch im einfachen Sinne des Wortes sind. Anders ausgedrückt: Ich will auf keinen Fall unterstellen, daß Lili Dujourie durch Elemente der barocken Kunst, die ich heranziehen will,

Koraal, 1972

um ihr Schaffen zu erläutern, »beeinflußt« wurde; und auch nicht, daß ihr Werk, was den »Stil« betrifft, als »neo-barock« charakterisiert werden könnte, was auch immer dieser Ausdruck bedeutet, und als Ausläufer oder Teil einer »Kultur des Übermaßes« betrachtet werden kann, so daß es sich verpacken und in eine »Bewegung« einordnen ließe. Statt dessen erhellt ihr Werk für mich im Rückblick eine große künstlerische Tradition, die uns so vertraut geworden ist, daß wir dazu neigen, ihre revolutionären Neuerungen über ihrem dekorativen Überschwang zu vergessen. Mit anderen Worten, Lili Dujourie hat mein Denken über den historischen Barock differenzierter werden lassen.[1] In diesem Sinne nimmt ihre Kunst innerhalb der Geschichte abendländischer Kultur auch eine »Meta«-Stellung ein: ein analytischer, kritischer Kommentar zu dem, was ihr vorausging. Durch mein besonderes Interesse möchte ich keinesfalls nahelegen, daß die Beziehungen von Lili Dujouries Werken zur Geschichte der westlichen Kultur und ihrer künstlerischen Produktion auf die Barockzeit beschränkt sind. Es ist ein Beispiel für die kritische Kraft der Kunst, denn aus ihrem Werk lassen sich auch retroaktive Kommentare zu anderen Perioden der Kunstgeschichte gewinnen, wie zum Beispiel für den Abstrakten Expressionismus und die Konzept-Kunst. Diese Beziehungen, die ich herausheben will, machen aber zweierlei deutlich, die Schwierigkeit Dujouries Kunst zu kategorisieren und die vitale Interaktivität, die sie vielleicht am treffendsten charakterisiert.

Aus diesen einleitenden Bemerkungen wird deutlich, daß dieser Text ein Essay im ursprünglichen Sinn des Wortes ist, ein Versuch, meine Begegnung mit dieser Kunst zu etwas Bedeutungsvollem zu machen, so daß sie dazu beitragen kann, die Begegnung anderer Betrachter mit ihr ebenfalls bedeutungsvoll zu gestalten. Ich möchte, daß dieser Text zur Klärung und Spezifizierung von Lili Dujouries Kunst beiträgt, anstatt sie zur »Veranschaulichung« vorgefaßter Ideen und Kategorien heranzuziehen. Aber das kann nur eintreten, wenn das Schreiben über sie ebenfalls als Begegnung

1 Zu dieser Auffassung der Beziehung zwischen zeitgenössischer Kunst und »Vorgängern« vgl. mein Buch *Quoting Caravaggio*, das in Kürze erscheinen wird. Das Konzept »Neo-Barock«, das auf keinen Fall mit meiner Einschätzung des Verhältnisses Dujouries zum Barock in Verbindung gebracht werden kann, wird beispielsweise in Stephen Calloways Buch *Barock – Baroque* (1997) erläutert.

vollzogen wird, wenn man akzeptiert und sich eingesteht, daß Schreiben über Kunst ein ebenso wechselseitiger Dialog zwischen der Kunst und dem Schreibenden ist wie jener, der, so behaupte ich, zwischen dem Kunstwerk und jedem seiner Betrachter stattfindet. Dujouries Werk beinhaltet sicher sehr viel mehr, als ich vermitteln oder nur skizzieren kann. Für diese Einschränkung, die allem Schreiben über kulturelle Themen inhärent ist, übernehme ich die Verantwortung.

1. Video

Video stellte in den siebziger Jahren eine Herausforderung dar: Es war ein neues, kaum zu bewältigendes Medium, dessen spezifische Restriktionen einem den Zwang auferlegten, mit etwas kreativ zu werden, was auf den ersten Blick nicht kreativ ist: »Echt«-Zeit, Schwarz/Weiß, handgeführte Kameras innerhalb des engen, häuslichen Rahmens. Ein Medium zum Aufzeichnen, zum praktischen, produktiven Gebrauch. Viele Künstler nahmen die Herausforderung an, nur wenige hatten Erfolg. Die wenigen, denen es gelang, das Medium einem vollkommen innovativen Verwendungszweck zuzuführen, verdienen es, daß man sich ihrer erinnert, heute, da die Videokunst sich zu einer reifen Kunstform entwickelt hat. Lili Dujourie zählt zu ihnen.

In den siebziger und achtziger Jahren drehte sie eine Anzahl von Videos, die im Rückblick als radikale Erforschungen des neuen Mediums angesehen werden können, als Suche nach einer neuen Definition von Kunst. Ich habe mir diese Werke vorgenommen und drei Serien aus ihnen zusammengestellt, von denen jede repräsentativ für einen bestimmten Aspekt des Mediums ist, gleichzeitig aber auch für visuelle Kunst im allgemeinen. Im folgenden werde ich diese Serien so vorstellen, als wären sie mehr als meine eigenen Konstrukte. Und ich will nachweisen, daß Dujouries Videos so radikal in ihren Aussagen zur Kunsttheorie sind, daß sie es verdienen als »theoretische Objekte« angesehen zu werden, Kunstwerke, die unsere Auffassungen von Kunst — was sie ist, kann und bewirkt — verändern. Die drei Serien arbeiten jede für sich einen theoretischen Aspekt heraus. Sie tun das aber in und durch die Kunst. Daher muß die Opposition, die oft zwischen Kunst und Theorie aufgestellt wird und bei der Kunst nur stumm zu sein hat oder die Theorie veranschaulichen darf, aufgehoben werden, bevor man einen Sinn darin finden kann.

Wellen

In einem Video von 1977 mit dem rätselhaften Titel *Herinneringen met de ontmoeting* [Erinnerungen mit der Begegnung] zeigt die erste Einstellung ein Stück Stoff mit einem Buch von Virginia Woolf darauf. Die Kamera schwenkt weiter von dem Stoff zu einem Vorhang zwischen zwei Fenstern,

Abb. S. 181 [unten]

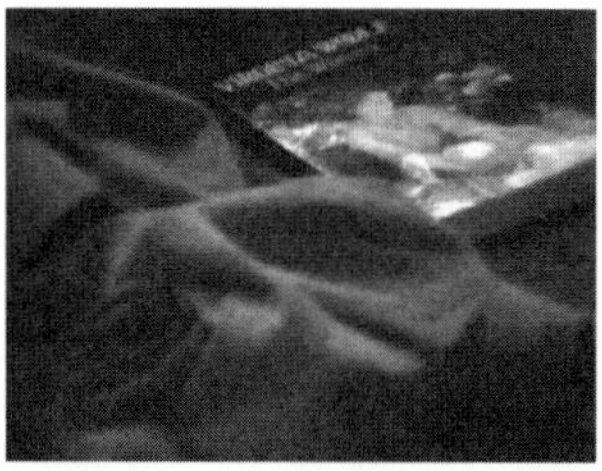

dann zu einem Eckfenster zur Rechten. In einem gleichmäßig langsamen Rhythmus gleitet sie über eine Wand, auf der nichts außer dieser zu erkennen ist, ab und zu eine leichte Bewegung, eine Ecke. Die gestreiften Vorhänge überraschen durch wunderschöne Wellenlinien; dann ein glatter Vorhang, und man gelangt zur linken Seite desselben Fensters. Eine Steckdose, erneut der Stoff mit dem Buch von Virginia Woolf: Wir sind einmal im Kreis durch den Raum geführt worden. Ein bißchen Krimskrams, wieder ein Stück Stoff. Dieselben Fenster, aber jetzt scheint es dunkler zu werden. Entweder das, oder die Kamera ist mit einem Gegenlicht konfrontiert. Die Steckdose. Die Wände, dann die Türklinke. Auf der Fensterbank stehen eine halbleere Weinflasche und ein Glas, die einsamen Zeugen menschlicher Gegenwart, aber einer Gegenwart, die metonymisch heraufbeschworen wird, in der Vergangenheitsform. Die Tür zum Badezimmer steht offen, das Waschbecken ist zu sehen. In dem ansonsten leeren Raum befindet sich ein Hund. Helle, durchscheinende Vorhänge vor einem Fenster in einer dunklen Wand. Durch das Fenster, der erste Blick nach draußen, auf einen leeren Strand.

Dieser Strand ruft mir Marguerite Duras' Filme und Romane in Erinnerung: *Agatha*, *La maladie de la mort*, *Le vice-consul*. Duras, die ausdrucksvollste Schriftstellerin und Filmemacherin ihrer Generation und leidenschaftliche Feministin, die jedoch diese Etikettierung wegen all der Dogmatismen, die diese so leicht nach sich zieht, von sich weist. Die bislang doppelte Metonymie für menschliche Präsenz — Flasche und Glas zum einen, der Hund zum anderen — tritt durch diese neue Ausdehnung der begrenzten Welt des Zimmers in den Hintergrund. Duras' Werk, das in den siebziger Jahren so bedeutungsvoll war, so voller Kraft in seinem Erschaffen von Alternativen zu überlieferten Erzählformen, zu dem für tot erklärten Roman, taucht immer wieder auf und hat Auswirkung auf Dujouries Filmsprache; aber nicht etwa im Sinn eines Einflusses, sondern als ein Begleittext, ein verwandtes Experiment, das ein kulturelles Gedächtnis miteinbringt, das durch Einsamkeit und Leidenschaft strukturiert ist.

Die Kamera setzt sich wieder in Bewegung, jetzt streicht sie senkrecht den Pfosten des Fensters entlang. Dann wieder horizontal, um den Blick auf den Strand, das Meer freizugeben. Winzige Wellen. Fast scheint es, als ob ein Ringen, ein Wettbewerb zwischen dem Fenster mit seinen Vorhängen und der See, die kaum Einlaß findet, im Gang wäre. Es entsteht eine Spannung zwischen Horizontale und Vertikale. Aber dann erhascht die Kamera den Parkettfußboden mit seinem Fischgrätenmuster. Wieder die Wand, die Steckdose, diesmal mit einem Stecker darin. Nichts, was schön wäre, außer den Vorhängen, zwischen denen die See zu sehen ist. Die Vorhänge sind nicht in sich, nicht von Natur aus schön; sie sind ziemlich durchschnittlich. Aber der wellenförmige Stoff, die ruhige Bewegung, verleiht ihnen eine Schönheit, die durch das Meer bestätigt wird. Schatten ohne Strukturen huschen über die Glasscheiben des Fensters. Wieder das Meer. Ein Heizkörper. Der Fußboden. Meer und Fußboden im Wechsel, gestochen scharf oder durch extreme Nahsicht verschwommen. Meer, Wellen, ziemlich flach, aber ohne Frage Wellen, in nächster Nähe zu den Vorhängen, ohne Distanz durch Tiefe. Dadurch wird für mich eine zweite Vorstellung erweckt, das barocke Motiv des Faltenwurfs — Wasser in Bewegung, das »Falten wirft« — wie es durch Gilles Deleuze ins Bewußtsein des späten 20. Jahrhunderts gehoben wurde.[2] Sein Buch entstand viel später als diese Videos.

Durch die Glasscheiben eines gewölbten Erkerfensters hindurch zeichnen sich schön geformte Reflexe auf dem Fußboden ab, von gleicher

---

2 Gilles Deleuze, *Die Falte. Leibniz und der Barock* (1996).

Schönheit wie die Wolken draußen. Auf einmal wird Schönheit zu einem Thema, Schönheit wie sie nur dem fließenden Element innewohnt, diese vergänglichen Effekte von Sonnenlicht und Wasser, die—wie das Feuer für Austins Theorie der Sprechakte—zwischen Gegenstand und Ereignis schweben.[3] Der einzige Gegenstand in diesem Video, der gewissermaßen schön ist, sind die Vorhänge, aber sogar bei diesen ist es das liebkosende Darüberstreichen der Kamera, was sie mit Schönheit erfüllt.

Unmittelbar neben dem Erkerfenster sieht man eine Tür, die einen Spalt offensteht. Plötzlich sehen wir für den Bruchteil einer Sekunde ein Stück von einem Schuh. Kurz darauf ein anderer Gegenstand—Handtasche, Aktentasche?—und jetzt sind die Fenster geöffnet. Die Metonymie ist durch die zeitliche Dimension, die ihr narrative Hoffnung gibt, komplizierter geworden. Das Meer, der Horizont ziehen ungefähr in der Höhe eines Viertels der Fenster eine Linie. Unheilverkündend stellt sich die Kamera auf den Griff ein, der zum Öffnen und Schließen des Fensters dient, ein Instrument menschlicher Tätigkeit. Wo ist die Person, die das Fenster geöffnet hat? Die Erzählung, die eben erst eingesetzt hat, kommt auf der Stelle wieder zum Stillstand, so daß als einziges bleibt, ihr Wesen in Frage zu stellen. Eine durch Duras ausgelöste Befürchtung schießt mir durch den Kopf: Ist die Person immer weiter in das Meer hinausgeschritten? Dies wirft die Frage nach der Bedeutung des Zimmers auf, die zwischen Einengung und Geborgenheit hin- und herschwankt. Die Vorhänge ergießen sich wunderschön bis über den Fußboden, ihre Länge ist exzessiv, in einer Hommage an die Ästhetik des Barock. Die Bohlen des Bodens mit seinem Fischgrätenmuster sind unterschiedlich stark abgenutzt, so daß auch sie wellig erscheinen. Die Formgebung der Decke folgt dem Schwung des gewölbten Erkerfensters. Die gesamte Einrahmung der Decke vollzieht das nach.

Wieder das Meer; das Bild ist zur Hälfte mit waagerechten Wellen angefüllt, die andere Hälfte mit der senkrechten Wand und dem Fensterrahmen. Wir bewegen uns weiter, bis zu dem anderen Fenster, dem Vorhang,

---

3 Die Theorie der Sprechakte, die Sprache eher in bezug auf das, was sie bewirkt, als auf das, was sie bedeutet, analysiert, hatte großen Einfluß auf das intellektuelle Leben in Europa in den siebziger Jahren. Vgl. dazu Austin (1972). Das 1962 im Original erschienene Werk wurde 1970 ins Französische und 1972 ins Deutsche übersetzt. Siehe auch Shoshana Felmans exzellente Untersuchung und ihre radikalen Implikationen (1980).

der See. Die Erzählung ist zugunsten einer Poesie des reinen Rhythmus aufgegeben. Und dann, wenn wir es am wenigsten erwarten, steht eine Gestalt am Ufer, am Strand, winzig, kaum zu erkennen. Ein weiterer Einsatz von Narrativität, diesmal draußen in einem anderen Maßstab; und wieder abgebrochen. Das Bild füllt sich zur Hälfte erneut mit Wellen, welche die Bildfläche abwärts rollen, nahe bei dem unveränderlichen senkrechten Ausschnitt der Wand.

Ein Ausschnitt des dicht bewölkten Himmels wird vom Fenster umrahmt. Ein anderes Gebäude, recht heruntergekommen, rückt ins Blickfeld. Sehr spät erlangen die niederen Gefilde menschlichen Lebens außerhalb des Zimmers visuellen Einlaß. Auch nach deren Eindringen in das Bild gehen die Wiederholungen weiter. Wie das Meer, das nie zur Ruhe kommt, oder der Pulsschlag des Körpers. Der Raum wird jetzt zur Folie für Einsamkeit oder für die Auslöschung der vergangenen Zeit; die Zeitform des Erzählens ist das Plusquamperfekt. Und dann, als wir die Erwartung schon aufgegeben haben, daß menschliches Leben diesen visuellen Text erfüllen wird, stellt sich — es ist wie eine Störung einer zerbrechlichen Ordnung — heraus, daß es dort eine Nachbarschaft, ein von vielen Menschen bewohntes Appartementhaus gibt, dessen Bewohner unsichtbar bleiben. Die Wellen erscheinen eine Spur aufgewühlter, höher. Bedeutung entsteht durch Kontrast. Es gibt keine Auflösung.

Wie viele von Lili Dujouries Videos aus den Siebzigern und Achtzigern — zum Beispiel *Schaduw van een idee* [Schatten einer Idee] von 1978 oder *Contrapunt* [Kontrapunkt] von 1981 —, spricht dieses Video ein Gefühl von Leere an, es löst eine Suche nach dem Subjekt aus, die es dann in frustrierender Weise ohne Ergebnis bleiben läßt, um Alternativen greifbar zu machen. Dieses »Durcharbeiten« dessen, was am Ende so frustrierend ist, macht sie so überzeugend und läßt es unmöglich werden, sie gleichgültig zu betrachten. Ich möchte das weiter ausführen.

In *Herinneringen met de ontmoeting* [Erinnerungen mit der Begegnung] suggeriert der Titel mit den beiden Nomen menschliche Subjektivität. Eine Begegnung findet jedoch nicht statt, und es wird auch kein Subjekt der Erinnerung vorgestellt. Dieses zweifache Nichtvorhandensein, das Fehlen des Narrativen und des Subjektiven, treibt den Prozeß voran, der sich vor mir entwickelte, als ich das Video anschaute. Mit dem Fehlen eines Subjekts kann man sich, jedenfalls auf den ersten Blick, ganz gut abfinden, man kann dieses Subjekt in der Fragilität der handgeführten Kamera ausmachen. Das durch den Raum schweifende Auge, das dessen Ausmaße erforscht und Oberflächen abtastet, jenes Auge, das registriert, aber nicht handeln kann, kann leicht als Stellvertreter des Subjekts aufgefaßt werden. Es trifft auf Spuren der Vergangenheit: den Schuh, den Hund, das Buch, den Stoff; es schaut aus dem Fenster, erfaßt das Meer. Aber das gleichbleibende Tempo dieser Fährtensuche der Kamera, langsam, aber unerbittlich, stellt die Art der Erinnerung in Frage, die diese Dinge möglicherweise beinhalten könnten.

Die vorschnelle Identifikation der Kamera mit dem Subjekt des Videos — dem Subjekt der Erinnerungen — wird revidiert, wenn man das zweite Nomen des Titels in Betracht zieht: Begegnung. Wenn die Kamera das Subjekt ist, dann kann das andere, das, dem man begegnet, nur die sichtbare Sphäre des Raumes sein, seine Begrenzungen und die Welt jenseits davon, das Universum des Meeres und — nur als nachträglicher Gedanke — die bewohnte Welt, die Welt der Nachbarn. Wie kann dies aber eine Begegnung sein, wenn die Kamera doch nirgends innehält, um mit dem Bild zu »sprechen«? Es entwickelt sich keine Erzählung, auch wenn die Flasche und das Glas, der Hund, das offene Fenster, der Schuh, Ansätze dazu bieten; es sind abrupt abgebrochene Möglichkeiten zu einem anderen Text, zu einem Text, der der vorliegende ganz entschieden nicht ist.

Die Präposition, die »Erinnerungen« mit »Begegnung« verbindet und die den Titel so rätselhaft macht, bietet eine mögliche Deutung, welche die poetische Kraft dieses Videos vor Augen führt, seine meta-künstlerische Aussage, die Kunst so intellektuell macht wie Philosophie — zu visueller Philosophie. Kunst ist weder Veranschaulichung noch Demonstration von Gedanken, die dem Medium fremd sind, sondern verdient es, so behaupte ich, in ihrer und durch ihre Visualität ernst genommen zu werden. »Mit«, vor allem in Verbindung mit »Begegnung«, legt trügerischerweise eine der Bedeutungen nahe, nämlich das Zusammenkommen oder Zusammensein von zwei oder mehr Subjekten. Aber es hat auch eine instrumentellere Bedeutung: »mit Hilfe von«. Wenn man den vielfältigen Nuancen der beiden Nomen nachgeht, dann spielt diese zweite Bedeutung von »mit« auf die Schwierigkeiten des Erinnerns und Begegnens an, um Hilfe, wenn nicht eine Lösung für die Bewältigung jener Unmöglichkeit anzubieten, die meiner Meinung nach das narrative Thema dieses Videos ist.

Entsprechend dieser zweiten Bedeutung der Präposition »mit« sind Erinnerungen auf ein Hilfsmittel angewiesen, um eintreten zu können, auf eine Begegnung mit einer zweiten Person. Aber Erinnerung ist selbst ein vieldeutiger Begriff. Strukturell gesehen kann man verschiedene Arten von Erinnerungen unterscheiden, von denen jede eine andere Art geistiger Aktivität mit sich bringt. Der gemeinsame Nenner oder Vergleichspunkt, welcher dazu beiträgt, daß man ihre Unterschiede erfaßt, ist das Narrative, was Erinnerung unterschiedlicher Art beinhaltet. Die gängigste, die routinemäßige Erinnerung ist die jener Art, welche die Leute dazu bringt, ihre Schuhe zu reinigen, bevor sie an einem regnerischen Tag eine Wohnung betreten. Diese einfache Handlung ist, auch wenn sie ausgeführt wird, ohne daß man nachdenkt oder eine Entscheidung trifft, nicht instinktmäßig; man muß sie erlernen. Auch ist sie nicht allgemeingültig. In vielen Teilen der Welt wäre sie unangemessen; man hat seine Schuhe auszuziehen.

Wenn man über eine regennasse Straße geht, vermeidet man es, in eine Pfütze zu treten; nicht etwa aufgrund einer bewußten Entscheidung, sondern weil man »irgendwie« weiß, daß man nasse Füße bekommt, wenn man der Pfütze nicht ausweicht. Dieses Wissen kommt aus der Erinnerung. Derartige Hintergrund-Erinnerungen helfen dem Subjekt, in einer Gemeinschaft zu überleben, wo die Verhaltensweisen, die es steuern, Teil des »normalen« Lebens sind. Sie basieren so stark auf Routine, daß es ein wenig albern erscheint, den Begriff Erinnerung überhaupt auf sie anzuwenden. Aber die unterschwellige »Regel«, die solche unreflektierten Akte bestimmt, kann gewiß als eine narrative rekonstruiert werden, die man in der Kindheit erlernt hat und in seinem späteren Leben in sich trägt. Wenn du nicht deine Schuhe abstreifst, wird das Haus schmutzig, deine Eltern werden wütend, und der Ärger beginnt. Wenn du der Pfütze nicht ausweichst, holst du dir eine Erkältung und kannst nicht zur Schule gehen, du bleibst zurück, und so weiter: eine Erzählkette aus lauter kleinen Mißgeschicken. Solche minimalen Erzählungen werden von der Routine zugedeckt, sie enthalten keine aufsehenerregenden Ereignisse, sie erwecken keine Spannung und rufen kein klares, abgegrenztes Bild hervor. Alles, was bleibt, ist eine Art Tick, ein Verhaltensmuster, dessen narrative Qualität implizit da ist, aber weder ins Bewußtsein gelangt noch sehr relevant ist. Auf den ersten Blick registriert die umherschweifende Kamera in *Herinneringen met de ontmoeting* die gewöhnlichen Eigenschaften des Zimmers, ein Lebensmilieu in seiner höchst trivialen, unauffälligen, ästhetisch neutralen Form. Es gibt nichts Schönes in dem Raum, oder zumindest braucht es eine Weile, bis man die Kategorie des Schönen mit ihm in Verbindung bringt. Die ersten Kamerafahrten durch den Raum dienen einem negativen, reinigenden Zweck: Sie machen den Betrachter frei von ästhetischer Beurteilung und narrativer Erwartung. Die Kamera hält Stofflichkeit, kreatürliches Dasein wie in einem Stilleben-Gemälde fest.[4]

Wenn derart unreflektierte Erinnerungen der Erwähnung wert sind, dann nur um sie von einer zweiten Art von Erinnerungen zu unterscheiden, die am besten als narrative Erinnerung im engeren Sinn des Wortes aufgeführt werden können. Diese komplexeren Erinnerungen, die durch Routine weniger verkrustet sind, sind alle Gedankenkonstruktionen, die ein Subjekt mobilisiert, um ein Verständnis für vergangene Begebenheiten zu entwickeln, oder um neue Erfahrungen zu begreifen. Die narrative Qualität dieser Erinnerungen wird dann deutlich, wenn das Subjekt dem Memorierten eine gewisse Form von Bewußtheit gibt und anderen zugänglich macht, beispielsweise durch das Reden darüber, das Niederschreiben in ein Tagebuch, oder durch die Erkenntnis, daß eine Erfahrung aus der eigenen Vergangenheit »ähnlich wie« etwas ist, das man sieht, hört oder teilweise wiederholt. Solche divergierenden Tätigkeiten wie Lehren, gesellschaftliche Gespräche, Lesen, Flirten und Psychoanalyse sind im weitesten Sinn auf narratives Erinnern hin angelegt. Die Routineerinnerung, die zur narrativen Erinnerung wird, hervorzuheben, bewerkstelligt Dujourie hier durch die Banalität der materiellen Beschaffenheit des Raumes und der Aussicht nach draußen. In dieser Umkehrung von routinemäßiger zu narrativer Erinnerung aber bleibt die erzählerische Qualität im Hintergrund, um die ablehnende Tendenz des Erzählerischen Routineerinnerungen gegenüber zu umgehen. Langsamkeit — die rücksichtslose, enervierende Gleichförmigkeit des Rhythmus in diesem Video — ist ein methodischer Widerstand gegen eine narrative Form, deren ungleiches Tempo die schwachen, kostbaren Erinnerungen an nichts Spezielles trivialisiert.

Nicht nur der Rhythmus läßt indessen narrative Erinnerungen dazu tendieren, sich über die gewohnheitsmäßigen Erinnerungen zu erheben und sie so auszulöschen. Es existiert eine subjektive Qualität des Narrativen,

---

4 Zu einer Analyse des Stillebens in vergleichbaren Begriffen siehe Bryson (1989).

die ich in einer früheren Arbeit über die Theorie des Narrativen mit dem Begriff *Fokalisierung* klassifiziert habe. Dieser Terminus bezieht sich trotz seines cineastischen Untertons nicht auf die Position der Kamera, sondern auf den Faktor der Subjektivierung, den sowohl »Erinnerungen« als auch »Begegnung« in Erinnerung zu rufen scheinen. Sobald Geschehnisse dargestellt werden, werden sie aus einer bestimmten »Sicht« präsentiert. Ein Standpunkt wird gewählt, ein bestimmter Blickwinkel, die Dinge zu sehen, ob es nun um »reale« historische Fakten oder fiktive Ereignisse geht. Verschiedene visuelle Techniken müssen zusammenkommen, um eine Fokalisierung zu ergeben. Es ist möglich, ein objektives Bild der Fakten zu vermitteln oder sich darum zu bemühen. Aber was bedeutet das? Einen Versuch, nur das, was gesehen oder wahrgenommen wird, auf andere Weise darzustellen. Jeglicher Kommentar wird umgangen, jegliche implizite Interpretation wird vermieden. Wahrnehmung ist jedoch ein psychosomatischer Prozeß, der in ausgeprägter Weise von der Position des wahrnehmenden Körpers abhängt; ein kleines Kind sieht Dinge auf völlig andere Weise als ein Erwachsener und wenn es sich nur um den Größenmaßstab handelt. Der Grad der Vertrautheit mit dem, was man sieht, beeinflußt ebenfalls die Wahrnehmung. Mit dem Begriff »Fokalisierung« beziehe ich mich auf das Verhältnis zwischen den dargestellten Elementen und der Sicht, in der sie dargestellt werden. Fokalisierung ist demnach die subjektive Relation zwischen der Sichtweise und dem, was »gesehen« oder wahrgenommen wird.[5]

Diese Beziehung kommt auch bei der Erinnerung ins Spiel. Sie versieht Erinnerung mit einer persönlichen subjektiven Färbung; sie verwandelt die Vorstellung von Erinnerung selbst zu einer Suche nach dem Subjekt. Narrative Erinnerungen, sogar von unwesentlichen Ereignissen, setzen sich von Routine- oder Gewohnheitserinnerungen dadurch ab, daß sie affektiv gefärbt sind. Sie sind von einem diffusen Schleier emotionaler Spezifität umgeben, welche sie erst erinnerungswert macht. Die Kette der Ereignisse, aus welcher sich eine narrative Erinnerung formiert, bietet oft starke und schwache Akzente, Vorder- und Hintergrund, vorbereitende und klimakti-

5 Zu dem Begriff des Narrativen und der Theorie, in der er funktioniert, siehe die 1997 überarbeitete Fassung meines 1978 erschienenen Buches *Narratology: Introduction to the Theory of Narrative*.

sche Ereignisse. Das ist es, was sie narrativ macht. Aus derartigen Erinnerungen ist Marcel Prousts *A la recherche du temps perdu* zusammengesetzt, einschließlich, aber nicht ausschließlich, unfreiwilliger Erinnerungen, die an die Oberfläche steigen, wenn der Erzähler im wahrsten Sinn des Wortes durch irgendeine Geste auf sie gestoßen wird, durch irgendeine ganz geläufige Gefühlswahrnehmung, die sie heraufbeschwört. Aus Routineerinnerungen, an die er keinen Gedanken verschwenden würde, werden urplötzlich narrative Erinnerungen, bei denen er staunend innehält. Die grauen, unbemerkten Erinnerungen werden durch die spontane Reaktion des Erzählers affektiv gefärbt. Prousts Werk erhellt, wie stark die beiden Charakteristika der Erinnerung, welche Dujouries Video hervorhebt, diese von anderen Formen eines Brückenschlags zur Vergangenheit unterscheidet: daß nämlich Erinnern aktiv ist — Tätigkeit — und in der Gegenwart angesiedelt. Die einzigartige Qualität der unerbittlichen Kamerafahrten von Dujourie, die durch das gänzliche Fehlen eines Soundtracks noch unerbittlicher werden — durch die hartnäckige Gegenwart von Stille —, liegt in der Umformung der fokalisierenden Beziehung, so daß Routineerinnerungen, Erinnerungen ohne das proustsche Glühen und das innere Leuchten der Gefühle, einem als die einzige Quelle für Erinnerung vor Augen stehen. Sie löschen narrative Erinnerung aus, machen sie überflüssig; sie wandeln gewohnheitsmäßige Erinnerung in die einzig verfügbare Form von Erinnerung um, die Form, mit der wir auskommen müssen, um der Welt zu begegnen.

In Untersuchungen, die sich mit Erinnerung befassen, wird für gewöhnlich eine dritte Kategorie unterschieden: das schmerzhafte Wiederaufsteigen von Geschehnissen traumatischer Art. Traumatische Ereignisse in der Vergangenheit haben eine hartnäckige Präsenz in der Gegenwart. Das erklärt, warum diese Präsenz normalerweise als Erinnerung behandelt wird, als traumatische Erinnerung. Der Begriff traumatische Erinnerung ist in Wirklichkeit eine falsche Bezeichnung, wenn nicht sogar ein Widerspruch in sich. Traumatische Erinnerungen bleiben für das Subjekt mit besonderer Lebendigkeit gegenwärtig, gleichzeitig widersetzen sie sich aber vollständig einer Integration. In beiden Fällen können sie nicht narrativ genannt werden, weil die traumatisierenden Ereignisse mechanisch nacherlebt werden — eher als Drama wiederaufgeführt als durch das sie memorierende Agens, das sie »meistert«, synthetisch dargelegt — und weil sie außerhalb des Subjekts bleiben. Die Relevanz des Traumas für diese Reflexion über Erinnerung liegt in der Notwendigkeit des Auftauchens einer kulturell erleichterten Erinnerung, ein Bedürfnis, von dem das Trauma zeugt.

Für das Verstehen traumatischer Erinnerung spielt das Erzählerische eine Rolle, eine Rolle aber, die durch Abwesenheit und durch Mangel definiert ist. Während die unterbewußten Erinnerungen eines routinemäßigen Verhaltens sich dem narrativen Erinnern nur öffnen, wenn man sich ihnen widersetzt, sie unterbrochen werden, sie unterdrückt oder akzentuiert werden, verlangen traumatische Erinnerungen — oder besser das unangemessene Verhältnis zwischen Erinnerung und traumatischem Ereignis — danach, narrativ integriert zu werden, damit sie ihren traumatischen, schwächenden Zugriff auf das Subjekt, welchem das traumatisierende Erlebnis in der Vergangenheit widerfuhr, verlieren.

Auch wenn das Trauma entschieden ein Fall mißglückter oder nicht vorhandener Erinnerung ist, ist es als Thema in Untersuchungen über Erinnerungen als kulturelles Phänomen signifikant. Die Unfähigkeit des Subjekts — das Trauma oder die Wunde —, die Erinnerung als heilenden, integrierenden Faktor ausschließt, kann nur in der Interaktion mit anderen überwunden werden. Oft ist das ein Therapeut, doch unabhängig davon, wer die Rolle der »zweiten Person« einnimmt, dergegenüber das traumatisierte Subjekt Zeugnis ablegen und narrativ das integrieren kann, was bis dahin sozusagen ein Schreckgespenst war, welches das Subjekt attackierte, benötigt die erste Person in jedem Fall eine solche zweite, um zu sich selbst im Jetzt zu finden und fähig zu werden, das Vergangene zu ertragen.[6]

Heute, wo Traumata unter dem Einfluß einer verspäteten zivilisatorischen Verarbeitung des Holocausts zum Gegenstand intensiver Untersuchung geworden sind, kann man im Rückblick erkennen, wie Kino und Videokunst in den siebziger Jahren einer Filmrichtung den Weg bereitet haben, die der Struktur des Traumas im Verhältnis zu anderen Erinnerungsarten auf den Grund gegangen ist. In diesem Zusammenhang kann Duras' obsessives Wiederaufrollen eines Vorfalls begriffen werden, der in fast allen ihren

6 Über das Konzept einer »Zweit-Personenschaft« als Basis für Epistemologie siehe Code (1989). Zu dem Konzept des Traumas siehe Van der Kolk und Van der Hart (1995). Eine ausführlichere Erörterung dieser Erinnerungsformen findet sich bei Bal, Crewe und Spitzer (Hg.), im Druck.

Werken wiederkehrt: ein Eingeborenen-Säugling wurde von seiner minderjährigen, vor Hunger fast sterbenden Mutter, einer weißen Frau aufgedrängt. Frankreich versuchte damals die Erinnerungen an den Indochina-Krieg, an den Krieg in Algerien und seine koloniale Vergangenheit auszulöschen. Es fiel ihm so schwer, daß kein Raum für jene andere traumatische Vergangenheit blieb, die nicht immer heroische Politik Frankreichs im Zweiten Weltkrieg. Aber Duras war nicht die einzige Künstlerin, welche Nachforschungen über die Struktur des Traumas anstellte, um historisch-politische und persönliche qualvolle Erinnerungen zu integrieren.

Traumatische Erinnerungsschübe haben keine autonome Dauer. Für eine »Erzählung« dauern sie zu lange, eben weil sie nicht erzählt, sondern wiederaufgeführt werden. Sie erinnern an die quälerische Langsamkeit, mit der die Hauptfigur in Chantal Akermans Film von 1975, *Jeanne Dielman, 23 Rue du Commerce, 1080 Bruxelles*, Kartoffeln schält. Die Wiedergabe einer solchen Routinehandlung in »Echt«-Zeit akzentuiert die belanglose Repetitivität von Frauenarbeit, kann aber auch als Anspielung auf ihre möglicherweise traumatisierende Natur gelesen werden. In dieser künstlerischen Darstellung kommen sich so routinemäßige Erinnerung und Trauma gefährlich nahe, wie die späteren Ereignisse im Film belegen (die Frau, für die Prostitution die andere Routine in ihrem Leben darstellt, ermordet einen ihrer Kunden).

Ich verweise auf diesen Kinofilm, um dem naheliegenden Mißverständnis vorzubeugen, daß Dujouries Videos Beispiele für Traumata sind. Die Relation ist eher indirekt, strukturell und allusiv als sachlich. Der gleichmäßige Rhythmus des Videos spiegelt »Real«-Zeit vor, aber es stellt sich dann die Frage, wie man »Real«-Zeit erkennen, wie man sie messen kann, wenn es kein erzählerisches Moment gibt, kein menschliches Handeln? Mit anderen Worten, dieses Werk wirft durch seinen beharrlichen, gleichbleibenden Rhythmus die Frage nach der Zeitlichkeit eines Traumas auf; es führt dieses nicht auf, aber es stellt es vielleicht dar.

Warum ist »Trauma« ein Hauptthema in Dujouries Videoschaffen? Die Wiederaufführung von traumatischen Erfahrungen nimmt die Form des Dramas, nicht die der Erzählung an und hängt daher vom zeitlichen Rahmen der »Rollen« ab, die in diesem Stück vorkommen. Alle Manipulationen, die ein Erzähler vornehmen kann — in die Länge strecken oder raffen, zusammenfassen, akzentuieren, unterstreichen oder Elemente der

Geschichte nach Belieben minimalisieren —, sind der »Darstellerin« versagt; diese ist dazu verpflichtet, ein Drama aufzuführen, das ihr zwar zu einem bestimmten Zeitpunkt in der Vergangenheit zugestoßen ist, das sie aber nicht bewältigen kann. Dieses Gefühl von Nichtbewältigung ist in Akermans Film durch die Nahaufnahme der Hände beim Schälen und das leere Vor-sich-hin-Starren der weiblichen Gestalt hervorgehoben. So gesehen stellt dieser Film den Unterschied zwischen dem Drama als einer Kunstform, und dem Drama als einem Nachspielen eines zwanghaften Verhaltens dar. In Dujouries *Herinneringen met de ontmoeting* wird das Gefühl des Nichtbewältigenkönnens sowohl durch die handgeführte Kamera als auch das gleichbleibende Zeitmaß vermittelt. Wenn es irgendeinen Moment gibt, in dem die Kamera als Vertreterin eines Subjektes angesehen werden kann, so ist es der, in dem wir erkennen, daß dieses fiktive Subjekt keine Macht besitzt, keine Macht über ihre Erinnerungen, keine Macht über ihre Begegnung. Diese Diskrepanz suggeriert, daß die Kamera wie die »abgespaltene« Erinnerung fungiert, wie jene »Kamera«, die das traumatische Erlebnis im Kopf des Subjekts nachspielt. Das Erlebnis »dringt« in ihren Kopf ein. Ohne dramatische Akzentuierung, ohne anekdotischen Hinweis darauf, um welche Art traumatischer Begebenheit es sich handeln könnte, verschmelzen die drei möglichen Beziehungen zu Erinnerung — routinemäßige Erinnerung, narrative Erinnerung, traumatische Nicht-Erinnerung — in einem meta-poetischen Statement über Videokunst als *die* Kunst der siebziger Jahre. Es geht jedoch bei diesem Statement um mehr als den zeitlichen Aspekt von Videos.

Traumatisches Wiederaufführen ist in tragischer Weise einsam. Während dem Subjekt, dem das Ereignis zugestoßen ist, einerseits dessen narrative Bewältigung, die es zu einem wirklichen Subjekt werden ließe, nicht möglich ist, fehlt diesem andererseits auch die innerhalb dieses Prozesses unerläßliche andere Präsenz: der Adressat. Im Unterschied zur narrativen Erinnerung, die grundsätzlich ein sozialer Vorgang ist im Sinne einer gesellschaftlichen Integration, ist traumatische Erinnerung unflexibel und unveränderlich. Traumatisches (Nicht-)Erinnern besitzt keine gesellschaftliche Komponente; es ist an niemanden adressiert, der Patient reagiert auf niemanden; es ist ein einsames Geschehen. Normale narrative Erinnerung dagegen besitzt eine soziale Funktion. Sie setzt in einem kulturellen Zusammenhang ein, dessen Rahmen die Erinnerung hervorruft und möglich macht. Es gibt einen Kontext, innerhalb dessen die Vergangenheit für die Gegenwart Sinn macht, Sinn für andere, die sie verstehen können, mitfühlen können oder mit Erstaunen, mit Überraschung, ja sogar Entsetzen auf sie reagieren können, das heißt mit irgendeiner Form von Feedback, das die Erinnerung bedeutungsvoll macht. Das soll nicht heißen, daß solche »normalen« Erinnerungen per definitionem anderen vermittelt werden müssen; der springende Punkt ist, daß sie vermittelt werden könnten. Das Subjekt, das die Erinnerung besitzt, ist auch dasjenige, das sie sich selbst zurückruft. Dadurch, daß das Subjekt sein eigener Adressat sein kann, ist es kulturell integriert.

Ein zweiter wichtiger Faktor in Dujouries Videoarbeit *Herinneringen met de ontmoeting* ist meines Erachtens die Ungewißheit, in der sie uns über die zweite Person läßt. Wenn ihre subjektivierende Kamera eine zweite Person benötigt — die Begegnung, durch die die Erinnerungen möglich werden —, dann deuten das Glas und die Flasche, der Schuh, der Hund, metonymisch die Möglichkeit einer solchen Begegnung an, nicht jedoch ihre Verwirklichung. Dieses Fehlen einer zweiten Person wird durch die beharrliche Stille, das Nichtvorhandensein eines Soundtracks hervorgehoben.

Dies macht das Video zu einem außerordentlich spannenden Werk. Erst im nachhinein, wenn es zu Ende ist, erkennen wir, daß die Leere des Raumes nicht existentiell, nicht inhärent ist. Auch gibt die eingegrenzte Darstellung des Raumes durch eine abtastend umherschweifende Kamera keine definitive Antwort auf die Frage, ob die instrumentelle Begegnung stattfinden wird oder bereits stattgefunden hat. Die spärlichen, aber nachdrücklichen Ausblicke auf die Welt draußen, die durch das geöffnete Fenster untrennbar an die subjektive Kamera gebunden sind, sind nicht mit erzählerischem Gehalt angereichert. Diese Offenheit läßt das Video zu einem typischen Performance-Werk werden — nicht zu einem Werk der Performance-Kunst, bei der das Kunstwerk aus einer Performance besteht —, zu einem Werk, das es versteht, eine Performance zu provozieren. Die Passivität des eigenen Blicks versetzt den Betrachter in Unbehagen, und die Notwendigkeit — wenn auch nur temporär und auf nicht fundierter Basis — zu entscheiden, welche Begegnung möglicherweise stattfinden kann, erfüllt die Stille des Werkes mit der Teilnahme des Betrachters.

Doch einfach nur zu konstatieren, daß der Betrachter die Notwendigkeit verspürt teilzunehmen, oder daß das Video ihn dazu auffordert, ist eine

Spur zu einfach und auch bereits zu oft praktiziert worden. Ich möchte den visuellen Mitteln nachgehen, die eingesetzt werden, um diese endgültige Begegnung möglich zu machen. Eine Begegnung, nicht innerhalb der Narration mit einer, wenn auch nur vage angedeuteten Präsenz, sondern zwischen Narration/Erinnerungen und dem Betrachter, der aufgefordert ist, die Erinnerungen durch Begegnung mit dem Subjekt möglich zu machen. Nur ein Motiv kann Erinnerungen und Begegnung miteinander verbinden, und mit diesem werde ich mich auf jeden Fall noch einmal beschäftigen müssen: die Wellen. Tatsächlich nehmen Wellen in Dujouries *Contrapunt* von 1981 einen Platz ein, dem noch größere Bedeutung

Abb. S. 183

zukommt, einem Werk, das eine kontrapunktische Ergänzung zu *Herinneringen met de ontmoeting* ist und das sozusagen auf der anderen Seite einsetzt, mit dem Meer.

Zunächst möchte ich dieses Werk kurz beschreiben. Es fängt mit dem Meer an, das die gesamte Bildfläche füllt. Träge, verschwindend kleine Wellen »wandern« den Strand hinauf. Während sich diese kleinen Wellen im Vordergrund entfalten, nähert sich im Mittelgrund eine höhere Woge. Dann wird das Bild durch die abgerundete Ecke eines Appartementhauses und das Fenster des Raumes, in dem die Kamera postiert ist, eingerahmt. Das Gegenlicht setzt das Fenster gegen einen dunklen Pfosten mit dem nach oben gerichteten Fensterriegel ab. Wir erhaschen einen kurzen Blick auf das Balkongeländer, das in der Nähe stehende Appartementhaus, das unverhältnismäßig nahe scheint. Dann wandert die Kamera weiter zu einem Schreibtisch voll ungeordneter Dinge. Ein Radio, ein altertümlicher Plattenspieler, ein Wörterbuch und eine Vase mit Malpinseln — vielleicht eine Metonymie für den Künstler —, verschiedene Papiere. Ein Heizkörper. Die Tür zur Toilette, diesmal geschlossen, ein Schnappschuß, mit einem

Magneten oder Reißzwecken schräg hinter einem Lichtschalter befestigt. Ein Aschenbecher, ein Glas, zerknülltes Papier, ein elektrisches Heizgerät auf dem Fußboden neben einem Stapel Photoalben auf dem untersten Brett eines Bücherregals; es füllt den oberen Teil des Bildes, wodurch dem Betrachter die räumlichen Aktivitäten der Kamera bewußt werden. Bücher, Photoalben, Bücher. Eine weiße Wand mit einer Mauerecke, auf der die Kamera lange verweilt, wie um das Aufeinandertreffen zweier weißer Flächen auszukundschaften. Weißer und dunkler in Wellen verlaufender Stoff. Was eben noch ein Sofa schien, stellt sich als Daunendecke heraus. Auf dem Bett liegt ein Buch. Faltenrollen, die die Decke aufwirft, wie gefrorene Wellen. Auf diese Weise wird das Innere des Zimmers zu einem Spiegelbild von draußen. Ein dickleibiger Roman von Balzac liegt in nächster Nähe zu einem Stuhlbein auf dem Fußboden. Der untere Teil des Beines füllt wiederum die obere Partie des Bildes. Dann eine Ansammlung von Schuhen. Ein Paar Damenschuhe mit hohen Absätzen, ein Paar Männerschuhe mit weißen Socken. Der symbolische Fingerzeig ist hier ein bißchen aufdringlich, deutlicher als nötig, um die Gegensätze, um die es geht, zu begreifen: zwischen innen und außen, klein und riesengroß, Mensch und Natur, männlich und weiblich. An der Tür steht ein weiteres Paar Damenschuhe, wie um anzuzeigen, daß dieses Zimmer ihr Reich ist.

Die Länge der einzelnen Sequenzen zwingt einen dazu, sich dem Zeitmaß des Werks zu überlassen. Aufgrund dieser temporalen Entmachtung fängt man an, die Stille aktiv zu vernehmen. Spuren menschlicher Gegenwart machen einem überdeutlich bewußt, daß diese Menschen nie ins Blickfeld treten. Ist dies eine Heraufbeschwörung des Vergangenen—eine Erinnerung—oder eine Ankündigung von Zukünftigem? Ein narrativer Spannungsmoment, in dem die Zeit stillsteht? Eine paranoide Faszination an den Überbleibseln von Leben, die ein Eigenleben gewinnen? Die Wellen können vielleicht einige Antworten liefern.

Wellen erzeugen durch ihre Bewegung Schaum. In seiner inzwischen klassischen Untersuchung über Leibniz und den Barock gibt Deleuze Leibniz' Überlegungen über das *Weiße* unter dem Gesichtspunkt von Schaum wieder—den Schaumkronen der Wellen, wenn sie sich am Strand brechen: »Ich habe eine weiße Perzeption, ich perzipiere Weißes: dieses Perzipierte ähnelt der Gischt, d.h. unendlich vielen kleinen Spiegeln, die unter unseren Augen einen Lichtstrahl reflektieren.« (Deleuze 1996, S. 155)

Kurz darauf stellt er die Ähnlichkeit zu Meereswellen noch eindringlicher dar: »... das Weiße ›ähnelt nicht einem sphärischen konvexen Spiegel‹, sondern unendlich vielen ›kleinen konvexen Spiegeln, wie man sie in der Gischt sieht, wenn man sie aus der Nähe betrachtet‹.« (ebd., S. 156)[7]

Ich möchte behaupten, daß diese »Gischt«, das Weiße, das diese impliziert, uns dazu zwingt genau hinzusehen und zwar auf eine Weise, die uns nötigt, mit Körper und Seele an diesem Akt teilzunehmen. In Deleuzes überzeugender Formulierung des barocken Gedankengutes, ist das Weiße wegen seiner Eigenschaften als Schaum das optische Element, das visuelle Aktivität, Bedeutung und Teilnahme auslöst. Wellen setzen sich in der Tat aus kleinsten Spiegeln zusammen, Schaum, in dem man ertrinkt oder durch den man »korrelativ« schaut. Die beharrliche Gegenwart von Wellen in Dujouries Videos setzt diese in Relation zum Barock.

Während der Barockzeit führte das Bewußtsein für den Gesichtspunkt zum ersten Mal in der abendländischen Geschichte zu etwas, das wir heute Selbstreflexion nennen, ein Bewußtsein des menschlichen Individuums für sich selbst, das seinerseits zur Ironie im modernen Sinn führte; einer Ironie, die den inkommensurablen anderen nicht auf einen Typ festlegt, wie bei karikaturhaften Schilderungen, sondern das eigene Selbst in die kritische Darstellung eines anderen miteinbezieht, der dadurch kommensurabel wird.[8] Es ist dies eine entscheidende Wandlung in der Beziehung zwischen dem abendländischen Subjekt und der Welt, die es umgibt. Hauptcharakteristikum des barocken Gesichtspunktes ist, daß das Subjekt für das Einwirken des Objektes empfänglich wird.

Wenn sich Selbstreflexion auf das Hervorbringen von Darstellungen selbst konzentriert, dann scheint die Schlange sich in den eigenen Schwanz zu beißen: Der Gesichtspunkt wird zum Gesichtspunkt bezüglich des

---

7 Vermutlich sind die Zitate entweder von einem oder beiden der Leibnizschen Texte, die Deleuze in Fußnote 26, S. 156, angibt. Die genaue Quellenangabe bleibt unklar, aber das ist hier nicht von Bedeutung; ich gebe Deleuzes Leibniz wieder, um über Dujouries Barock zu sprechen. Diese Überlegungen sind eine komprimierte Version von Abschnitten aus meinem demnächst erscheinenden Buch *Quoting Carravagio*.

8 Für Erwin Panofsky war das das typische Merkmal barocker Kunst (1995). Zum Gegensatz zwischen kommensurablem und inkommensurablem anderen, siehe Todorov (1991). Spivak bietet eine abweichende Analyse an; sie spricht von Selbst, Selbst-bestätigendem anderen und gänzlich anderem (1985).

Gesichtspunktes. Wie Augenblicke gesteigerter Selbstreflexivität im späten 20. Jahrhundert jedoch nahelegen, kann eine derart dominante und sogar ausschließliche Konzentration darauf, Kunst zu schaffen, schnell zu einem narzißtischen In-sich-selbst-abgeschlossen-Sein führen, zu einem sich selbst erhöhenden, auf die Nähe beschränkten Blick.[9] Daher legt allein schon die Vorstellung von Selbstreflexion die Schlußfolgerung nahe, daß Gesichtspunkt nicht nur etwas mit Subjektivität, sondern auch mit Größenmaßstab zu tun hat.

In diesem Zusammenhang machte Octavio Paz einst eine kühne Feststellung über die Tendenz des Barocks, als Reaktion auf klassische Rigidität und Normierungssucht, eine Vorliebe für Grenzüberschreitungen zu hegen (Paz 1988, S. 53f.). Im Unterschied zu einer ähnlichen Einstellung in der Romantik, die zum Teil auf dieselbe klassische Tradition antwortet, richtete sich, so Paz, barocke Grenzüberschreitung in erster Linie auf das Objekt. An dieser Stelle möchte ich darauf hinweisen, wie diese Fokalisierung den Gesichtspunkt zu einem Thema werden ließ, das heute neue Relevanz und Bedeutung für uns erhält und das Dujouries Videos »mit« dem Meer in den Vordergrund stellen und für sich verwerten. Das Gleiten über die Zimmerwände ist nicht ausschließlich obsessiv, vielleicht die Darstellung eines Traumas; es ist auch liebevoll, es geht auf die Gegenstände ein und konzentriert sich auf sie mit allen ihren Einzelheiten.

Dadurch wird Begegnung möglich. Der barocke Gesichtspunkt stellt eine Beziehung zwischen Subjekt und Objekt her, und dann wieder umgekehrt zwischen Objekt und Subjekt, einem Subjekt, das durch diese Bewegung verwandelt wird. Der Maßstab ist ein Element dieser Veränderung. Das Bild in *Contrapunt*, wo die kleinen Wellen innerhalb der gleichen Einstellung mit der größeren Woge dahinter kontrastieren und sich dann mit dem Fenster des Zimmers verbinden, liefert ein aufschlußreiches Beispiel dieses Bewußtseins für Maßstab. Subjektivität und Objekt werden voneinander abhängig, miteinander verquickt. Dies setzt das Subjekt einer Gefährdung aus. Das Objekt, dessen Oberfläche von dem Subjekt des Blickwinkels abgetastet wird, mag eine visuelle Beschäftigung verlangen, die nur mikroskopisch genannt werden kann, und in Relation zu der das

9 So auch gesehen von Linda Hutcheon (1980). Vgl. dazu auch Bal (1991), Kap. 6.

Subjekt seine Herrschaft über das Objekt verliert. Diese gegenseitige Abhängigkeit ist die barocke Alternative einer geschichtlichen Haltung, die sich aus der romantischen Reaktion auf den Klassizismus ergab. Sie fußt auf Beherrschung und Rekonstruktion eines historischen Objekts im Verein mit Überlegungen darüber, wie das Subjekt dieses Objekt begreifen kann. Kontrastierend dazu löst die historisch-zeitgenössische, barocke Sicht auf die eigene Epoche die strikte Unterscheidung zwischen Subjekt und Objekt auf. So schwierig das erscheint, kann eine solche Einstellung einen wertvollen epistemologischen Einblick liefern, über die beiden im allgemeinen gegensätzlichen Positionen hinaus—des Objektivismus und des Subjektivismus—, die sich hinter verschiedenen Begriffen verbergen.[10] Dujourie hat diese barocken Sensibilitäten in ihren Videos und ihren Skulpturen, in denen sie wahrscheinlich stärker zum Tragen kommen, als eine der ersten weiterkultiviert. In den Videos sind sie weniger formal als vielmehr durch Motive in den Vordergrund gestellt. Vielleicht sind die Videos in dieser Hinsicht intellektueller. Die Kontrastierung von geraden Linien—der Wände und Fenster—auf der einen Seite und Wellen—der Vorhänge, der Daunendecke und der See – auf der anderen, die die Videos bieten, bereichert durch diese Art »Korrelativismus« ihren architektonischen Stil.

Die architektonische Qualität dieser auf den Innenraum begrenzten Videos ist offenkundig, jedenfalls wenn man sich an Le Corbusiers Definition von Architektur als »das präzise und monumentale Zusammenspiel von Form im Licht« hält.[11] Der Ausdruck »monumental« mag hier überraschen, denn das Zimmer und alles, was es enthält, ist auffallend unauffällig. Aber wie Andreas Huyssen ausgeführt hat, ist das »Monumentale« selbst auf eine Historisierung angewiesen.[12] Diese Videos rufen nicht durch grandiose Größenverhältnisse ein Gefühl von Monumentalität wach, sondern durch einen geschärften Sinn für Maßstab. Ihr sie definierender zeitlicher Aspekt, der sich dem beschleunigten Tempo

---

10 Ein Begriff ist »Standpunkt Epistemologie«. Siehe dazu Alcoff und Potter (1993). Siehe auch Longino (1995).

11 Siehe Michael O'Toole (1995, S.134).

12 Andreas Huyssen, »Monumental Seduction«, in: Bal, Crewe und Spitzer (Hg.), im Druck.

widersetzt, das Walter Benjamin zufolge die visuelle Kultur der Moderne auszeichnet, schafft etwas, das Julia Kristeva in ihrem Artikel über »Women's Time« (1986) als »monumentale Temporalität« definiert hat.

Von meiner Warte aus ist es die Präsenz des Meeres — in *Herinneringen met de ontmoeting*, sowie trotz aller Unterschiede auch in *Contrapunt* —, die die zeitliche Monumentalität dieses »präzisen Zusammenspiels von Form im Licht« mit einem barocken Gesichtspunkt verbindet, der Teilnahme und Selbstreflexion von Seiten des Betrachters auslöst. Diese zwei Videos beinhalten den ausgefallenen Umgang mit Maßstab, den diese Dekomposition von Schaum in tausend kleinste Spiegel notwendigerweise zur Folge hat; sie beharren aber nicht darauf.

Abb. S. 182 [unten]

Ein drittes Werk, das ich in die »Meer«-Serie einfügen möchte, *Schaduw van een idee* [Schatten einer Idee] von 1978, geht dem plötzlichen Umschlagen des Maßstabes von monumental, bombastisch zu mikroskopisch detaillierter nach. Dieses Werk erläutert die beiden anderen und vereint sich mit diesen zu einer teilweisen Poetik für Dujouries Videokunst. In *Schaduw van een idee* zeigt das erste Bild ebenfalls Meereswasser. Eine Stange in der Mittelachse schneidet die weite Fläche in zwei Hälften. Horizontale Linien eines Geländers oder eines Zaunes unterteilen das Bild weiter. Teilstücke des Fensters mit Drehgriffen betonen die Vertikalität. Meer, dann ein dunkles Stück der Wand. Wieder Meer, ein Stück einer Kette, das wie ein Galgen aussieht. Das dem Zimmer gegenüberliegende Appartement.

Von diesen Einstellungen schwenkt die Kamera auf ein Tintenfaß. Ein Glas, Wassertropfen darauf. Das Meer kommt wieder ins Bild, von oben aus gesehen, mit einem im Bogen verlaufenden Deich. Auf dem Kaminsims stehen zwei Bilder. Kopfkissen, ein Bett. Ein Notizbuch mit Eintragungen. Eine Illustrierte, *Marie France*. Das Photo eines Mannes, der auf dem Fußboden liegt, beim Telephonieren. Das Glas, eine Schere, ein Medizinfläschchen. Der Fernsehapparat, die Zeitschrift, näher gesehen, mit dem Photo einer Frau auf dem Titelblatt. Das Photo des Mannes aus größerer Nähe. Wieder die Außenwelt, wieder das Tintenfaß, gigantisch und geheimnisvoll in der extremen Nahaufnahme.

Wenn man es mit den anderen beiden Videos im Dialog betrachtet, arbeitet dieses Video entschieden den ständigen Maßstabswechsel zwischen gigantisch und mikroskopisch heraus, der die notwendige Ergänzung zur barocken Dekomposition der Materie ist, allgemein bekannt durch das etwas überstrapazierte Prinzip der »Monade«. Dieses Prinzip der kleinsten Einheit der Materie schließt das Konzept der Umkehrbarkeit des Maßstabes mit ein, das aus der Idee resultiert, daß jede Seele das gesamte Universum zum Ausdruck bringt. Man muß nicht unbedingt die zugrunde liegende Idee einer göttlichen Schöpfung akzeptieren, um sich diese Idee als einen Leitfaden für ein Sich-Einlassen auf die Welt, auf Menschen und Dinge anzueignen.

Die Schnitte von der See zum Tintenfaß, von den Wellen zu Tropfen an einem Glas, weisen auf diese Umkehrbarkeit hin. Es gibt eigentlich keinen inhärenten Bedeutungsunterschied zwischen dem unermeßlich Großen, der grandiosen Ausdehnung der Meeresoberfläche und dem Glas, das es uns ermöglicht, die Tropfen einzeln zu sehen. Das Tintenfaß als Instrument des Schreibens verdient es, das ganze Bild zu füllen, während das später gezeigte Notizbuch darauf hinweist, daß Schreiben vielleicht die Lebensweise einer Person sein kann. Der kleine Schnappschuß auf dem Kaminsims wird vergrößert, so daß ein Mann in Aktion sichtbar wird, selbst in einer höchst entspannten und lässigen Haltung, womit er einen deutlichen Kontrapunkt zu der Frau darstellt, die auf dem Hochglanzmagazin wie eingefangen ist. Indem er telephoniert stellt er eine Beziehung zur Außenwelt her, bricht er die Stille mit seinem Sprechen, auch wenn wir nicht als Zuhörer zugelassen sind.

In *Herinneringen met de ontmoeting* war die Falte das Hauptelement der barocken Ästhetik, das Dujourie zitierte. Die Falte verlangt Oberfläche und Materialität, ein Materialismus, der dazu tendiert, einer realistischen visuellen Rhetorik Vorschub zu leisten. Dujourie strebt nicht nach dieser realistischen Rhetorik, sondern bringt Materialität mit Erinnerung in Zusammenhang. Dieser Materialismus der Falte zieht das Sich-Einlassen des Subjekts innerhalb der materiellen Erfahrung nach sich und verwandelt Oberfläche in Haut, in einer Beziehung, die ich — mit Deleuze — korrelativistisch nenne. Die Betonung der Materie und ihrer Erinnerung hier wird in *Contrapunt* weiter ausgearbeitet, und zwar durch die Selbstreflexivität und Dekomposition des weißen Schaums der Wellen mit ihrer Verunklärung des Größenmaßstabes, diese unstabilen Elemente — Gegenstände? Ereignisse? —, die wie Falten aussehen und in Schaum aufgehen. Das dritte Motiv aus der barocken Kunsttheorie, die Instabilität des Maßstabes und seine unendliche Ausdehnbarkeit, wird in *Schaduw van een idee* hervorgehoben. Gemeinsam bieten diese Werke eine barocke Ästhetik für unsere Zeit, eine, die jedoch weit mehr ist als nur Ästhetik. Das zurückhaltende Verhältnis dieser Arbeiten zur Schönheit bestärkt den Aspekt, daß diese Ästhetik primär eine Philosophie ist — epistemologische und ethische Beziehung in einem. Aus diesem Grund also bindet die Vorstellung eines korrelativistischen Gesichtspunktes diese drei Werke zusammen.

Objekte, die mit dem Subjekt durch gemeinsame Verstrickung vereint sind, werden eher als Ereignisse denn als Gegenstände aufgefaßt — Ereignisse des Werdens und nicht so sehr des Seins: Wellen. Spezifisch barock sind bei diesem Gesichtspunkt seine zwei mobilen Positionen. Das hat nicht einfach Relativismus zur Folge oder Universalismus, Objektivismus oder Absolutismus. Der relevante Begriff ist *Verstrickt werden*. Diese drei Videos über das Thema Welle, eröffnen einen Weg der Betrachtung, der sich durch und jenseits von Schönheit, von Narration und Subjektivität bewegt.

Rahmen

Aber das Verhältnis des Verstricktseins, welches durch das Spiel mit Wellen und Falten angedeutet wird, steht uns nicht gänzlich und mit Sicherheit nicht automatisch zur Verfügung. Eine zweite Serie von Videos, mit denen ich mich beschäftigen möchte, setzt sich mit dieser Schwierigkeit auseinander: sie stellen die Bemühung dar, sich diesen idealen Gesichtspunkt des Verstricktseins graduell anzueignen; diese Haltung wird sich in der Schaffensmitte der Künstlerin nicht mehr verändern. In diesen Videos steht eine menschliche Gestalt innerhalb des Blickfeldes. Sie scheint mit den Konturen des Raumes, die sie rahmen, in Konkurrenz zu treten. Um meine Deutung vorwegzunehmen: Dieses Einrahmen repräsentiert die kulturellen Zwänge, die die Anstrengungen eines Individuums drosseln. Ich möchte in diesem Abschnitt vor allem erörtern, daß Dujouries Forderung nach Engagement durch ein sich-verstrickendes Schauen, frei ist von irreführenden Annahmen, und daß sie um die Schwierigkeiten weiß, die einer solchen Art des Sehens entgegengebracht werden. *Herinneringen met de ontmoeting* und die anderen Arbeiten über »Wellen« postulieren nur die Notwendigkeit eines solchen Engagements und nicht deren Erreichen. In ihnen wird die Notwendigkeit durch die Darstellung von drei verschiedenen Möglichkeiten einer Beziehung zu Erinnerung angedeutet. Die »Rahmen«-Videos halten das schwierige Ringen vor Augen, etwas, das einem solchen Verstricktsein nahekommt, zu erreichen.

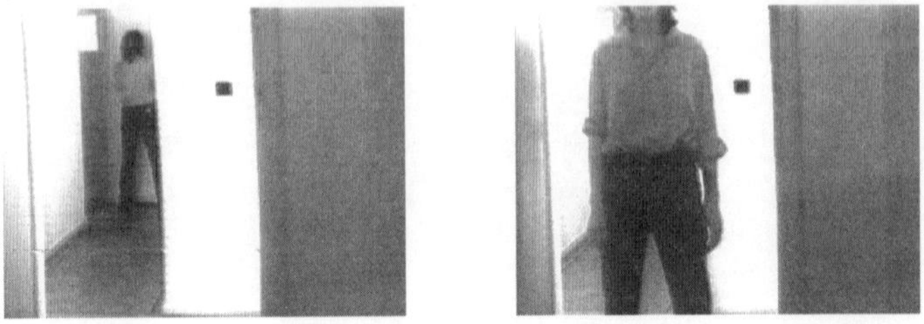

Abb. S. 182 [oben]

Die erste Einstellung von *Une tache de silence* [Ein Fleck der Stille] aus dem Jahr 1978 zeigt beispielsweise einen Korridor, einen schwarzen Lichtschalter. Eine Frau kommt von links in das Bild, geht weiter in den Korridor, kehrt zurück. Sie trägt einen Pullover, Hosen, die Hände hat sie in den Hosentaschen. Sie steht regungslos an die Wand gelehnt. Sie geht in Richtung der Kamera, unmittelbar bevor sie den Raum betritt, wendet sie sich aber nach links. Sie kommt zurück, tritt ins Bild, aber zwei Drittel ihres Kopfes und ihrer Beine von den Knien abwärts bleiben unsichtbar. Erneut betritt sie den Korridor, dann bleibt sie im Hintergrund des Gangs stehen, nach links gewandt. Nie bekommt man ihr Gesicht wirklich zu sehen. Sie schreitet aus dem Bild, das daraufhin wieder leer ist, wie am Anfang.

Nach einigen Augenblicken kommt die Frau wieder, diesmal von der anderen Seite und bleibt auf halber Höhe des Korridors stehen. Sie kehrt in das Zimmer zurück, die Hände jetzt auf ihrem Rücken, in den Gürtel ihrer Hose gesteckt. Sie bewegt sich auf den Raum rechts zu, verläßt das Bild. Kommt wieder. Sie verharrt mit dem Rücken gegen die Türöffnung. Dann betritt sie erneut den Korridor. Sie steht still, ihr Gesicht der Rückwand zugekehrt, die Beine gespreizt. Mit verschränkten Armen kehrt sie sich wieder in Richtung Kamera. Dann steckt sie ihre Hände wieder in die Taschen. Ihr Oberkörper füllt das Bild aus. Dann ist sie fort. Nach einigen Augenblicken geht sie an der Kamera vorbei in den Korridor. Wieder lehnt sie sich gegen die Seitenwand, beißt in etwas (einen Apfel?) und ißt in aller Ruhe weiter. Ist sie gelangweilt, entspannt, einsam? Stille. Der Raum ist klein und die Kamera unangenehm dicht an ihr dran, so als ob die Bilder eine Skulptur vom Innern eines Körpers zeichnen wollten. Sie macht eine Drehung in Richtung Kamera, ißt weiter. Ihr Schatten auf der Wand hinter ihr ist die einzige runde Form, alles übrige sind Winkel und Geraden. Ganz am Ende, als wir es am wenigsten erwarten, sehen wir endlich ihr Gesicht. Man wird beinahe überwältigt.

Abb. S. 180 [oben]

In *Sonnet* [Sonett] von 1974 geschieht etwas ähnliches. Eine Frau sitzt gegenüber einem Erkerfenster, steht auf, geht zu der anderen Seite, dreht uns den Rücken zu, raucht eine Zigarette. Sie wirft sich die schulterlangen Haare aus dem Gesicht. Sie kehrt zur ersten Stelle zurück, schaut nach draußen. Sie raucht, steht dabei in der Mitte des Fensters und schaut hinaus. Sie geht zur anderen Seite des Fensters. Jetzt kann man ihr Spiegelbild in der Scheibe sehen; es ist ein sonniger Tag. Die Sonne erhellt die Seite ihres Körpers, die wir nicht sehen. In diesem Fall bewirkt das Gegenlicht, daß man niemals ihr Gesicht zu sehen bekommt. Dann und wann leuchtet ihr Profil auf. Sie schaut nach draußen, aber nichts weist darauf hin, daß sie etwas bestimmtes sieht. Wiederum: Wartet sie, entspannt sie sich, fühlt sie sich einsam? Auf einmal sieht man nur noch ihr Spiegelbild; sie selbst ist außerhalb des Bildfeldes. Dann tritt auf der linken Seite eine kleine Partie von ihr ins Bild und entfernt sich wieder. Dieses Video ist sehr kurz.

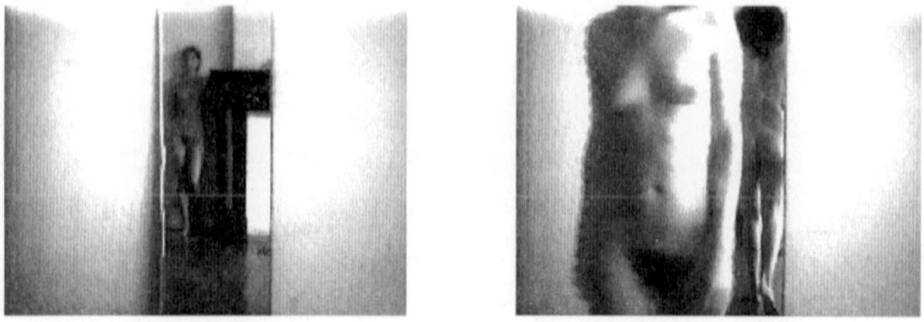

Abb. S. 181 [oben]

In *Spiegel*, 1976, ist das tragende Element des Werks die Widerspiegelung. Ein Spiegel und ein Kamin werden in einem weiteren Spiegel reflektiert. Eine nackte Frau tritt ins Bild und nimmt dicht bei dem Kamin eine Position ein. Sie dreht sich um, ihr linker Arm bleibt außerhalb des Bildes. Ihre Frisur erinnert an Virginia Woolf, ein loser, tief im Nacken sitzender Knoten. Ein Hund durchquert das Bild, und man sieht eine Nahaufnahme ihres Armes und ihrer Brust. Dann kehrt sie uns wieder den Rücken zu, wie zu Beginn. Während sie sich uns zukehrt, schaut sie sich nicht selbst an. Sie läßt ihren Kopf nach links fallen und plötzlich ist sie eine klassische Statue. Sie wendet sich um, legt ihre Hände hinter sich auf den Kamin, ihren Kopf nach rechts gebeugt, und ist nun, indem sie eine klassische Statue imitiert, ein Gemälde von Ingres. Wir sehen sie von hinten, den Fuß leicht angehoben. Der Spiegel der Tradition abendländischer Kunst bringt sie hervor. Dann löst sie ihr Haar, schüttelt es leicht, geht auf den Spiegel zu; daraufhin sehen wir sie zweimal, zwei Bilder, unangenehm dicht beieinander. Fast hat man den Eindruck, als würden die beiden aneinander kleben. Jetzt geht sie weg, um gleich wieder zurückzukommen, diesmal aber viel schneller. Die Langsamkeit der Echtzeit wird mit der wirklichen Zeit im Leben konfrontiert.

Aus meiner Sicht bilden diese drei Werke einen Übergang von den Arbeiten mit leeren Räumen zu denen mit einem bewohnten Zimmer. In den Videos der ersten Serie war die Subjektivität auf die Kamera und deren

Versuche beschränkt, vermittels der Wellen und Falten, dem Maßstabswechsel zwischen mikroskopisch und makroskopisch, eine Verbindung zum Betrachter herzustellen. In diesen Videos ist die Frau — die Künstlerin selbst — anwesend, aber sie muß um ihren Raum kämpfen. Die Kamera macht es ihr nicht leicht; sie muß sich zwischen die architektonischen Linien von Wänden und Gängen quetschen und schafft es eigentlich nie, sich als Ganzes im Bild zu plazieren. Ein Ringen zwischen dem menschlichen Körper und seiner Umgebung findet statt, ein Kampf, bei dem es um Sichtbarkeit geht. Der umgebende Raum, die Kamera, das Blickfeld: sie alle rahmen die Frau ein, und ihre Sichtbarkeit ist von diesem Vorgang abhängig. Die Wirkung ist sogar noch stärker, wenn man sich klar macht, daß die Frau, die eingerahmt wird, die Künstlerin selbst ist, und daß niemand hinter der Kamera steht. Diese Umkehrung der Rollen, die dem »Modell« die Verantwortung für den einrahmenden Akt überträgt, dem sie unterworfen wird, exemplifiziert Kaja Silvermans Infragestellen der Gleichstellung von der Kamera mit dem Lacanschen »Blick«[13] — der sichtbaren Seite der symbolischen Ordnung. Silverman erhebt Anklage gegen das visuelle Regime, das die Illusion dieser Gleichstellung weiter aufrechtzuerhalten versucht. Zur gleichen Zeit setzt die Umkehrung der Rollen fest, daß das, was nichtsdestoweniger das Einrahmen einer Frau ist, nicht einfach und allein ein Akt individuellen Willens ist.

Jedes dieser drei Werke nimmt zum Schluß eine überraschende Wende, die dem Zuschauer »ein Gefühl für ein Ende«[14] vermittelt. Darüber hinaus besitzen alle drei einen gewichtigen, ausgeprägt symbolischen Titel: *Une tache de silence* [Ein Fleck der Stille] bezieht sich auf den Fleck an der Wand, diese bedeutungslose Figur, die nur durch den Willen des Betrachters Kontur und Bedeutung erhält.[15] Die Vorstellung vom Fleck an der Wand stellt die Idee von Abstraktion in Frage. Es existiert keine »reine« Abstraktion, sagt sie aus, sondern nur graduelle Abstufungen in der Abstraktion,

13 Anm. d. Übers.: Wir folgen der Tradition der deutschen Lacan-Übersetzung, in der es üblich ist, Lacans Begriff »le regard« (im Englischen »the gaze«), der im Deutschen nicht adäquat wiederzugeben ist, mit »der Blick« zu übersetzen.

14 Dies ist eine Anspielung auf den Titel von Frank Kermodes Buch *The Sense of an Ending* (1966).

15 Daher der Gebrauch des Titels *The Stain on the Wall* durch Edwin Janssen für sein photographisches Werk, das mein Buch *Double Exposures* (1996) begleitete.

die dadurch determiniert werden, ob und was der Betrachter sehen will. Mit anderen Worten, diese Metapher vom Fleck an der Wand postuliert eher eine Skala der Figuration zwischen Objektivität und Subjektivität als eine Skala von Figuration zu Abstraktion. *Une tache de silence* scheint hier eine Antwort auf den Abstrakten Expressionismus darzustellen, welcher Mitte der siebziger Jahre noch ziemlich einflußreich war. Es hinterfragt Abstraktion als solche, als Möglichkeit und in ihrer Relation zur Subjektivität. Sie präsentiert sich als etwas, das in »den Händen des Künstlers« lag, was sich als Alternative zur Figuration darbot. Aber dann erdrückt die akustische Vorstellung von Stille die evokative Kraft der Figuration »allen Widerständen zum Trotz«. Die Abwesenheit des Tons, das *ist* der Fleck; das ist es, was den Betrachter befähigt, auf das Blickfeld zu reagieren. Ohne Ablenkung durch den Ton tritt die Visualität scharf umrissen hervor. Das verleiht dem Akt des Rahmens noch mehr Wucht; das ist alles, was es gibt.

Ebenso beschwört *Sonnet* in seinem Titel den Ton, um ihn dann in der Ausführung vorzuenthalten. Sein literarischer Titel legt die Grundstimmung für eine formale Bewertung der Arbeit fest. Auch wenn die Regelmäßigkeiten der literarischen Form, auf die sich der Titel bezieht, im Werk selbst nicht offenkundig sind, ist eine bestimmte Erwartung von Regelmäßigkeit, von Dichte und Form, die Bedeutung hervorbringt, und von einer irgendwie dramatischen Veränderung in der Bedeutung zwischen den beiden Quartetten und den Terzetten des klassischen Renaissance- und Barock-Sonetts erhalten geblieben, durch die extreme Kürze des Werkes in Verbindung mit seinem langsamen Tempo.

Spiegel—der einzige Titel von den dreien, welcher nicht auf Klang, sondern nur auf Visuelles anspielt—legt ganz offenkundig nahe, daß hier Sich-Spiegeln, Sich-Reflektieren, eine andere Form von Gerahmtwerden das Thema ist. Die Schwierigkeiten, das Spiegelbild und seine Quelle zu sehen, sie voneinander zu scheiden und dem Spiegelbild einen gewissen Grad an Realismus zuzuerkennen, um *diese* Schwierigkeit geht es.

Das Thema dieser Videoarbeiten scheint mir in der Geschichte der Kunst ganz wesentlich zu sein. Denn die Idee des Einrahmens läuft dem Wunsch nach, das heißt der Illusion von individueller Freiheit und der sich daraus ableitenden Vorstellung von Intention zuwider. Man kann behaupten, daß das kunstgeschichtliche Unterfangen sich nicht in dem—überraschend hartnäckigen — Forschen nach den Intentionen des Künstlers erschöpft. Es muß eingeräumt werden, daß eine anspruchsvollere historische Nachforschung in bezug auf das Entstehen und das Wirken eines Korpus von visuellem Material heute eher soziale Aspekte berücksichtigen würde, also die soziale Situation und den Kontext, aus dem heraus ein Werk entstanden ist. Diese Nachforschung schließt ökonomische und politische Faktoren und ihren Einfluß auf die Struktur des öffentlichen Lebens mit ein, wie das zum Beispiel durch T.J. Clark analysiert wurde und was Martin Jay das »skopische Regime« oder Svetlana Alpers »die visuelle Kultur der Zeit« nennen würden. Zusammen ergeben diese Elemente die Antwort auf die Frage »Was machte dies möglich?«[16] Mit dieser Frage situiert man das Werk eher in einer sozialen Situation und macht es nicht so sehr von einem individuellen Genius abhängig. Ich erkenne den Wert einer solchen Untersuchung an, die ich in der Tat für unerläßlich erachte.

Aus dieser Perspektive können, ja müssen die Videos in Beziehung zum Feminismus der siebziger Jahre gebracht werden, auch zu der ambivalenten Einstellung diesem Etikett gegenüber auf Seiten der bekanntesten feministischen Künstlerinnen dieser Zeit. Ein wachsendes Bewußtsein für die Art und Weise, wie Frauen durch eine Kultur *gerahmt* sind, die sie zu Objekten macht, würde eine Erklärung für Dujouries »präzises und monumentales« Zusammenspiel von Kamera und begrenzender Einrahmung liefern, innerhalb dessen ihre Frauen immer unbequeme Positionen einnehmen. Dementsprechend geht es diesen am besten, wenn sie die klassischen Posen, die ihnen die Tradition aufzwängt, adaptieren. Während des Jahrzehnts, in dem Dujouries Videos entstanden sind, war der Feminismus lebhaft und einflußreich und über die erwähnten Themen wurde in Philosophie und Literatur diskutiert, beispielsweise durch Leute wie Irigaray, Kristeva oder Wittig, um nur drei der wichtigsten »Klassiker« zu nennen. Die feministische Auseinandersetzung mit vorgeschriebenen Positionen und begrenzten Räumen, läßt das Rahmen von einer ästhetischen oder sogar praktischen Aktivität zu einer nahezu kriminellen Handlung werden, nämlich jemandem etwas anzuhängen, das er (oder sie) nicht

---

16 Der Satz stammt von Griselda Pollock. Sie gebrauchte ihn, um ihre Sicht der sozialen Geschichte der Kunst während des N.E.H. Summer Institute, Rochester, New York, 1989, über »Theory and Interpretation in the Visual Arts« zu erklären.

getan hat. Dieses Gerahmtwerden — im Sinne von Reingelegtwerden — macht es schwer, die Position des Feminismus einzunehmen. Denn dieser Begriff wird weiterhin durch die Ordnung eingesetzt, die die Notwendigkeit eines Feminismus erst verursacht.

Die vorliegende Interpretation gründet bislang auf der Vorstellung von einem Kontext. Der machtvolle Kontext, innerhalb dessen diese Videos entstehen und rezipiert werden konnten, war der französische Feminismus. Der Sozialgeschichte entgeht jedoch nicht das Problem, daß die Präsenz des Kritikers unablösbar von historischem Wissen ist. Nicht nur, weil ich den historischen Kontext Lili Dujouries zu einem gewissen Grad teile, bin ich empfänglich für diesen problematischen Aspekt des Rahmens. Auch möchte ich nicht die Aussage ihres Schaffens darauf beschränken. Wie ich schon eingangs in der Einleitung zu diesem Essay schrieb, selbst mir bleibt nichts anderes übrig, als auch »zu rahmen«. Denn jeder Kritiker, der sich mit historischen Werken befaßt, befindet sich selbst mit ihnen in einer Art Verstrickung.[17]

Hinzu kommt, daß das Konzept von Kontext selbst ebenso problematisch ist, wie das eines Textes. Jonathan Culler beschrieb präzise dieses Problem:

»Indes, die Vorstellung von Kontext simplifiziert eher, als daß sie eine Erörterung bereichert, da der Gegensatz zwischen einer Handlung und ihrem Kontext zu unterstellen scheint, daß der Kontext als gegeben feststeht, und er die Bedeutung der Handlung determiniert. Selbstverständlich wissen wir, daß Dinge nicht so einfach liegen: Kontext ist nicht fundamental verschieden von dem, was er kontextualisiert; Kontext ist nicht gegeben, sondern wird erstellt; was zu einem Kontext gehört, ist durch interpretatorische Strategien bestimmt; Kontexte müssen genauso wie Ereignisse erläutert werden; und die Bedeutung eines Kontextes ist durch Ereignisse determiniert. Wenn wir jedoch den Terminus *Kontext* verwenden, verwenden wir das einfache Modell, das der Terminus nahelegt.« (Culler 1988, S. xiv)

Kontext ist mit anderen Worten auch eine Art von Text und bereitet daher dieselben interpretativen Schwierigkeiten wie jeder andere Text. Der Kontext kann die Aussage eines Werkes nicht festlegen, weil Kontext

---

17 Wie Ernst van Alphen es treffend formuliert, ist man unausweichlich »in der Geschichte gefangen«. Vgl. dazu sein Buch mit dem Titel *Caught by History* (1998).

selbst sich einer eindeutigen Interpretation entzieht, ebenso wie das Werk. Culler fährt in seiner Argumentation fort, daß eine Alternative zur Vorstellung von Kontext die des Rahmens ist:

»Da die Phänomene, mit denen Kritik zu tun hat, Zeichen sind, Formen mit gesellschaftlich konstituierten Bedeutungen, könnte man versuchen nicht an Kontext, sondern an das Rahmen von Zeichen zu denken: Wie werden Zeichen konstituiert (gerahmt), durch verschiedene diskursive Praktiken, institutionelle Übereinkommen, Wertesysteme, semiotische Mechanismen?« (ebd.)

De facto entspricht das dem, was Griselda Pollock, ebenso wie Svetlana Alpers, T.J. Clark und viele andere getan haben, zumindest von Seiten der Künstler aus. Wenn man Cullers Anregungen ernst nimmt, dann läßt die Tatsache, daß Dujourie die Beziehung zwischen sozialem Raum und Weiblichkeit mit Hilfe einer Einrahmung im wörtlichen Sinne erforscht, aus ihren Werken *theoretische Objekte* werden, Kunstwerke, die einen Beitrag zum Denken leisten, anstatt dieses Denken einfach nur widerzuspiegeln oder nur anzuwenden.[18] Sie illustrieren nicht Cullers Theorie, sondern stellen einen Fall von »Rahmung« vor, der seine Definition möglicherweise erschweren würde.

Um dem nachzugehen, was diese Videos aktiv zu einem Verständnis von Rahmung beitragen, möchte ich untersuchen, was übrig bleibt, wenn man die Frage »was *machte* dies möglich?« in »was *macht* dies möglich?« umwandelt, das heißt, wenn man sich nicht auf das Werk als ein in der Vergangenheit Gegebenes bezieht, sondern auf seine Existenz als Affekt und zugleich Effekt in der Gegenwart, jetzt in dem Moment, in dem wir es ausgestellt sehen. Die Bedeutung des Werks wird damit als ein visueller *Effekt* dieser Bedeutung aufgefaßt. Dieser Effekt wird durch die soziale Konstruktion von Visualität verkompliziert, das heißt, die Modalitäten des Sehens, die wir uns antrainiert haben, und die Variabilität von Identifikationen. Sowie wir Dujourie mit dem Feminismus »sprechen« lassen, anstatt

18 Die Bezeichnung »theoretisches Objekt« für Kunst als Denkform wurde durch Hubert Damisch in vielen seiner Veröffentlichungen angeregt. Vgl. zum Beispiel sein rezentes, bedeutendes Werk *Le jugement de Paris* (1992). Giovanni Careri hat mit diesem Terminus von Damisch in seiner Analyse von Berninis Tempietti in Rom auf brilliante Weise weitergearbeitet (1995).

diesem nur beizupflichten und ihn anzuwenden, zeichnen sich in dieser dreiteiligen Serie zwei bedeutsame Aussageelemente ab. Das eine ist wiederum die anscheinend subjektive Position der Kamera, die sich jetzt in einem Spannungsverhältnis zu der Frau befindet, welche zögernd ihren Platz vor ihr einnimmt. Ist das Subjekt, das gerahmt wird, selbst die Rahmende, muß die gewisse Feindseligkeit, die in dieser Definition des Rahmens enthalten ist, mit Sicherheit überdacht werden. Das andere Element ist der Einsatz von Reflexen, Spiegelungen im Fenster, und die betonte, zentrale Präsenz eines Spiegels im letzten Video.

Das erste — nicht in Hinblick auf Chronologie, sondern nach meiner Darstellung — bringt die Spannung am deutlichsten zum Ausdruck. Die Frau ist hier so nachdrücklich eingerahmt, daß wir sie nicht wirklich sehen können, außer in dem einen herausgezögerten Blick auf ihr Gesicht gegen Ende zu. Die Kamera scheint auf der Stelle, auf einem Fleck zu verharren, und die Frau ist Dujourie selbst. Daher geht es hier um etwas mehr als die Subjektivierung der Kamera und die Unterordnung des Modells. Was hier zum Ausdruck gebracht wird, sind die Operationen des Blickfeldes selbst. Es gibt niemanden, der »angeschuldigt« werden kann, dennoch wird die Frau gerahmt. Das Rahmen selbst wird dargestellt. Die Scheu der Frau davor, im Blickfeld zu erscheinen, ist jetzt ein wirksames Mittel, die offenkundige Trennung der Rollen zwischen Männern hinter der Kamera und Frauen als Schaustück in Frage zu stellen — eine Standardtheorie der Filmkritik der siebziger Jahre (Mulvey 1994). Über solche polemischen Einzelheiten hinaus, wirft die zweifache Subjektivität die Frage auf, welche Auswirkung das Rahmen auf das Subjekt hat. Die Unbeholfenheit der Frau, die nicht in die Bildfläche »paßt«, jedenfalls nicht glatt, und die daher das Rahmen als einen Akt herausstreicht, qualifiziert die Vorstellung davon als ein unmögliches Selbsteinrahmen. Hier »spricht« eine »erste Person« über sich selbst. Aber wer spricht — die Kamera, die rahmt, oder die Gestalt, die in das Bild hinein und aus ihm herausschreitet? Wenn man sich die Versuche in der Serie der »Wellen« in Erinnerung ruft, einen korrelativen Gesichtspunkt herzustellen, sehen wir jetzt, daß solches wechselseitige Aufeinanderbezogensein in der Tat die einzig mögliche Wahl darstellt. Sogar eine Erzählung in der ersten Person, in der Künstler und Modell identisch sind, ist nicht in der Lage, jedem Gesichtspunkt freien Lauf zu lassen, der auf reibungslose Weise eine Person, eine Geschichte

»wiedergibt«, sie realistisch darstellt. Und wenn man den Lacanschen »Blick« bedenkt, sind beide, Subjekt und Objekt — also beide Subjektivitäten —, im selben Blickfeld gefangen.

Die Schwierigkeit, die wir damit haben, die Frau zu sehen, baut ein Dreiecksverhältnis zwischen der Kamera, dem Betrachter und ihr auf. Kein Zweifel, der Raum engt ein, aber ist das nicht auch ein Schutz? Ich kann mir vorstellen, daß der zentrale Punkt hier nicht so sehr darin besteht, daß die Kamera sie einrahmt — was sie tut —, sondern daß dieses Rahmen nebenbei eine Möglichkeit ist, einen Betrachter fernzuhalten, der nicht »höflich« genug ist, mit dem, was sichtbar ist, umzugehen. Mit anderen Worten, Rahmen schreibt oder schlägt eine Art zu sehen vor, und dieser Umstand läßt Dujourie Freiraum damit zu spielen.

Um was es in diesen Arbeiten zu gehen scheint, ist die Schwierigkeit eines Sehens, welches versucht, die Unterwerfung des weiblichen Körpers unter den traditionell männlichen retinalen Blick [the gaze] zu überwinden. Norman Bryson zufolge ist dieser Blick eine Art des Sehens, das sich selbst enthistorisiert und entkörperlicht und das das angeschaute Objekt objektiviert und von diesem Besitz ergreift.[19] Anders als der fixierende Blick [the gaze] ist das Blicken [the glance] eine engagierte Art des Sehens, bei der der Betrachter, der sich des Prozesses des Sehens bewußt ist und körperlich an ihm teilhat, in eine Interaktion mit dem Bild tritt und daher nicht darauf angewiesen ist, den Darstellungsvorgang zu verleugnen. Damit sind auch ganz materielle Aspekte wie Pinsel-, Feder- oder Bleistiftstrich oder, je nach Fall, Kameraarbeit gemeint. Das Bewußtsein für die eigene Beteiligung am Vorgang des Sehens hat das Bewußtsein zur Folge, daß das, was man sieht, eine Darstellung ist, keine objektive Realität, nicht das »wirkliche Ding«.

Bei Bryson ist es nicht immer deutlich, ob er die Motivation für diese zwei verschiedenen Modi des Sehens im Werk oder im Vorgang des Sehens ansiedelt. In seinen Ausführungen über chinesische und japanische Kalligraphie scheint er die Motivation im Werk selbst zu verorten, wo sich Spuren des Darstellungsvorgangs — die Pinselstriche — indexikalisch auf

19 Bryson (1983, S. 93f.) stellt eine Beziehung des Begriffes zu dem französischen »le regard« her, den er in re- (= repetitiv) und -gard (= »prendre sous garde«, Besitz ergreifen von) zerlegt.

das Werk beziehen (Bryson 1983, S. 89-95); aber an anderer Stelle (z.B. in seiner Abhandlung über *Die Ankündigung* des Meisters der Barbarini Tafeln; Bryson 1983, S. 101-103) scheint die Wahl der Sehweise, die getroffen wird, nicht durch das Kunstwerk selbst motiviert zu sein.[20]

Ich möchte diese hilfreiche Unterscheidung übernehmen, die den Blick [the gaze] und das Blicken [the glance] als Modi des Sehens versteht, die vom Werk angeregt und gefördert, aber keinesfalls aufgezwungen werden. Der Blick [the gaze] ist demnach eine Haltung, welche die Grenze zwischen Modell und Gestalt aufhebt, eine Einstellung, die durch einen »transparenten« Realismus gefördert wird, der die Spuren des Darstellungsvorgangs tilgt und eine rein retinale Art des Sehens unterstützt. Diese Auffassung von Transparenz—wie sie realistische Kunst verkörpert, aber vor allem eine Auffassung, die die rein retinale Betrachtung jeder Kunst befördert—löste konzeptuelle Kunst aus, die in Opposition dazu die Möglichkeiten eines solchen Schauens verhindert. Aber keine Kunst ist je auf den retinalen Blick [the gaze] beschränkt. Im Kontrast dazu ist das Blicken [the glance] der Modus, der die Position des Betrachters *als* Betrachter betont. Indem die Darstellung selbst auf besondere Weise in den Blickpunkt gestellt wird, kann man zu diesem Modus des Sehens ermutigt oder von ihm abgehalten werden. Diese zwei Modi des Sehens schließen sich nicht gegenseitig aus; sie können alternierend für dasselbe Kunstwerk angewendet werden, ja sogar in demselben Seherlebnis vereint zum Zuge kommen; jedoch erfolgt ihre Wahl nicht gänzlich willkürlich: Die Struktur des Werkes legt entweder die eine oder die andere Vorgangsweise nahe.

Wenn wir eine irreführende, sich selbst erfüllende, repetitive Verschmelzung von Repräsentation und tatsächlichem Sehen vermeiden wollen, müssen wir umsichtig in Erwägung ziehen, wie spezielle Kunstwerke diese oder jene Haltung fördern. Was ich damit sagen will ist, daß der Betrachter durch verschiedene Positionen angesprochen wird, mit denen er sich identifizieren kann; dabei handelt es sich nicht um eine Identifikation mit

---

20 Die Begriffe fußen nicht auf Lacans Theorie des Sehens; siehe dazu Lacan, *Vier Grundbegriffe der Psychoanalyse* (1987, S. 65-119). Ebenso Rose (1995) und Silverman über »Fassbinder«, in: *Male Subjectivity* (1992). Im weiteren Verlauf werde ich auf die Begriffe von Lacan und Silverman zurückkommen.

Personen, sondern mit den Sehpositionen, die eine besondere gelebte Relation zu den gesehenen Personen oder Dingen zur Folge haben. Der Betrachter nimmt diese Position daraufhin an oder verwirft sie, was ganz von deren Attraktivität abhängt. Nach dem gegenwärtigen Stand der Rezeptionstheorie scheint es mir plausibel, daß—obwohl kein einfaches 1:1-Verhältnis zwischen der dargestellten und der tatsächlichen Sehposition angenommen werden kann—eine Darstellung des Sehens das tatsächliche Sehen beeinflußt. Es ist klar, daß die Probleme, die die Frau in Dujouries Videos damit zu haben scheint, sich sichtbar zu machen, Einfluß auf ihre Sichtbarkeit für den Betrachter hat. Die Betonung des Rahmens ist demnach weniger eine Anklage gegen die Geschichte der Kunst, Frauen nur als Modelle in einen Rahmen zu fassen, als vielmehr, über solche Kritik hinaus, eine Gegenaktion, eine Betonung des Rahmens, die den problemlosen, aneignenden Blick [the gaze] ausschließt. Hier gibt es kein leichtes Identifikationsangebot, weder mit der Kamera—welche Sichtbarkeit ausschließt—noch mit dem Modell, welches uns permanent ausweicht.

Bis zu welchem Grad das tatsächliche Sehen davon beeinflußt wird, hängt von dem Grad der Übereinstimmung zwischen der Darstellung des Sehens und dem Lacanschen »Blick« ab. Silvermans erhellender Auslegung und Neusicht von Lacans Text zufolge, ist der Blick [the gaze] die verinnerlichte soziale Konstruktion des Sehens, das, was von anderen mit Visualität bezeichnet wird. Ich möchte es entweder »die visuelle Ordnung« nennen oder den »Blick« in Anführungszeichen verwenden, sowohl um den Bezug zur symbolischen Ordnung hervorzukehren, als auch um eine Verwechslung mit dem Blick [the gaze] als einer Position des Sehens zu vermeiden.[21] Diese Konstruktion »schaut« bei jedem Sehvorgang auf den Betrachter »zurück«. Sie ist Teil der Erfahrung, welche die »Interpretanten« formt, die der Betrachter entwickeln wird.[22]

21 Der von Foster herausgegebene Band *Vision and Visuality* (1988) erstellt eine demgemäße Unterscheidung.

22 »Interpretant« ist der Terminus, den Charles S. Peirce benutzte, um das »geistige Bild« zu kennzeichnen, das der Verwender des Zeichens in seiner oder ihrer Vorstellung entwickelt, wenn er ein Zeichen wahrnimmt. Einfacher ausgedrückt, würde man es als intuitive »Interpretation« bezeichnen, dessen sich der Verwender des Zeichens nicht bewußt ist oder es nicht nötig hat, sich dessen bewußt zu sein. Der Terminus »Interpretant« darf nicht mit dem »Interpreter« verwechselt werden.

Der Lacansche »Blick«, eine gesellschaftliche Ordnung, kann schwerlich einheitlich und konstant sein, so ist innerhalb dieses Systems der visuellen Ordnung Spielraum für ein Schauen [the look], das keine Aneignung beinhaltet. Während ein feindlicher, aneignender Blick [the gaze] hartnäckiger ist, als es einem lieb sein kann, erörtert Silverman (1992) auch einen begehrenden Blick [the look], der kommunikativ ist und nicht »vergewaltigend« und zu dem auch Frauen Zugang haben. Aber man kann sich ebenso — sogar noch leichter — einen Blick [the look] der Aggression vorstellen, einen ausschließenden Blick, der das angeschaute Subjekt durch sein Schauen aus seiner Existenz verweist, oder aus der sozialen Gruppe, von der das Schauen ausgeht.[23] Erstaunlich, geradeso wie Dujourie in *Herinneringen met de ontmoeting* den Betrachter durch ihren Versuch eine Begegnung herzustellen in Bann hält, genauso erhebt das Video *Spiegel* die Frage nach der Natur des Schauens, vermeidet es aber sorgsam eine Antwort darauf zu geben.

Brysons fixierender »Blick« [the gaze] ist ein Unterbegriff zu dem Blick Lacans und in der Nachfolge dazu Silvermans, ein Akt des Schauens von jener kolonialistischen Prägung, zu der der gesellschaftliche Blick [the gaze] so oft ermutigt. Im folgenden will ich die Begriffe »Blick« [the gaze] und »Blicken« [the glance] im Sinne Brysons verwenden, wobei ich im Hinterkopf behalte, daß beide Begriffe auf Unterscheidungen des Lacanschen Blicks innerhalb der visuellen Ordnung [look-within-the-gaze]

---

23 Diese Variabilität innerhalb des gesellschaftlich preskriptiven Blicks [the gaze] ergibt innerhalb der klassischen Psychoanalyse einen Sinn, wobei Variationen den Stadien der Entwicklung zugerechnet werden können. Indem sie das psychoanalytische Interesse an den *Zielsetzungen* des Sehens erklärt (unglücklicherweise mit der *Bedeutung* vermischt), unterscheidet Ellen Handler Spitz diese Freudschen Blicke folgendermaßen:

> »Innerhalb jedes Stadiums gibt es eine Variabilität der Zielsetzung, so daß beispielsweise in einem visuell orientierten Kind, das sich später möglicherweise zu einem Künstler entwickelt, sich die oral inkorporierten Motive auf das Sehen verlagern könnten (man beachte den geläufigen Ausdruck ›er verschlang es mit seinen Augen‹), ebenso wie das mit anal-sadistischen Motiven (›Blicke, die töten können‹), oder den phallischen (›ein penetrierender Blick [the glance]‹) der Fall sein kann.« (Handler Spitz 1985, S. 43)

Man beachte, daß das Wort »Blick« [the glance] hier im gängigen Sinn gebraucht wurde, nicht in dem speziellen von Bryson.

zurückgehen, einem sozialen Konstrukt, das gegenwärtig von einer maskulinen, kolonialisierenden Perspektive geprägt, wenn nicht gar beherrscht wird. Brysons Blick [the gaze] darf nicht mit Lacans Blick verwechselt werden. Denn man entgeht dem Lacanschen Blick nicht so leicht. Das Blicken [the glance] ist ein beiläufiger *Akt* des Sehens in der Art und Weise der kommunikativen Vielfalt des Sehens (Sehen als Begegnung, manchmal getrieben von Verlangen, aber nicht nach Aneignung), wie von Silverman innerhalb des Lacanschen »Blicks« ausdifferenziert.

Wenn man dies bedenkt, bieten Dujouries gerahmte Frauen sich selbst dem Blicken [the glance] dar, einem engagierten Schauen [the look], nicht einem kolonialisierenden Blick [the gaze], der durch die Rahmungen abgehalten wird, die umfassende Sichtbarkeit ausschließen. Nur derjenige vermag weiter zu schauen, der sich die Zeit nimmt — die »reale« Zeit des Videos —, mit dem Bewußtsein zu schauen, daß man durch einen Rahmen blickt, und der diesen Rahmen akzeptiert. Für solche Betrachter gibt das Ende von *Une tache de silence* zur Belohnung das Antlitz frei oder zeigt *Sonnet* für den Bruchteil einer Sekunde in der Widerspiegelung das Doppelbild der Frau, und für solche Betrachter wird am Ende von *Spiegel* das Tempo verändert, so daß es »realer« wird. Die Narration, die der jeweilige überraschende Schluß anbietet, ist die des Durcharbeitens der Schwierigkeit des Schauens in einem kulturellen Kontext, bei dem für uns viel zu viel von vornherein determiniert ist, von dem Frauen aber nicht ausgeschlossen werden wollen. Mit anderen Worten, Dujouries Videos bieten eine Alternative zu dem feministischen *ennui*, eine, in der Aktivität schließlich doch möglich wird. Narrative Form, die zu einem »Gefühl für ein Ende« führt, liefert hier ein »Extra«, das Theorie allein nicht erfassen kann. Dieses »Extra« macht das, was ich »theoretische Objekte« genannt habe, so bedeutend, sogar für theoretische Überlegungen im Kulturbereich. Sie liefern noch etwas, das über diesen theoretischen Text hinausgeht. Als Folge davon kann der vorliegende Essay keine »Erklärung« sein — mit allen Besitzergreifungen, die dies mit sich bringen würde —, sondern nur eine wechselseitige Verstrickung.

Das zweite Thema, über das mich diese Werke nachdenken lassen, ist der Ort, den sie innnerhalb einer Tradition von Reflexionstheorien der Repräsentation haben. In *Sonnet* bleibt die Spiegelung im Fenster für lange Zeit der einzige optische Zugang, den man zu der Gestalt erhält. In *Spiegel* ist diese Thematik zum Hauptthema des Werkes avanciert. Dieses Werk, das auch einen Übergang zur dritten Serie bildet, den ich hier erörtern möchte, rückt den Spiegel in einer Kultur in den Vordergrund, die vom Spiegel der adoleszenten — und weiblichen — Koketterie durchdrungen ist, dem Spiegel einer Vanitas-Tradition und dem Lacanschen Denken über das Spiegelstadium.

Bei seinem Diskurs über das Spiegelstadium geht Lacan nicht auf das Geschlecht ein (1991). Bekanntermaßen inszeniert Lacans berühmter Aufsatz über — oder seine Geschichte vom — Spiegelstadium das In-Erscheinung-Treten des Subjekts durch die »Entdeckung« des Selbst in Begriffen, die ziemlich genau artikulieren, wie Kultur und Natur voneinander abhängig sind. Wenn das Kind sich im Spiegel sieht, ist das erste Erkennen seines Selbst auf einem *Bild* gegründet, welches *nicht* das Selbst ist. Das Bild, das der Spiegel bietet, ist ein Abbild, nicht das natürliche oder wahre Selbst, und zwar, um präzise zu sein, aus drei Gründen: es ist *äußerlich*, *fiktiv* und *visuell*. Ich möchte Lacans kurzen Essay behandeln als wäre er eine Geschichte, eher ein weiteres kulturelles Artefakt als eine Theorie; ich weise ihm keine innewohnende erläuternde Kraft zu, sondern prüfe es als ein potentielles, theoretisches Objekt von gleicher Qualität wie Dujouries Videos.

Polemischerweise rufen alle drei Begriffe ihre binären Gegenpole auf den Plan: Innerlichkeit, Realität und »Sensationalität«, auch »Propriozeptivität« genannt.[24] Aber es wäre hier wie anderswo ein Fehler, diese Opposition auf einen Entscheidungskampf einer binären Gegensätzlichkeit zu fixieren, der einen nur auf eine radikale Opposition von Konstruktivismus versus Naturalismus zurückwirft, von der diese Logik besessen ist. Statt dessen hilft uns Lacans Geschichte zu verstehen, wie sich Dujouries Videos selbst — und besonders *Spiegel* — nicht so sehr auf einer Brücke, sondern auf der Grenze zwischen den zwei komplementären Aspekten des Spiegels einordnen.

Auf diese Weise greift das Kind in dem Augenblick, in dem es sich ein wenig vorbeugt, um sich selbst »da draußen« zu sehen, in den natürlichen

---

24 »Proprio« = selbst; »-zeptiv« = Perzeption (Wahrnehmung). Worum es im Spiegel (-stadium) geht, ist die Erfahrung eines Körpers in *Expansion*. Dies ist der Körper, auf den ich mich in der Erörterung von Dujouries Skulpturen beziehen will.

Raum hinein, während umgekehrt die Außenfläche des Spiegelbildes den bis dahin innerlich empfindenden Körper des Schmerzes und der Lust, der reinen Bedürfnisse, *berührt*, um das Gefühl des eigenen Selbst zu schaffen.[25] Das ist der Grund für die »jubilatorische Geschäftigkeit« in dem Kind als Ergebnis des Erkennens, das Lacan beschreibt (1991, S. 63). Das Außen ist unerläßlich dafür, daß das Innere des empfindenden Körpers mit Bedeutung erfüllt wird. Dieses Erfülltwerden ist eine Art mit der Absenz umzugehen, die natürlichen Raum definiert (Figlio 1996). Ähnlich unterscheidet sich die Fiktionalität der Identifikation—das Paradox, daß sich das Kind mit dem, was es nicht ist, mit dem äußerlichen, aber symmetrisch umgekehrten visuellen Körper identifiziert—nicht von irgendeinem anderen Beispiel für Fiktionalität. »Fiktion« und »Realität« können nur in einem komplementären Verhältnis zueinander verstanden werden: Fiktion ist in beidem, in Wahrheit oder Realität, verankert; absolute Fiktion kann einfach nicht entwickelt werden.

Das gleiche gilt für das dritte Element der entfremdenden Eigenschaften des Spiegelbildes: Die visuelle Natur des Körpers, der als außerhalb des Selbst erfahren wird, verbindet das »sackartige Gebilde aus Haut«, das das Kind im Spiegel sieht, mit dem Gefühlswirrwar, das es empfindet und das jetzt »in den eigenen Beutel« gesteckt werden kann.[26] Aus dieser Sicht ist Haut ein Ikon, das Indexikalität verkörpert, das Analogon zu der Oberfläche des Spiegels, insofern sie die Grenze bildet, welche das Bild und den Körper nicht so sehr voneinander trennt, als vielmehr miteinander verbindet. Beide sind Stätten, in denen das Subjekt zum kulturellen Subjekt wird, das sichtbar ist und sieht, indem es den mehr oder weniger vor-kulturellen, empfindenden Körper, der nichts sieht und daher, soweit es ihm bewußt ist, ungesehen ist, mit dem kulturellen Körper verbindet, der sichtbar ist und sich selbst sieht (sich selbst sehend). Das erklärt, daß das Video, welches am persistierendsten auf dem Spiegel aufbaut, auch eine Frauengestalt zeigt, die in höchst verwirrender Weise »kultiviert« ist

25 Vgl. dazu Silvermans unentbehrliche Erläuterung des empfindenden Körpers, der in diesem Moment selbst-transgressiv ist (1996, S. 9-38).

26 Jean Laplanche gebraucht diese Metapher (1974, S. 12). Zu einer klärenden Erörterung des Spiegelstadiums in diesen Begriffen, siehe Silverman (1996, S. 1-37). Vgl. auch Didier Anzieus aufschlußreiches Buch *Das Haut-Ich* (1991).

und Posen einnimmt, wie man sie aus klassischen Darstellungen kennt.

Aber anders als die Körperhaut, berührt die Spiegeloberfläche visuell, nicht physisch. Dadurch wird der Vorgang des Sehens keineswegs weniger »heikel«, sensitiv oder prägend für das Subjekt. Nur eine Lesart, die sich auf die simultane oder »zeitgleiche« Hervorbringung von Bedeutung konzentriert, kann die strukturelle Ähnlichkeit zwischen Berühren und Sehen theoretisch erfassen, um die es hier geht. Denn Sehen ist ein Akt der Indexikalität oder des In-den-Raum-Ausgreifens. Diese Gleichzeitigkeit ist durch die »Realzeit« der Videos stark akzentuiert.

Durch den Blick in den Spiegel bietet die Ausdehnung des empfindenden Körpers ein räumliches Gefühl, das nicht auf Linearperspektive beruht. So konnte der Psychoanalytiker Karl Figlio argumentieren, daß Visualisierung auf Verdrängung beruht — Verdrängung der Absenz, die die Natur charakterisiert, »bevor« das Subjekt in sie hineintritt. Figlio führt den allgemein bekannten Holzschnitt von Dürer an, der einen Zeichner beim sorgsamen Abzeichnen eines weiblichen Aktes zeigt, welcher durch ein perspektivisches Gitter gerahmt wird, als ein Bild der Bemühung, das, was die empfundene Absenz nach sich zieht, zu vermessen. Dadurch ist er in der Lage, den emotionalen Einsatz für geometrische Perspektive zu erläutern: »Geometrischer Raum ist eine Darstellung von Absenz« (Figlio 1996, S. 75). Er erläutert weiter, daß »jegliches Vermessen in den geometrischen Raum hinein — jeder Akt des Abbildens — eine Lücke läßt zwischen dem, was in dem emotionalen Raum vorhanden war (das kann auch eine Absenz sein) und was in dem vermessenen Raum erscheint; und die Endlichkeit des geometrischen Raumes kann die Unendlichkeit der Emotion nicht einfangen.« (ebd.)

In der Tat, trotz der starken Vertikalen in Dujouries architektonischem Raum, ist ihr Raum nicht der der Linearperspektive. Die einschränkende Enge der Rahmung, die der Frau nicht genügend Platz läßt, hebt die Ablehnung der Linearperspektive hervor und die Vermessungsvorgänge, welche sie fördert. Die Beziehung eines gegenseitigen Übergreifens von Subjekt und Raum ist wechselseitig: Das Subjekt ist ebenso durch die räumliche Einengung überwältigt, wie der Raum durch ihren Körper ausgefüllt ist.

Der Ausdruck »Verdrängung« in Figlios Essay kennzeichnet im Gegensatz dazu die Gegenwart des Subjekts in natürlichem Raum, das schon immer außerhalb ist, aber erst jetzt, in diesem Moment, für das Subjekt sichtbar, das dadurch Objektcharakter erhält. Der Augenblick, in dem das in *Spiegel* eintritt, der Moment, in dem wir im Verlauf eines spannungsgeladenen narrativen Schauens unseren Atem anhalten, ist, wenn die Frau ihrem eigenen Spiegelbild zu nahekommt und sich dadurch ihrer Existenz versichert, sowohl ihrer Existenz unabhängig von dem Spiegelbild als auch der, die durch das Spiegelbild, ihrem kulturellen Begleiter, entsteht.

Der Spiegel ist in der Tradition abendländischer visueller Kultur oft als Trope benutzt worden. Als Trope der Vanitas, des Memento Mori, und der Ausbildung der Subjektivität; der Gleichheit und Mimesis, trügerischer Reflexion und der Illusionen von Realismus, Transparenz und ihrem Gegenteil, dem Fleck, der Undurchsichtigkeit bewirkt. Indem Dujourie diese besondere Trope für ihre aussagekräftige Dekonstruktion der Möglichkeit visueller Darstellung mobilisiert, die auf einer Subjekt/Objekt-Dichotomie gründet, nimmt sie es auf sich, in eine Jahrtausende alte Tradition metaphorischen Argumentierens einzugreifen. Wenn überhaupt, dann ist dies ein Kunstwerk, das Denkanstöße zu bieten hat.

In seinem einflußreichen Buch aus den späten siebziger Jahren *Der Spiegel der Natur. Eine Kritik der Philosophie* äußerte sich Richard Rorty immer wieder kritisch gegenüber der Tradition westlicher Philosophie und ihrer Tendenz, Fragen der Humanität, der Natur und allem, was zu der Beziehung zwischen diesen zwei Begriffsbereichen gehört, auf Fragen der Repräsentation, des »Spiegelns« von Natur, zu reduzieren: Fragen der Epistemologie oder des Weltverständnisses. Man kann davon ausgehen, daß Rorty Dujouries Vorgehen, den normalen Umgang mit Spiegeln zu unterminieren oder wenigstens ihn in Frage zu stellen, zustimmen würde. Da sich die Erörterung dieser Frage über die Erkenntnis unvermeidlich im Kreise dreht, weil sie auf Spiegelungen zurückgreift, schlägt Rorty statt dessen vor, dem Wesen der Philosophie gerechter zu werden, indem man sich auf ein permanentes philosophisches Gespräch einläßt. Das Gespräch fortzuführen, behauptet er, ist hilfreicher, als dauernd in einen Spiegel zu schauen, der uns die Natur als uns selbst zeigt (Rorty 1980).

Sicherlich, Spiegel, sogar reale, im alltäglichen Gebrauch, fangen nicht nur das Selbst in einem narzißtischen Naturalismus ein. In der Architektur werden Spiegel dazu verwendet, die Räumlichkeit über die Realität hinaus zu weiten, und unseren Blick mehr als nur reinen Naturalismus erleben zu lassen; um Licht zu vervielfältigen und um Masse zu entmaterialisieren, so daß Natur wirkungsvoll dazu umfunktioniert wird, mehr für weniger zu entfalten.[27] In diesem Zusammenhang kann der Spiegel auch als Trope für Architektur angesehen werden, wenn wir uns noch einmal Le Corbusiers Definition jener Kunst als »das präzise und monumentale Spiel von Form im Licht« in Erinnerung rufen. In der Kunst können Spiegel widersprüchlichen Aussagen dienen. Aber als Trope bietet der Spiegel einen eindeutigen Ansatz für ein Reihe von verwandten Problemen der Repräsentation und der Kultur, die, wie ich meine, Dujourie hier vereint. Die Werke dieser zweiten Serie deuten einige dieser Implikationen an, die diese Probleme mit sich bringen. Sie versehen Rortys These mit einer Erläuterung, einer kritischen Richtigstellung und einem alternativen oder ergänzenden Sehen.

Rortys Angriff auf das Spiegeln und die realistischen Illusionen, die unreflektiertes Spiegeln mit sich bringt, kann als radikale konstruktivistische Position ausgelegt werden, die immer wieder auch der Semiotik unterstellt wird — die neben dem Feminismus eine der aussagestarksten Kulturtheorien der siebziger Jahre ist. Während diese Position eine wesentliche kritische Funktion erfüllt hat, müssen aber die daraus resultierenden Nachteile genauso ernst genommen werden. Wenn einerseits keine Wiedergabe von Natur wahrhaftig sein kann, noch in der Realität gegründet, also nicht in sich selbst »natürlich« sein kann, dann ist die Theorie der Verwendung von Zeichen und der Hervorbringung von Bedeutung, anscheinend der richtige, wenn nicht sogar »natürliche« Ort, um nach Alternativen Ausschau zu halten. Seit einiger Zeit schon argumentieren Intellektuelle, daß Bedeutung ein gesellschaftliches Konstrukt ist, und Dujouries Werk zeigt, wie dringend notwendig es ist, dieses zu begreifen. Ihr Werk bringt jedoch auch zum Ausdruck, daß es nicht genügt, dies zu beteuern, noch daß dieser Standpunkt ohne Ausnahme hilfreich wäre. Denn wenn es keine Natur »dort draußen« gibt, was kann dann vor menschlicher Destruktion geschützt werden? Die winzige Gestalt bei den Wellen (in *Herinneringen met de ontmoeting*) einerseits, die einzige menschliche Präsenz, die von dem anonymen Akt des Rahmens geradezu aufgehoben wird, und andererseits die

---

27 Siehe die Studie von Pamela Heyne über den Gebrauch von Spiegeln in der Architektur (1996).

Frau, die fast aber nicht gänzlich mit ihrem Spiegelbild eins wird (in *Spiegel*), bestätigen die »double-bind«-Wirkung einer Theorie der Bedeutung, die das gesellschaftliche Konstruiertsein von Bedeutung zu ihrem ausschließlichen Anliegen macht. »Bedeutung« und »Realität« können nie zusammenfallen, aber das unaufhebbare Anderssein des einen für das andere schmiedet sie in einer weniger harmonischen, dafür vielleicht aber um so engeren Umarmung zusammen.

Ein ganz ähnlicher Argumentationsstrang betrifft den Körper. Zum einen gibt es, was den Körper anbelangt, nichts »Natürliches«; diese Erkenntnis wurde uns fast gewaltsam durch zeitgenössische Künstler nahe gebracht, indem sie jegliche Illusion, daß es doch anders wäre, lächerlich machten, wie beispielsweise in Matthew Barneys verzerrten Bildern einer Männlichkeit, die dermaßen »unnatürlich« ist, daß sie sich der kulturellen Struktur des Ödipalismus verweigert.[28] Aber, so das Gegenargument, wenn Körper bloße Konstrukte sind, warum erleiden dann so viele von ihnen reale Qual?

Dies sind vorrangige Fragen. Bis der Dekonstruktivismus die Rolle des Sündenbocks für akademische Ängste übernommen hat, wurde die Semiotik in ihrem Anspruch, daß alles als Zeichen verwendet werden könne, imperialistischer Züge bezichtigt, als ob diese Möglichkeit die Welt auf ein Netzwerk von Zeichen zurückschrauben würde, bar jeglicher stofflichen Substanz.[29] Nachdem der Dekonstruktivismus diese Rolle übernommen hat, verschwand die Semiotik förmlich vom Erdboden; sie wurde entweder von neueren Trends absorbiert oder einfach abgelehnt. Schaut man mit unverbrauchten Augen auf die Kunst, die im gleichen Zug mit der Semiotik als Theorie entstand, so erkennt man, wie theoretisch diese Kunst sein kann; wie verarmt die Theorie in der Tat ist, wenn sie auf den akademischen Rahmen beschränkt bleibt.

Die Stärke *und* Verletzlichkeit der Semiotik besteht darin, daß sie eine Kulturtheorie darstellt, die von sich selbst verkündet gnadenlos auf jedes kulturelle Objekt »anwendbar« zu sein. Das ist besonders zu einem Zeit-

---

28 Siehe dazu Ernst van Alphen (1997).

29 Das heißt, alles, was als Lüge gebraucht werden kann, ist ein Zeichen; siehe Eco (1976, S. 10). Unnötig zu sagen, daß diese Definition nicht die Karikatur einschließt, daß alles Lüge *ist*, daß alle Darstellungen Fiktion sind, und daß Semiotik daher im Gegensatz zur Wahrheit steht.

punkt opportun, in dem Geisteswissenschaften irreversibel dabei sind, interdisziplinär zu werden. Aber hat sie auch etwas über Natur, Wirklichkeit und den Körper zu sagen? Oder ist alle Natur Kultur? Ich bestreite, daß wir es uns heute leisten können, Theorie—jegliche Theorie—unabhängig von Kunst zu behandeln; eine Theorie mit Hilfe einer Konfrontation zwischen einer theoretischen Perspektive und einem Kunstgegenstand zu entwickeln, wird gleichzeitig neue Einblicke und genuine theoretische wie künstlerische Innovationen erbringen. Die Frage nach dem Beitrag zeitgenössischer Kunst zum Nachdenken über unsere Kultur und die Art und Weise, wie sie die Welt beeinflußt, im Speziellen, die Inspiration, die sie aus der Barockkunst und deren geistiger Haltung zieht, um Ideen zu formulieren, die das Verhältnis zwischen der Menschheit und der Gegenstandswelt betreffen, müssen mit Bezug auf dieses entscheidende Thema zur Anwendung gebracht werden. Ich unterstelle, daß Dujouries »Rahmen«-Videos mehr theoretische Kraft innewohnt als irgendeiner der Theorien, die zur selben Zeit als »Systeme« präsentiert wurden. Durch ihren Mangel an Interesse für die theoretische Bedeutung dieser Kunst hat die Semiotik es verpaßt, sich dauerhaft zu etablieren.

In meinem Verständnis der Semiotik durch Dujouries »Rahmen«-Arbeiten, hier speziell dem Video *Spiegel*, ist jene ein theoretisches Rahmenwerk, das das Hervorbringen von Bedeutung artikuliert und erklärt, auf welcher Basis dieses Hervorbringen stattfindet. Dieser Prozeß tritt in einer speziellen Situation ein, hier und jetzt. Dujouries sich abmühende Gestalt, die kaum in das Bildfeld hineinpaßt, deutet an, daß diese Spezifizierung, und nicht etwa das generelle System, das erste Axiom der Semiotik sein müßte. Nehmen wir zum Beispiel die Bedeutung »Vanitas«, die sich in der Kunst mit dem Spiegel verbindet: Die Verbindung zwischen einem Spiegel und dem Begriff der Vanitas ist einfach herzustellen und bedarf kaum einer semiotischen Theorie. Dennoch mag es nicht sinnlos sein hervorzuheben, *wie* diese Bedeutung symbolisch entsteht: durch Konvention aufgrund eines lange bestehenden, stillschweigenden Abkommens. Es ist eine symbolische Bedeutung—mit einer Geschichte. Diese Geschichtlichkeit liefert einen Teil der Antwort auf Rortys Eintreten für das »Gespräch«. Den anderen Teil der Antwort liefern natürlich die Zwänge, die einem solchen Gespräch durch die ungleiche Verteilung der Machtverhältnisse auferlegt sind.

Posen

Geschichte—dieses Dogma des akademischen Studiums der Kunst, das trotzdem der praktischen Anwendung der Kunstgeschichte aus dem Weg geht. Ikonographische Analyse zum Beispiel erliegt immer wieder dem Fehler, das Spezifische zu verallgemeinern. Dujouries »Rahmen«-Videos machen solche verallgemeinernden Gesten so gut wie unmöglich. Wie kann man irgendetwas konstant aufrechthalten, angesichts dieser schwankenden optischen Gegenwart, die den Eindruck erweckt, als würde die handgeführte Kamera gegen die Frau, die ganz einfach viel zu groß für die Bildeinstellung ist, Krieg führen; eine Kamera, die tatsächlich von niemandem bedient wird und daher ent-subjektiviert ist? Die zwei Aspekte des Rahmens, die in den im vorangegangenen diskutierten Videos in den Vordergrund gestellt wurden—und zwar die Schwierigkeit des Zugangs zum Bildfeld und die Verletzlichkeit des Blickes—, gehen der Beziehung zwischen dem Subjekt und Objekt des Schauens auf den Grund. Der »Wellen«-Serie zufolge kann das Verhältnis nur eine wechselseitige Verstrickung sein; auf diese Weise bieten sie eine zeitgenössische Interpretation dessen, was barocke Kunst und barockes Denken bereits vorgestellt haben. Den »Rahmen«-Serien gemäß de-stabilisiert ein derartiger Gesichtspunkt die visuelle Existenz des Objektes. In einer dritten Serie, den »Posen«, die wohl die bekanntesten der Videos enthält, wird diese zerbrechliche visuelle Existenz durch ein Eingehen auf die Geschichte des weiblichen Körpers in der Kunst, das heißt auf die vorgeschriebenen Posen, die ebenfalls einzwängende »Rahmen« bilden, spezifiziert und »erläutert«: Dujourie läßt sich auf eine Auseinandersetzung mit dieser Geschichte ein, aber die betreffenden Videos können ihre volle Wirkung nur dann entfalten, wenn man sie sich in Zusammenhang mit den anderen Videos—und gerahmt durch diese—anschaut.

Die Hinterfragung der Geschichte ist das Thema von mehreren Videos *Abb. S. 178–179* aus dem Jahr 1972. Sie alle tragen ähnliche Titel, die mit *Hommage à...* [Reverenz an...] beginnen, und wurden in Catherine de Zeghers wegweisender Ausstellung »Inside the Visible« (1996) gezeigt. In einem großartigen Essay in dem dazu erschienenen Katalog bezeichnete Marianne Brouwer diese Videos als »nachdenkliche Bilder« [pensive images], eine

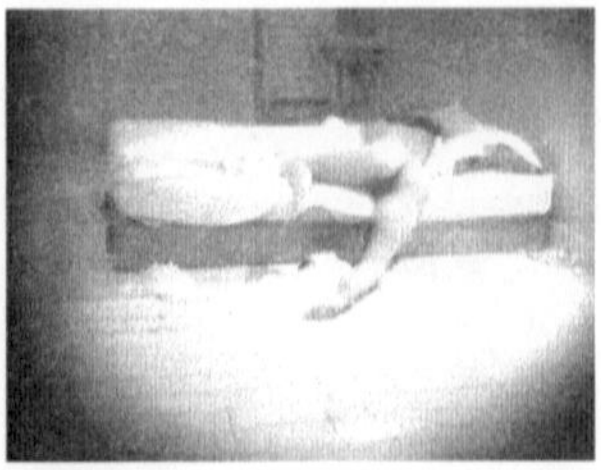

Abb. S. 178 [oben]

Charakterisierung, die ihrer besonderen Eigenschaft über ihre äußerliche Schönheit hinaus mit großer Sensibilität gerecht wird; ihrem Status als »theoretischen Objekten«, wie ich sie nenne. Überraschend ist in Brouwers Essay meiner Meinung nach die völlig unangebrachte Negation: »Was am wichtigsten ist: Ihre Videos geben keinen Kommentar über sexuelle Politik wieder. Zuallererst und vor allem sind sie Zeugnisse über Kunst ...« (1996, S. 286). Für mich ist das eine absurde Feststellung, ein verzweifelter Versuch, »Kunst« von »Leben« zu trennen, und daher Kunst mundtot zu machen. Offensichtlich haben Dujouries Videos etwas über Kunst zu sagen: zum Beispiel über die Auswirkung von Kunst auf sexuelle Politik. Wie ich ausführen will, repräsentieren diese Werke das historische Rahmen, das das Rahmen im Hier und Jetzt bestimmt und das Repräsentation, vor allem von Frauen und durch Frauen, zu einer noch größeren Herausforderung macht. Sie bereichern die beiden durch die anderen Videos aufgestellten Aspekte um einen weiteren Aspekt, der das Objekt dieser wechselseitigen Beziehung charakterisiert. Die Subjekt/Objekt-Beziehung löst sich und nur die Subjekt/Subjekt-Beziehung bleibt bestehen. Das Idiom, mit dem die Fragilität des »Objekts« — des Subjekts, das das Blickfeld betritt, um sichtbar zu werden — zum Ausdruck gebracht wird, ist der kunsthistorische Katalog weiblicher Posen.

Ebenso wie in der Videoreihe mit dem Titel *Hommage à...* unternimmt auch ein Werk wie *Sanguine* [Rötelzeichnung] von 1975 eine derartige Untersuchung. Hier sitzt eine Frau auf einem Hocker in der Ecke eines Raumes, ihre Beine auseinander gespreizt, die Hände dazwischen gelegt. Möglicherweise schläft sie. Allmählich wacht sie auf, verändert ihre Stellung, setzt ihre Beine noch weiter auseinander. Dann schließt sie ihre Beine wieder zusammen. Möglicherweise ist sie kurz davor zu masturbieren, oder einfach zu »sein«; es gibt keine Möglichkeit, dies mit Bestimmtheit zu

Abb. S. 180 [unten]

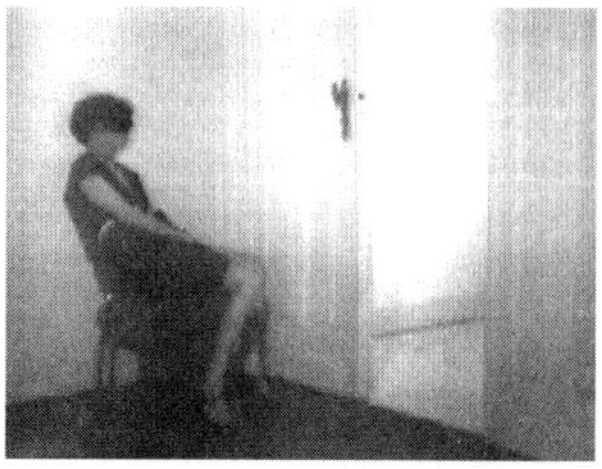

sagen. Ihr Kleid hat vorne einen tiefen Ausschnitt. In regelmäßigen Abständen räkelt sie sich auf ganz verschiedene Weise. Diese Stellungen erinnern an Sex-Posen aus der Kitschkultur: Zigeunermädchen auf Gemälden des 19. Jahrhunderts mit hohen Absätze und kurzen, bis über die Augen hängenden Haaren.

Es ist die Spannung zwischen dem frontalen Blick [the gaze] der Frau, der ohne Unterlaß den Betrachter anvisiert, und der Passivität ihres Körpers, was beim Betrachten der Arbeit Unbehagen bereitet. Plötzlich steigt eine Erinnerung in mir hoch: Im Alter von achtzehn Jahren saß ich kurzzeitig in einer Kunstschule Modell, um in meinem ersten Studienjahr etwas dazuzuverdienen. Die Langeweile, die Erschöpfung, das Gefühl, genau beobachtet und zur gleichen Zeit übersehen zu werden — diese Empfindungen stellen sich wieder ein. Wenn ich damals nach den Sitzungen schließlich ging, hielten es die Studenten nicht einmal für nötig, mir Auf Wiedersehen zu sagen. Welch anödender Job ist dieses erotische Posieren für »Kunst«. In Dujouries Video bleibt die Kamera statisch. Die völlige Passivität des Frauenkörpers gibt dem Bild einen sadistischen Touch. Die hochhackigen Schuhe betonen, daß sie einen rein dekorativen Zweck erfüllen; sie würde es nicht nötig haben, auf ihnen zu gehen, ja sie könnte es nicht einmal. Die Kamera wird zu einem grausamen Gefängniswärter. Die Frau ist fixiert; sie hängt an der Mauer. Der Ausdruck »Mauerblümchen« bekommt hier eine neue Bedeutung.

Die Gegenwärtigkeit — das »Jetzt« — der Erinnerungen, die eine Kultur im Verlauf ihrer langen Geschichte angesammelt hat, bietet eine wichtige Modifikation der traditionellen Geschichte, die eher dadurch zur Entfaltung gelangt, daß sie die Vergangenheit von der Gegenwart mit der Absicht distanziert, sie besser in den Griff zu bekommen. Der geeignetste Weg, diese komplexe Zeitlichkeit zu begreifen — des Vergangenen im

Gegenwärtigen, eines Gegenwärtigen, das mit der Vergangenheit befrachtet ist—, besteht in einer Gegenüberstellung von kulturellem Gedächtnis und dem psychoanalytisch theoretisierten Unbewußten. Kaja Silverman formuliert zutreffend die Zeitlichkeit, um die es geht:

»Die unbewußte ›Zeit‹ irgendeiner Wahrnehmung kann so lange wie die Spanne eines Lebens dauern und verursacht eine viel radikalere Umwandlung von Werten, als es deren bewußtes Überdenken je zu leisten vermöchte. Zu schauen, das ist gleichbedeutend damit, ein Bild in eine sich ständig verändernde Matrix unbewußter Erinnerung einzubetten, wodurch ein kulturell gesehen belangloses Objekt libidinös besetzt oder ein kulturell bedeutendes Objekt wertlos gemacht werden kann.« (Silverman 1996, S. 3f.)

Man muß nicht Psychoanalyse als einem interpretativen Rahmengerüst anhängen, um die Wahrheit dieser Theorie einer kulturellen Resonanz zu erfassen—ich verwende das Wort »Wahrheit« absichtlich, um zu suggerieren, daß »Wahrheit« oft mit »was kann wiedererkannt werden?« gleichgesetzt wird. Die Zeitlichkeit kultureller Klischees besitzt eine Pseudo-Dauerhaftigkeit, wie Studenten der Sprachen, Mythologie und der Volkskunde ebenso erkennen. Doch kann diese Zeitlichkeit ganz plötzlich intensiviert werden, wenn sie durch eine Art Blitzlicht, das etwas ganz anderes »beleuchtet«, modifiziert wird. Veränderungen vollziehen sich nur langsam, und kulturelles Leben ist zähflüssig wie das Unbewußte, zäh wie Teer. Die grundsätzliche Diskrepanz zwischen kollektiver und individueller Erinnerung läßt zwischen den beiden gerade soviel Spielraum, daß man auf der Projektionsfläche [the screen] zwischen ihnen vermitteln kann. Die Projektionsfläche ist die Gesamtheit kultureller Restriktionen, die vorprägen, was man tatsächlich sehen kann; die die Konturen, Beziehungen und Ideen vorschreiben, die man wiedererkennen kann; die die Angehörigen einer Kultur dazu bringen, dem, was man sieht oder an das man sich erinnert, einen gewissen Wert beizumessen. Diese vermittelnde Kraft ist es, was eine Kultur so zähflüssig wie Teer werden läßt.

Zäh wie Teer: das ist es, was die Frau in *Sanguine* von den Bildern aus der Kunstgeschichte unterscheidet, über deren Posen sie sich zu mokieren scheint. Allmählich wird mir das klar. Henri Régnault zum Beispiel, einer jener französischen Künstler des 19. Jahrhunderts, der zu Ansehen gelangte, weil er das »andere« in exotischer Weise darstellte: Schwarzafrikaner,

»Mohren«, Zigeuner. Seine *Salomé* von 1870, die sich heute im Metropolitan Museum of Modern Art in New York befindet, geistert im Hintergrund meines kulturellen Gedächtnisses herum, gemeinsam mit der Erinnerung an mein Posieren als Zeichenmodell. Aber Salomé setzt sich äußerst gekonnt in Positur, ganz anders als die weibliche Gestalt bei Lili Dujourie. Ihre Füße schlüpfen sexy aus den Schuhen zur gesteigerten fetischistischen Anziehungskraft, wobei sie eine Hand in die Hüfte stemmt, während die andere auf der Schüssel in ihrem Schoß ruht. In der Schüssel ein Dolch, wahrscheinlich der, mit dem das Haupt Johannes des Täufers abgetrennt wurde. Und weil dies nur wahrscheinlich ist, ist diese fremdartige Frau beides, bestätigend-verlockend, gelassen, ohne gegen die Müdigkeit anzukämpfen und erschreckend verderbt, so wie sie das Werkzeug der Kastration hält, bereit zuzustoßen. Was für eine erregend-schaurige Darstellung.

Dujouries Frau ist auch sexy, aber alles andere als gelassen. Dies ist eine andere Art des Rahmens: die Fäden zu zeigen, die gezogen werden müssen, um eine »Frau« auf ihrem angewiesenen Platz zu halten. Indem Régnault eine Bedeutung zu einer realistischen einzig möglichen Bedeutung verfestigt, beschwört er die Salomé-Geschichte mit einem Augenzwinkern herauf. Dujourie ruft im Gegensatz dazu nicht unbedingt die Geschichte in Erinnerung, sondern alle Geschichten, die entwickelt wurden, um eine bestimmte Vorstellung oder ein bestimmtes Bild von Weiblichkeit einzutrichtern. Aber anstatt dies einfach so zu präsentieren, als ob es in reibungsloser Weise bedeutungsvoll wäre, hebt sie die dazu notwendige Mühe hervor, dies zu konstruieren.

»Zu schauen [to look] bedeutet, ein Bild in eine sich ständig verändernde Matrix unbewußter Erinnerungen einzubetten«, schreibt Silverman in ihrer Einleitung zu *The Threshold of the Visible World* (1996, S. 3). Diese Definition macht deutlich, daß Schauen eine subjektive Aktivität ist, die nicht durch den Gegenstand der Wahrnehmung determiniert, sondern höchstens von ihm angeregt wird, eine Aktivität, die von der Fähigkeit des Subjekts abhängt, das Bild innerhalb anderer Bilder, im Innern des Selbst »einzubetten« — nicht es zu absorbieren. Diese Definition legt fest, daß Schauen eine Interaktion ist. Denn das Bild existiert innerhalb des sozialen Bereiches, in der Kultur und ist für viele verfügbar. Schauen ist dann, genau wie Erinnern, ein Vermitteln zwischen dem Kollektiven und dem Individuellen, zwischen Kultur und Subjekt. Das Verständnis dafür, wie diese Fähigkeit zu sehen als Form der Sozialisierung aufkommt, wird eher durch Lacans als durch Freuds Schriften eröffnet. In den siebziger Jahren wurden Lacans Vorlesungen von einem bunt durcheinander gewürfelten Haufen besucht, von Groupies, Intellektuellen und Künstlern. Sein Einfluß auf die französischsprachige Welt war damals bedeutend größer als heute.

Die »Schwelle der sichtbaren Welt« ist eine von vielen treffenden Metaphern, durch die Lacan seinen Gedanken Ausdruck verlieh. Mit diesen Worten beschreibt er in seinem Aufsatz über das Spiegelstadium den Stellenwert der Spiegelreflexion für das Subjekt, das sich durch die Wahrnehmung dieser Reflexion ausbildet (Lacan 1991, S. 65). Dieser Essay bildet das Fundament von Lacans visueller Theorie. Wie schon oft erwähnt wurde, ist die Basis des Herausbildens von Subjektivität ein *Fehl*-Erkennen. Dieses Fehl-Erkennen besteht aus der Wahrnehmung des eigenen Selbst außerhalb des Selbst.

Das erste Kapitel zu Silvermans *The Threshold of the Visible World* ist einer ausführlichen Darlegung der körperlichen Grundlage des Egos gewidmet. Dujouries »Posen«-Serie untermauert diese Behauptung. Der Körper, der beinahe fällt, der kaum aufrecht stehen kann, hebt seine eigene Körperlichkeit hervor. Das Ich ist körperlich, weil es von Innen her auftaucht, »propriozeptiv« oder »empfindungsfähig«, aber genauso auch als Bild von außen, »exterozeptiv«. Bei dem Gebrauch der Worte »Körper« und »körperlich« in Bezug auf Dujouries Arbeit meine ich das in dem Sinn, der den Körper aus seinem Gefangensein in dem Körper-Geist-Gegensatz befreit. Lacan äußert sich über die jubilatorische Erfahrung illusorischer Ganzheit, die dem Subjekt im Spiegelstadium widerfahren kann. Nach Silverman ist diese Erfahrung weniger der Ganzheit des Bildes im Spiegel zuzuschreiben als vielmehr der kurzen, fließenden Integration des visuellen Selbst-Bildes mit einem empfindungsfähigen, propriozeptiven Gefühl von Selbst. Darüber hinaus sucht ihr zufolge das Kind nicht nach Ganzheit, weil es das Selbst als fragmentiert erlebt, wie Lacan es sehen würde, sondern erlebt, aufgrund der kulturellen Wertschätzung körperlicher Ganzheit und Kohärenz, seine körperliche Fragmentiertheit als dystopisch:

»... es scheint wichtig festzuhalten, daß die Phantasievorstellung von einem zerstückelten und fragmentierten Körper nur ein Weg ist, die Heterogenität des körperlichen Ichs zu erfassen, und zwar einer, der unlöslich an das Streben nach ›Ganzheit‹ und ›Einheit‹ gebunden ist. Lacan stellt zur Diskussion, daß gerade eine ›organische Störung und Dissonanz‹ bei dem Kind die Suche nach der Form des ›geschlossenen Körper-Bildes‹ auslöst. Wie auch immer, es scheint mir, daß viel eher das Gegenteil dieses Satzes richtig ist: Es ist die kulturelle Anerkennung eines kohärenten körperlichen Ichs, die eine solche dystopische Wahrnehmung körperlicher Vielfalt zur Folge hat.« (Silverman 1996, S. 21)

Die Posen bei Lili Dujourie befassen sich mit diesem Widerspruch.

Auf der Basis des Sehmodells, das in dem Fehl-Erkennen innerhalb des Spiegelstadiums verankert ist, hat das sehende Subjekt die Tendenz, sich selbst das zuzuschreiben, was zu anderen gehört, und umgekehrt, auf andere zu projizieren, was zu seinem Selbst gehört, was es aber abwerfen will. Mit anderen Worten: Das Subjekt vollzieht das Schauen aus einer ständigen Fehl-Wahrnehmung des Unterschiedes zwischen sich selbst und den anderen heraus. Wenn Schauen gemäß der oben zitierten Definition daraus besteht, das, was außerhalb von uns zu sehen ist, innerhalb unseres Bestandes an unbewußten Erinnerungen einzubetten und sich anzueignen, dann sind dies Selbst-Erinnerungen, und Schauen ist ein Sich-selbst-Anschauen: Schauen »durch« oder »mit« Selbst-Bildern aus der Vergangenheit, die wir mit uns tragen und die wir mit illusorischer Einlösung angefüllt haben. Dujouries Posen, die sie selbst darstellen, ebenso wie Cindy Shermans *Untitled Film Stills*, die kurze Zeit später entstanden, betonen diesen Gesichtspunkt.[30]

Kulturelle Bilder, wie z.B. Filme, sprechen auf diese Tendenz an, indem sie sie bis zu einem gewissen Grad befriedigen und zugleich ein wenig »irritieren«, wobei sie Vorteil aus dem ziehen, was ich die »Ökologie des Sehens« nennen möchte. Bilder kommen auf das Subjekt von außen zu, aber sie kommen in einem Umfeld von Erinnerungen an: »Wenn eine neue Wahrnehmung in die Nachbarschaft solcher Erinnerungen gelangt, welche für uns eher auf einer unbewußten Ebene eine Bedeutung haben, so wird auch sie ›erleuchtet‹ oder erhellt, unabhängig von ihrem Status innerhalb normativer Repräsentation« (Silverman 1996, S. 4). Wie bei Lacan so werden auch in Silvermans Arbeit Metaphern als pädagogisches Mittel eingesetzt.

30 Darum ist Brouwers Negation einer sexuell orientierten Politik in Dujouries Werk nicht nur falsch, sondern ohne Sinn. Diese Negation enthält eine Unterscheidung, die gemäß genau dem Werk, über das sie spricht, völlig unhaltbar ist.

Diese Licht- und Strahlenmetaphern gemahnen den Leser an die besondere Situation eines Mediums, das so gut wie nur aus Licht besteht und welches eine Form der Repräsentation schafft, die sich aus Strahlenbündeln zusammensetzt, aus Skulpturen, die aus Lichteffekten bestehen. Ein dritter Effekt dieser Metaphern ist die Andeutung einer Form, innerhalb derer die Möglichkeit eines Einwirkens auf das untätige Unbewußte erforscht werden kann. Diese Möglichkeit, so eingeschränkt wie sie ist, stellt dennoch einen wesentlichen Teil von Silvermans utopischer Sicht dar. Wenn auch etwas nüchterner, verwendet Dujourie das Licht des Videos für die gleiche Wirkung.

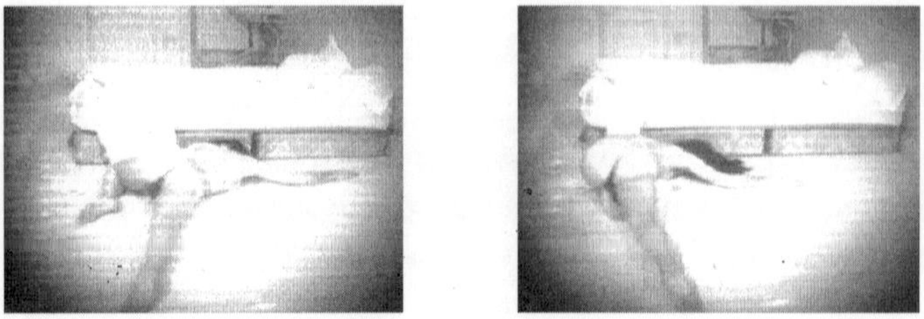

Abb. S. 179 [oben]

Die Videoreihe *Hommage à...* zeigt die Frauenfigur/das Modell in Posen, die uns wieder irgendwie vage aus der Kunstgeschichte vertraut sind, doch anders als in *Sanguine* ist die Frau hier in radikaler Horizontalität eingefangen. Wie Rosalind Krauss treffend über die Posen bei Sherman hervorhebt, rufen diese Erinnerungen hervor, wenn auch ohne originäres Vorbild (Krauss 1993, S. 25). Die Vorstellung einer Vermischung von Stereotype und Maskerade drängt sich auf (ebd., S. 44). Mit anderen Worten: Dujouries Posen bieten uns die »Frau« als Konstrukt, zusammengesetzt durch männliche Begierde, Furcht und Phantasie; und zur gleichen Zeit zeigen sie »die Frau« als durch sich selbst konstruiert, als jemand, der das Spiel spielt, wenn auch innerhalb von Zwängen, auf die sie nicht so einfach einwirken kann. Die Horizontalität der Frau in den *Hommage à...*-Videos macht dies noch deutlicher. Ihr Hinundherwälzen auf dem Bett und aus dem Bett heraus, ohne sich je zu erheben, in einer Bewegung von erschöpfender Langsamkeit, stellt nicht »wirklich« Posen aus der Kunstgeschichte dar — Tizian, Manet, Courbet — (Brouwer 1996, S. 266), sondern das verwirrende Nebeneinander innerhalb unseres kulturellen

Gedächtnisses von solchen mehr als bekannten »Bildnissen von Frauen«. Diese Posen erlauben es dem Betrachter ein wenig zu träumen, bis die schmerzvolle Konzentration darauf, daß die Gestalt sich ja bewegt, uns vor der Konstruiertheit dieser Assoziationen warnt. Es gibt keine brutalere Dekonstruktion der »Natürlichkeit« von Posen — jeder Art von Posen — als diese sich bewegenden Abbilder von etwas, das wir gewohnt sind auf unbeweglichen Gemälden zu sehen.

Diese Möglichkeit, daß Bilder, ganz besonders filmische Bilder, an unbewußte Erinnerungen »rühren« können, inklusive jener, die höchst entscheidend für das Ego sind, liegt dem zugrunde, was die alltägliche Sprache mit »berühren« oder »bewegen« ausdrückt, auf Holländisch *ont-roeren*, eine Form der *Ent-stellung* [dt. im Orig.] oder des Verrückens.[31] Denn zu »berühren« oder zu »bewegen« bedeutet nicht einfach das Selbst zu berühren, eine Berührung von außen, die weiteren Einfluß auf das exterozeptive Selbstbild hat; es ist auch in entscheidender Weise eine *Ent-stellung* [dt. im Orig.], eine Ver-rückung, die das Ego aus sich selbst herauslockt. Dieses »Aufleuchten lassen« eines Bildes — aus dem unbewußten Repertoir von Erinnerungen —, indem man ihm ein »erleuchtendes« Bild an die Seite stellt, ist eine visuelle Grundlage für eine Identifikation mit dem Bild, welche von außen nach innen hereingeholt wird, ein Bild, welches neu, möglicherweise durchschlagend radikal anders ist. Diese Identifikation mag eine Reduktion des Bildes auf das Selbst sein, das man bereits besaß oder das man bereits war, oder es mag eine riskante, aber bereichernde Identifikation außerhalb des Selbst sein, die einen dazu befähigt, sich zu wandeln. Welche Art von Identifikation sich ergeben wird, hängt von der Möglichkeit ab, libidinös in das neue Bild als solches, als anderes, neues, als wirklich verschiedenes zu investieren. Und da das Unbewußte an diesem Vorgang beteiligt ist, ist eine Festlegung unmöglich.

Die simple Tatsache, daß Dujourie ihr eigenes Modell ist — daß sie Regie führt und selbst in den Videos agiert —, ist in dieser Hinsicht entscheidend. Die Arbeiten können nicht als Selbstportraits im landläufigen Sinn aufgefaßt werden. Das Modell bleibt anonym. Es gibt keine visuelle Gegen-

---

31 Siehe dazu Samuel Webers hervorragende Analyse über das Konzept der »Entstellung« in Freuds *Die Traumdeutung* (1989).

überstellung zwischen der Frau, die wir anschauen, und der, die den Film dreht; kein bestätigender Blick in den Spiegel, keine massive Ironie oder Idealisierung, wie z.B. bei Velázquez, der seine Herrschaft über die Darstellung in seinem Gemälde *Las Meninas* (1656) wiedergibt.[32] Aber wenn man es vor dem Hintergrund des barocken Gesichtspunktes betrachtet, kann die Anerkennung der Gegenwart des Selbst innerhalb von Darstellungen stereotyper und künstlicher Art ein nützlicher Kunstgriff sein, um diese Investition des Betrachters in das andere auszulösen, ein Weg, durch den Indentifikation mit dem anderen als solchen nahegelegt wird. Aus diesem Grund habe ich zuerst den barocken Aspekt in Dujouries Videoarbeit vorgestellt.

Der Erfolg eines kulturell dermaßen fruchtbaren Austausches zwischen dem Selbst und dem anderen hängt von der Beschaffenheit des Bildes ab und der Fähigkeit des Subjektes, sich auf libidinöser Ebene auf die Identifikation mit dem radikal »anderen« Bild außerhalb seiner selbst einzulassen. Hier kommt das entscheidende Konzept von *Idealität* ins Spiel. Lacans Theorie vom Spiegelstadium als einer Schwelle zwischen dem Ego und den Bildern, aus denen die visuelle Welt besteht, einschließlich des Bildes, das man von sich selbst hat, geht davon aus, daß das Spiegelstadium das Fundament zu einem idealisierten Selbstbild legt, sozusagen das Ideal-Ich. Aber Silverman zeigt mit sehr viel mehr Nachdruck und Klarheit als Lacan, daß nicht jedes Spiegelbild gerahmt ist, eingekleidet, eine positive, aussagekräftige Erwiderung der Außenwelt, wohingegen das Subjekt von einer solchen »Ratifikation« für die Heranbildung des Egos abhängt. Dies ist der verwirrende Effekt von Dujouries Gebrauch des »Selbst« für ihre ambivalenten Darstellungen.

In einer beispielhaften Analyse (Silverman 1996, S. 27-31) eines autobiographischen Textes von Frantz Fanon mit dem Titel *Black Skins, White Masks* (1986) demonstriert Silverman, daß der Blick von außen, der Welt im Paris der sechziger Jahre, auf Fanon ein Bild des Selbst zurückwarf, das fragmentiert war und zwar wegen einer ungenügenden Ratifikation des gespiegelten Bildes als Gesamtem. Nicht eine »dritte Person«, schreibt Fanon in einer einzigartigen Untersuchung dieser grammatikalischen

32 Vgl. Bal (1991), Kap. 7.

Form der Objektivation, sondern eine »verdreifachte« Person war alles, was ihm dabei zu erreichen möglich war; jemand, der nicht in den Spiegel schaut, um sich selbst zu sehen, sondern der über seine Schulter schaut, weil er den Blick des anderen spürt, der das rahmt, was Fanon als sich selbst sehen kann. Es ist kein Zufall, daß Fanon diese Erfahrung so prägnant in bezug auf einen Kinobesuch niederschreibt. Ich möchte festhalten, daß Dujouries »Posen«-Videos eine Reihe bilden, in der sie genau diese Erfahrung eines ambivalenten, nicht zu verwirklichenden Feedbacks durch den kulturellen Spiegel erforschen.

Idealisierung wird oft als eine fehlgeleitete Neigung, etwas zu romantisieren, und als Mangel an Wirklichkeitssinn ausgelegt. Aber ohne Idealität wäre die Welt grau und das Leben unerträglich (Silverman 1996, S. 40). Darüber hinaus gilt: Wer nicht idealisieren kann, ist auch nicht fähig zu lieben; nur wenn man in der Lage ist, seinen eigenen Narzißmus in den Schatten des idealen anderen zu stellen, wird eine Beziehung möglich. Indem man ein unerreichbares Ideal durch ein anderes ersetzt, oder durch ein anderes Bild davon, kann man sich selbst in eine Distanz dazu bringen und auf diese Weise Zugang zu dem »Mangel« bekommen (diesem zentralen Terminus in Lacans Theorie); der Mangel, welcher Begehren erst möglich macht. Schließlich wäre man ohne Idealisierung nicht fähig, sich mit Objekten zu identifizieren, die nicht durch die normative Repräsentation einer Kultur »ratifiziert« sind. Lili Dujouries »Posen«-Videos versuchen dieses Bedürfnis nach Idealisierung anzuerkennen, das per kultureller Tradition auf den Körper der Frauen projiziert wird, ohne jedoch die Art und Weise gutzuheißen, wie die kulturelle Projektionsfläche dies naturalisiert hat. Indem die Videos das idealisierte Bild darstellen — anstatt es wie in traditionellen Darstellungen von Frauen zu »sein« — wie es von der Kamera konstruiert wird oder sich durch Bewegungen, zäh wie Teer, selbst konstruiert, akzeptieren sie die Notwendigkeit davon, problematisieren aber gleichzeitig die Art und Weise, in der dieser begegnet wird.

Schon im Spiegelstadium benötigt das Subjekt Zustimmung, Anerkennung von außen, die das Spiegelbild in Idealität hüllt, eine Anerkennung, die lebenslang wiederholt und immer neu bestätigt werden muß. Filme können natürlich nicht rückwirkend eine Kompensation für den Mangel an Idealisierung bieten, an dem das Subjekt früh gelitten hat und der es so verletzlich für einen Rückfall in ein negatives Gefühl von Fragmentation werden läßt, das auf nostalgischer Sehnsucht nach Ganzheit beruht. Aber gemäß der oben zitierten Definition von Schauen können Filme einen stärkenden Effekt haben. In dem Ausmaß, in dem Bilder mit Augenblicken von äußerer und innerer Bildformation zusammenfallen, bei der dem Bild erfolgreich Idealisierung verliehen wurde, können solche Momente »erleuchtet« und die intensivierte Erinnerung aus ihrem Schattendasein gerissen werden. Solche Erfahrungen verschieben und verändern Erinnerungen und drängen verschüttete Erinnerungen ans Licht.

Filme können Bilder von Subjekten schaffen, die in dem, was Silverman in *Male Subjectivity at the Margin* (1992) die »dominante Fiktion« nennt, nicht geschätzt, nicht idealisiert sind. Dieser kulturellen Ratifizierung einer unumwundenen ödipalen Struktur kann daher entgegengewirkt werden, indem man solche »marginalen« Subjekte mit Idealität umhüllt, sie zum Glänzen bringt, so daß ihre »Berührung« golden wird, libidinös anziehend; und durch ihr Aufleuchtenlassen von benachbarten Erinnerungen werden diese wiederum zum Strahlen gebracht. Doch das ist nicht die Methode, mit der Dujourie das hier von Silverman angerissene Problem angeht. Statt dessen steuert sie ihren eigenen theoretischen Einblick bei: *Sanguine* und die *Hommage à…*-Serie demonstrieren gleichzeitig das Objekt des Begehrens, in das Libido investiert wird—die Frau—, und die Probleme, die die weibliche Gestalt damit hat, dieser Aufgabe gerecht zu werden. Indem sie die stumpfsinnige, mühevolle Aufgabe, das Gegenüber des Mannes und das Objekt seiner Begierde zu sein, sichtbar macht, und zwar gemeinsam mit dem attraktiven Objekt, das auf diese Weise entsteht, wirft die Künstlerin die Frage auf, was die Geschichte der Kultur—der Kunst—Frauen abverlangt hat. Der Umstand, daß die Posen künstlich sind und vage an Gemälde erinnern, verleiht ihnen eine zeitliche Dimension, welche erheblich ins Gewicht fällt, wenn man den »erste Person«-Diskurs von Bildern bedenkt, in denen die Künstlerin sowohl als Modell als auch als Regisseurin fungiert. Diese Eigenschaft der »ersten Person« wird angesichts des Machtzuwachses, den Frauen zu dem Zeitpunkt für sich zu verlangen begannen, zu dem diese Arbeiten entstanden, besonderes wichtig. Illusionslos erkunden diese Videos die Grenzen des Mediums, um die Widersprüche hervorzuheben, die Frauen und ganz besonders Künstlerinnen zu akzeptieren haben, um überhaupt arbeiten zu können. Dujourie kehrt, anstatt in Resignation zu verfallen, das herkömmliche

Machtverhältnis um, indem sie ihren Platz sowohl hinter wie vor der Kamera einnimmt.

Damit diese zweifache Strategie funktioniert, ist es wichtig, daß die Frau »schön« ist. Das Subjekt kann sich mit diesen Bildern »außerhalb« des eigenen Selbst identifizieren, kann diese idealisieren und sie libidinös erfüllen. Diese idealisierende Identifikation außerhalb des Selbst ist nach Silvermans Worten »das Geschenk der Liebe«. Liebe ist das Anerkennen der Andersartigkeit des anderen und die Fähigkeit an dieser Gefallen zu finden. Das Subjekt kann sich nur von diesen neuen Bildern hinwegtragen lassen, wenn es ihm gelingt, sich damit zu identifizieren, und den anderen als solchen zu idealisieren, ohne ihn oder sie zu absorbieren. Filme können diesen Prozeß so attraktiv wie nur möglich machen und setzen zu diesem Zweck die Techniken des Mediums ein. Aber man kann nicht programmatisch »lernen«, Bilder mit einer solchen heteropathischen Idealisierung zu erfüllen; man kann Liebe nicht lernen. Idealisierung ist zum Teil unbewußt motiviert — das Unbewußte ist das Reservoir der Bilder, neben denen die neuen Bilder zu liegen kommen müssen, um jene zu erhellen. Zeit — der entscheidende Unterschied zwischen Kino und Video in den Siebzigern — konstituiert die Herausforderung, die Dujourie gegen jene Idealisierung richtet, die sich »Hollywood« in seiner perversen Koppelung mit Unterwerfung zu eigen gemacht hat.

Abb. S. 178 [unten]

Es gibt zwischen *Hommage à... II* und *Hommage à... IV* einen Unterschied, der in diesem Zusammenhang wesentlich wird. Auf den ersten Blick scheint der Unterschied rein technischer Art: Das Bett ist auf dem letzteren Video näher an die vordere Bildebene gerückt, während es auf dem ersten Video etwas entfernter ist — eine Entfernung, die durch den Hof der runden Kameralinse noch betont wird. Aber dieses »rein technische«

ist, wie wir gesehen haben, genau der Bereich, in dem Dujourie kreativ wird. In *Hommage à... IV* wird dem Betrachter der Einstieg in das Bild durch die Idee erleichtert, daß die Frau näher ist und weiter nach rechts versetzt, und die Vorstellung, daß die Frau schlafen könnte, wird jetzt absurd. In *Hommage à... II* kann sich diese Illusion länger halten. Die Hervorhebung der Künstlichkeit ihrer Bewegungen in *Hommage à... IV* läßt das Werk selbstbewußter erscheinen, weiter abgerückt von Anspielungen auf Voyeurismus. Die Figur scheint selbst-beherrschter. Die Sensualität, die ihr Körper ausstrahlt, gehört zu ihr selbst und ist nicht von außen auferlegt, wie es in *Hommage à... II* angedeutet wird. In *Hommage à... IV* verschiebt sich der Fokus, er beschränkt sich nicht mehr darauf, mit dem männlichen Kolonialisieren abzurechnen, sondern will eine alternative Art des Schauens aktivieren. Die Gestalt rollt sich immer wieder vom Bett herunter; an einer Stelle ist sie sogar so nah an der vordersten Bildebene, daß ihre Füße abgeschnitten werden. Damit tritt ihr Körper in Kontakt zum Raum des Zuschauers. Sie beugt sich zurück, als würde sie nicht so recht in den Rahmen passen, dann rollt sie fast ganz aus dem Bild heraus.

Die Nähe der Frau in *Hommage à... IV* hat eine andere Auswirkung, die ebenso mit den technischen Determinanten des Mediums zu tun hat wie mit der Geschichte der Kunst. Ein gesteigerter »Effekt des Realen« ergibt sich aus der Nahaufnahme, die dem Betrachter die Fußsohlen der Frau

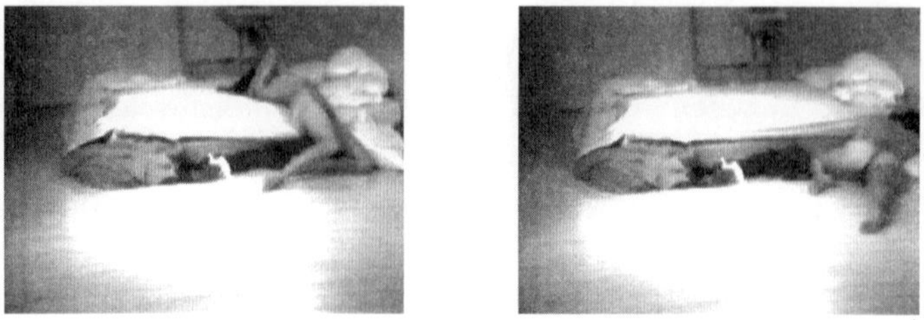

Abb. S. 179 [unten]

zeigt — sie scheinen etwas schmutzig zu sein — und desgleichen die hellere Schattierung auf ihrem Gesäß, die von einem Bikinihöschen herrührt. Diese beiden Einzelheiten an der Grenze zum Vulgären machen auch der Idealisierung entsprechend den Regeln kunsthistorischer Tradition ein Ende, um diese durch die intimere Idealisierung der bildschönen, aber »realen« Frau, die zu sehen ist, zu ersetzen. Wenn man sich den Limitationen des

Videos überläßt, führt das paradoxerweise nicht zu einem realistischen Automatismus, sondern vermittelt Einblick in die weit in der Vergangenheit zurückliegenden Wurzeln des Realismus, und zwar sowohl um dessen Kraft anzuerkennen, als auch seine trügerischen Effekte zu kritisieren.

Zusätzlich besteht ein sozialer Grund, warum dieser Vorschlag — nämlich Idealisierung ohne Absorbtion des anderen kulturell zu fördern — für sich allein nicht ausreichend ist. In der herkömmlichen visuellen Kultur wird Idealität als etwas Selbstverständliches und Essentielles angesehen. Nur wenn diese Idealität ihrer Selbstverständlichkeit entkleidet wird, können Subjekte in aktive Beziehung zu anderen treten. Die innovatorische Kraft dessen, was Silverman das »aktive Geschenk der Liebe« nennt, ist auf einer gegenseitigen Stärkung von zwei seiner Aspekte gegründet: Sowie man sich klar ist, daß man Idealität verleiht, anstelle ihr nur zu begegnen, wird es um so reizvoller, diese Idealität auf Subjekte zu übertragen, die nicht so ohne weiteres dazu Anlaß geben. Diese Aktivität vermittelt das wundervolle Gefühl, die vorgeschriebenen kulturellen Normen zu überwinden. In diesem Sinn »zahlt es sich aus«, kulturell nicht sanktionierten Subjekten Idealität zu verleihen. Dujouries Frauengestalt ist schön, aber sie nimmt der Schönheit vorsätzlich ihre Selbstverständlichkeit. Schönheit muß ihr durch jeden Betrachter wieder neu, in Reaktion auf jede neue Pose verliehen werden.

Es ist jedoch wichtig zu realisieren, daß das Subjekt keine Macht über das eigene Unbewußte besitzt. Die Aktivität dieses Geschenks kann nur im Rückblick aktualisiert werden. Ich nehme an, daß Dujouries Doppelstrategie deswegen so erfolgreich ist. Ihre Referenz auf traditionelle Posen erkennt nicht nur die Historizität des Sehens an. Indem solche Posen wieder-verwendet werden, die traditionell durch die Kultur vereinnahmt und auf diese Weise »natürlich schön« geworden sind, ermutigen diese Videos die kulturellen Erinnerungen von Schönheit, das zu »erhellen«, was der Betrachter hier in dem Video sieht. Gleichzeitig verwandelt die kritische Denaturalisierung der Posen als Ergebnis der Betonung einer vieldeutigen Passivität (mit ihrem zäh-wie-Teer-Effekt) diese passiven Erinnerungen in aktive Idealisierung. Visuelle Erinnerungen passieren nicht einfach, sie nehmen an einer Aktivität im Jetzt teil. Daher konstatiere ich, daß Dujouries Videos, speziell die »Posen«, dieses Verständnis für die Herausforderung, mit der unsere Kultur in den Siebzigern konfrontiert wurde und der sie heute immer noch ausgesetzt ist, fördern.

Die Filme, die Silverman analysiert—oder vielmehr »mit denen sie sich unterhält«—, »entwickeln« eine komplementäre Theorie des »Schauens« [the look], des »Blicks« [the gaze] und solcher kulturell präfabrizierten Formen, die das Schauen vor-formen—auch »Projektionsfläche« [the screen] genannt. Diese drei Begriffe—das Schauen, der Blick und Projektionsfläche—bilden die Grundlage für die zweite Phase ihrer Analyse des Blickfeldes. Diesmal geht sie nicht von der Beziehung zwischen Ego und Welt aus, sondern konzentriert sich auf die technologischen und diskursiven Mechanismen, die Sehen möglich machen und gleichzeitig die Art und Weise, in der das möglich ist, einschränken. Die universalistischen oder zumindest transhistorischen Aspekte von Lacans visueller Theorie werden akribisch untersucht, um einen Raum für eine ausgewogene Berechnung dessen zu schaffen, was generell ist und immer spezifisch moduliert sein wird. So kann die »Ermutigung«, dem allgegenwärtigen Bedürfnis nach Liebe eine Richtung zu geben, als in historischer und kultureller Hinsicht spezifisch klassifiziert werden. Eingriffe in den kulturellen Status quo können so beschrieben und dort eingeordnet werden, wo sie tatsächlich realisierbar sind. Video, die Kunstform, die so auf »wirkliche« Instrumentalität begrenzt ist, daß sie die Vorstellung von Kreativität in Frage stellt, ist die Kunstform *par excellence*, um diese Lacanschen Schlüsselbegriffe neu zu überdenken.

Wie schon zuvor angedeutet kennzeichnet das Konzept des »Blicks« die visuelle Variante zur symbolischen Ordnung. Es schließt die Blicke anderer mit ein, vielmehr den Blick des anderen, den Sartre in seiner philosophischen Abhandlung *L'Etre et le néant* theoretisch und in seinem Roman *La nausée* fiktiv darstellt, wo das Schauen des anderen den Protagonisten krank werden läßt. Silverman erörtert den »Blick« vom Standpunkt einer grundsätzlichen Kritik an der in der Kunstgeschichte dominierenden Metapher, nämlich des Paradigmas der Linearperspektive. Sie fragt, ob die Gleichsetzung von Blick [the look] und Kamera, mit dem damit einhergehenden Modell einer Herrschaft über das visuelle Feld und der Reduktion des Betrachters auf eine körperlose Netzhaut, nicht selbst ein Auswuchs eines Fehl-Erkennens wäre. Diese Fragestellung bei Silverman ist durch den Kunsthistoriker Jonathan Crary angeregt, und zwar durch seine Studie *Techniken des Beobachters. Über Sehen und Modernität im 19. Jahrhundert* (1995) über das Stereoskop als Emblem einer differenten, nicht-retinalen Strukturierung

des bestehenden visuellen Regimes in der Mitte des 19. Jahrhunderts. Im Unterschied zur camera obscura, die das Paradigma der Linearperspektive zu einem beherrschenden Sehmodell machte, verlangte das Stereoskop nach einer Art des Schauens, die den Körper des Schauenden miteinbezog, und bewirkte, daß der Körper sich nur schwer von dem Geschauten unterscheiden ließ. Crary vermag die Präsenz von Spuren einer solchen Sehweise in der damaligen Kunst nachzuweisen. Aber selbst wenn man auf ein Gemälde aus einer Zeit zurückschaut, in der die Herrschaft der Perspektive unangefochten war, kann man erkennen, wie jene Kunst, die sich mit diesem Paradigma schwer tat, die Kunst des Barock und ganz besonders des Rokoko, nach eigener Manier den Körper in den Akt des Sehens miteinbezog, ohne die Stereoskopie genau zu »kennen«. Man vergleiche zum Beispiel die Stadtlandschaften von Urbino, die die ersten Beispiele in Hubert Damischs Buch *L'origine de la perspective* (1987) bilden, mit Caravaggios »tastbarem« Erotizismus (nicht nur in ganz deutlichen Beispielen wie seinem *Amor* in Berlin, sondern auch bei religiösen Themen, z.B. *Johannes der*
Abb. S. 100 *Täufer* in Minneapolis). Indem sie Posen einnimmt, die in Hinsicht auf Nähe und Distanz berechnet sind, bietet Dujouries Gestalt in *Hommage à... IV* diese Greifbarkeit als eine Alternative zu einem Voyeurismus an, wie er in *Hommage à... II* betont wird. Der »Realismus«, den das Medium auferlegt, ist nicht als »real« hervorgekehrt, sondern als »L'effet de réel«, ein »Effekt des Realen« — vielleicht der erfolgreichste kritische Terminus in den siebziger Jahren, den Roland Barthes als erster in Umlauf brachte.

Dadurch, daß sie das Sehen historisiert, ist Silverman in der Lage zu untersuchen, bis zu welchem Grad Lacans »Blick« — die visuelle Ordnung — transhistorisch ist. Und so kommt sie zu einer Neusicht der drei Lacanschen Schlüsselbegriffe für das visuelle Feld: Blick [gaze], Schauen [look] und Projektionsfläche [screen], denen jeweils in bezug auf historischen Wandel eine andere Position zugewiesen wird. Als ungreifbarer Mechanismus oder Struktur — beinahe eine Kraft, »durch die wir als Gegenstand des Schauens gesellschaftlich anerkannt oder negiert werden« (Silverman 1996, S. 133) — widersetzt sich der »Blick« einer Revision und versucht dem unvermeidlichen Sturz in die Falle des Idealismus, Einsicht durch Wunscherfüllung zu ersetzen, zu entgehen. Dujourie erkennt in der *Hommage à...*-Serie und in *Sanguine* die Kraft des Blicks [the gaze] an, indem sie diesen das Subjekt ganz wörtlich niederdrücken läßt. Das Video *Sanguine* präsentiert die Frau nachgerade als zu schwach, um sich auf ihrem Hocker zu halten; in der *Hommage à...*-Serie ist sie hingestreckt und kriecht wie im Schlaf um ein Bett herum, auf dieses hinauf und wieder herunter, ein Bett, dessen Falten das Verstricktsein des Schauenden reaktivieren. Der »Blick« besitzt diesen eingrenzenden Effekt, weil »er anscheinend vom Standpunkt jener aus auf uns zurück›schaut‹, die wir einer visuellen Untersuchung zu unterwerfen trachten — um immer dort zu sein, wo wir nicht sind« (ebd.). Er ist mit einer Lichtquelle zu vergleichen, hat aber selbst keine Gestalt; er ist ohne Form. In diesem Sinn ist der »Blick« unabhängig von dem individuellen Schauen [the look]; in seiner das Subjekt konstituierenden Wirkung ist er außerhalb des Subjektes situiert; und daher transhistorisch. Immer wird es eine solche visuelle Außenwelt geben.

Im Unterschied dazu ist das »Schauen« [the look] begrenzt, inkorporiert (wie bei dem Modell des Stereoskops). Er befindet sich innerhalb des visuellen Feldes oder des »Spektakels« und ist so beides, psychisch und visuell in seinem Wesen.[33] Schauen ist an die Distanz gebunden, von der aus man sich dem Gegenstand des Schauens nähert. Von seiner psychischen Qualität her ist das »Schauen« durch einen »Mangel« gekennzeichnet, und daher durch Begehren vorwärts getrieben. Er ist anfällig für die Verlockungen des Imaginären.

Die »Projektionsfläche« schließlich steht, wie wir oben sahen, als eine undurchsichtige Fläche zwischen dem Blick [the gaze] und dem Schauen [the look], die der diffusen Quelle des Lichtes — die den Blick darstellt — Gestalt verleiht und zwar als spezifizierte »sichtbare« Formen. Die Projektionsfläche macht die stereotypen, präfabrizierten und die idealisierten Bilder für das Schauen verfügbar; es macht das sichtbar, was die Kultur zuläßt, und schirmt den Rest ab. Es ist der Ort, an dem historische und soziale Unterschiede vorinterpretiert und artikuliert werden.

Dies ist der wichtigste Aspekt von Dujouries Eingreifen. Es gibt demzufolge keinen Unterschied zwischen »Kunst« oder »sexueller Politik«. Beide sind ununterscheidbar und müssen als solche akzeptiert werden, wenn wir

33 Mein bisheriger Gebrauch der Termini von Bryson, fixierender »Blick« [the gaze] und »Blicken« [the glance], im vorliegenden Essay muß innerhalb dieser Bedeutung des Lacanschen Blickes verstanden werden, von dem sie zwei sich voneinander unterscheidende Varianten darstellen.

schließlich und endlich Kunst als in sich selbst von Wichtigkeit bestehen lassen wollen. Dujouries Pionierleistung im Erforschen des Mediums Video stellt eben solch einen wichtigen theoretischen Aspekt vor, der keinen Gegensatz zwischen »theoretisch« und »historisch« oder zwischen »theoretisch« und »visuell« erlaubt. Auch keine Unterscheidung zwischen »Kunst« und »Leben«. Jetzt, zwanzig Jahre danach, ist es an der Zeit, diesen Beitrag anzuerkennen; eine Anerkennung, die nur dann den Werken volle Gerechtigkeit zukommen läßt, wenn man sie als visuell und theoretisch erfaßt, das eine durch das andere und umgekehrt.

Die »Projektionsfläche« ist demnach der einzig mögliche Fokus jeglicher kulturellen Sehweise, die mehr als bloße Kritik ist, sondern die versucht, alternative Möglichkeiten vorzuschlagen. Hier ist der Film wiederum ein exemplarisches Medium und eine exemplarische Kunstform. Indem er die Phantasie anspricht, und darüber hinaus auch die optische »Erleuchtung« selbst von unbewußten Erinnerungen zuwege bringt, ist der Film fast eine Verkörperung, wenigstens jedoch eine Metapher für Projektionsfläche. Für beide, Film- und Videostudien, ist die Projektionsfläche ein unerläßliches Konzept; nur mit Hilfe dieses Begriffes kann man historisch auseinanderliegende Formen des Films in emotionaler und wirkungsvoller Rezeption verbinden. Auf der Leinwand des Kinos kann Lacans Projektionsfläche das »Erleuchten« von anderen als »aktives Geschenk der Liebe« anbieten, wie Silverman argumentiert:

»›aktiv‹ ... soll hier gebraucht werden, um diesen Prozeß der Idealisierung zu charakterisieren, der anstatt nur blind und unabsichtlich zu bestätigen, was die kulturelle Projektionsfläche als »ideal« oktruiert, mit einem gleißenden Strahlen Körper aufleuchten läßt, die lange nichts anderes kannten als eine erzwungene Allianz mit erniedrigten Bildern.« (Silverman 1996, S. 78f.)

Für eine kritische Filmtheorie, die hinter eine Kritik dessen, was in der herrschenden Kultur Schaden anrichtet, vorstoßen will; die zu begreifen versucht, wie Film und Video — auf unterschiedliche Weise — funktionieren und wie andere Effekte als die bekannten zu erreichen sind, ist die Projektionsfläche die Werkstatt, die Arena oder das Stadion in der Mitte des visuellen Feldes.

Film ist heutzutage auch das weitverbreitetste Mittel für eine die Vorstellungskraft beeinflussende *Fiktion*, und das verleiht ihm einen weiteren einmaligen Zugang, die (psychoanalytische) Projektionsfläche zu manipulieren. Hier also liegt die Signifikanz von Dujouries Körper in *Hommage à... IV* mit seinen Spuren des »wirklichen Lebens«. Die Projektionsfläche bietet ihre Schönheit an, und zwar sowohl stereotypisch als auch als Maskerade, aber ohne die Glätte der Perfektion; die Zeichen des Körpers sind nötig, um die Projektionsfläche zu verändern, und zwar von dem unhaltbaren Idealen in das, was Silverman »das, was gut genug« ist, nennt.

In ihrer Analyse von Shermans *Untitled Film Stills* benutzt sie diesen Ausdruck Winnicotts. Meiner Meinung nach würde Dujouries sich windender Körper, der sich, in barocke Draperie gewandet, dem Blick preisgibt, während er zugleich durch seine Unvollkommenheit real wirkt, ein noch überzeugenderes Fallbeispiel abgeben. Silverman, die Denkerin in utopischen Dimensionen, entwickelt aus der Interaktion zwischen Projektionsfläche und Schauen etwas, das sie den »produktiven Blick« nennt, einen revisionistischen, retroaktiven Weg, die begrenzte Wirkkraft zu nutzen, die Subjekte innerhalb ihres Status, durch den Blick [the gaze] gerahmt zu sein, besitzen, um auf andere und auf die Darstellung anderer in transformativer Weise zu sehen. Sie arbeitet dieses Konzept mittels der Erörterung einer hervorragenden Idee heraus, die entscheidend mit Dujouries »Posen«-Videos übereinstimmt: »Heteropathische Erinnerung«, welche ein Versuch ist, sich die Erinnerungen anderer »in Erinnerung zu rufen«. Diese ist mit kämpferischer, protestierender, konfliktträchtiger Erinnerung verbunden, und sie könnte theoretisch abgehandelt werden, indem man sie in Beziehung zu Marianne Hirschs Konzept des »Postmemorierens«[34] bringt und sie von diesem wieder differenziert. Es handelt sich dabei um eine spezielle Form der Identifikation mit dem anderen als solchem: Identifizieren »aus einer Distanz« heraus, aus zeitlicher

34 Das Konzept des »Postmemorierens« wurde von Marianne Hirsch vorgeschlagen, um die Erfahrung von Menschen zu charakterisieren, die unter dem Einfluß von Erzählungen aufwuchsen, die ihrer Geburt vorausgingen, und deren eigene verzögerte Geschichten durch die Geschichten der vorangegangenen Generation ausgelöscht wurden, geformt durch traumatische Ereignisse, die weder verstanden, noch wiedererschaffen werden konnten. Siehe dazu Hirsch (1997). Postmemorieren wäre demnach ein spezieller Fall von heteropathischer Identifikation, bei der das sich erinnernde Subjekt eng verbunden ist mit dem anderen, mit dessen Erinnerungen er oder sie sich identifiziert. Postmemorieren sucht man sich nicht aus, es wird einem durch die Geschichte auferlegt.

wie räumlicher Distanz. Silverman führt diese Idee anhand von Chris Markers Film *Sans Soleil* (1982) weiter aus, ein Film »über« andere Kulturen, der die Mittel der Ethnographie verwendet, um einen Modus zu finden, der sich gegen die Disziplin richtet, die durch den (Neo-)Kolonialismus kompromittiert wurde.

»... [der Film] öffnet sich selbst einer Penetration durch sie [die anderen Kulturen], zeichnet wiederholt den Schock dieser Begegnung auf und übermittelt ihn. Er liefert eine ausgedehnte Dramatisierung von und Meditation über die Operationen der Erinnerung, welche er höchst ungewöhnlichen Zwecken zuführt. Er »ruft in Erinnerung« und ermutigt den Betrachter sich »zu erinnern«, was sich am besten mit »Erinnerungen anderer Leute« bezeichnen läßt. Während dieses Vorgangs revidiert er von Grund auf, was es bedeutet auf Japan und Afrika zu schauen, und verwickelt zum anderen den westlichen Betrachter in einen beispielhaften Prozeß der Selbst-Entfremdung.« (Silverman 1996, S. 185)

Was in dem Film geschieht, ist folgendes: Die Stimme einer Frau liest Briefe, die an sie von Krasna adressiert sind, der eine Reihe von Gesten »beschreibt«, Handlungen und Ereignisse, die bisweilen alltäglich, bisweilen aber »historisch« in ihrer Bedeutung ausfallen, welche eigentlich zur »Vergangenheit« von jemand anderem oder einer anderen Nation »gehören«. Jedesmal vermittelt dieser Akt heteropathischer Erinnerung zwischen unserer Erinnerung und einer speziellen Reihe von Bildern, die den Punkt anzeigen, von dem aus der Film sie «anschaut«, und den Punkt, von dem aus er uns auffordert, genau dasselbe zu tun. Als Ergebnis bekommen diese Bilder, von denen viele in einem anderen Kontext einer unproblematischen ethnographischen Funktion dienen könnten, hier eine völlig andere Resonanz.

Das ist nur ein Beispiel — wenn auch ein sehr überzeugendes — der Methode, nach der Silverman vor Augen führt, was sich ändern sollte, indem sie demonstriert, daß das möglich ist, und in der Tat sich in unserer visuellen Kultur in einigen Fällen schon verändert hat. So sieht sie Markers Film als eine Theorie alternativer Interaktion zwischen dem Schauen und der Projektionsfläche und gleichzeitig als einen »Bestandteil« einer neuen Projektionsfläche, die sie im Blick hat. Diese »Verwendung« eines Kunstwerkes interessiert mich hierbei mehr als der spezielle Fall. Aber Dujouries Videos der »Posen«-Serie bieten meines Erachtens ein noch überzeugenderes Beispiel für diesen möglichen Einsatz einer »heteropathischen Erinnerung«. Aus diesem Grund ist es relevant, daß sie selbst posiert, während sie zugleich die Kamera kontrolliert. Es scheint dies der einzige Weg, die Gegensätze zwischen Stereotypisierung und Maskerade in einem Zug herauszuarbeiten. Das Sich-selbst-in-Pose-Setzen und ihre Anerkennung der Gebundenheit dieses Mediums an die reale Zeit, machen es unmöglich, das, was die Projektionsfläche vorschreibt, als natürlich darzustellen. Ganz im Gegenteil, nachdem der Betrachter sich durch die auferlegten voyeuristischen Positionen in *Hommage à... II* »gearbeitet« hat, bietet *Hommage à... IV* diese besondere Mischung, die Kultur ausmacht: die Erinnerungen aus der Vergangenheit innerhalb kultureller Teilnahme in der Gegenwart. Darum haben diese Videos bis heute nichts von ihrer anfänglichen Kraft verloren. Sogar heutzutage, nachdem sich die Möglichkeiten dieses Mediums so drastisch verändert haben, bringt es einen Gewinn zurückzuschauen, »retroperspektiv«, um Catherine Davids hilfreiches Konzept zu gebrauchen, für das, was die Künstlerin in den Anfängen des Mediums Video zu sagen hatte, als sie auf Wegen, die heute nicht mehr möglich wären, formulierte, was heute von Belang ist.

2. Skulpturen

In den achtziger Jahren begann Dujourie damit Skulpturen herzustellen. Das ist bis auf den heutigen Tag ihre bevorzugte Kunstform. Die Skulpturen waren anfangs in erster Linie aus Samt, später benutzte sie Marmor, Holz, Gips und Blei. Während sich ihr Medium drastisch änderte, bleibt die Suche, die in diesen aufeinander folgenden Skulpturen zum Ausdruck kommt, in ihrer Grundtendenz gleich. Diese Suche, so behaupte ich, betrifft die Beziehung zwischen Materie, dem Subjekt und dem Objekt der Wahrnehmung, und wie diese Beziehung sich der Empfindungen bemächtigt, die das Subjekt als ein Ganzes erfahren hat, eingerechnet seinen oder ihren sinnlichen Körper. Kurz gesagt, diese Suche betrifft den zweifachen Körper der Wahrnehmung.

Ganz besonders wenn man mit einer Untersuchung der Samt-Skulpturen beginnt, drängt sich einem von selbst die Schlußfolgerung auf, daß diese Werke etwas mit »Barock« zu tun haben. Sie sind theatralisch und bedienen sich genau des Stoffes, der für die so spezifischen Hintergrunddraperien barocker Darstellungen eingesetzt wurde. Überdies bestehen sie aus Falten und Wellen — Vorhängen und suggestiven, körperhaften Formen. Was sehr wichtig ist, sie erforschen den Körper in seiner Beziehung zur Wahrnehmung, eine Beziehung, die durch den Versuch definiert ist, eine Beziehung zwischen den entferntesten und nahesten Formen der Wahrnehmung zu erstellen: Sehen und Berühren. Sie tun dies durch eine Kombination körperlicher Darstellungen — wenn auch abstrakter (die suggestiver sind als ikonische) —, verbunden mit einer Aufforderung an den Betrachter, sich körperlich zu beteiligen. Die Samt-Gebilde sind nahezu unwiderstehlich: man will sie berühren, sie liebkosen. Im folgenden möchte ich zu erklären versuchen, warum und auf welche Weise diese Arbeiten »barock« sind, oder besser ein neues Licht auf das werfen, was »barock« bedeuten kann. Ich werde auch dem nachgehen, was es bedeutet, sie auf diese Weise zu charakterisieren. Der Begriff »barock« bezieht sich nicht auf einen »Stil« oder eine Modeströmung — darüber habe ich mich bereits früher ausgelassen —, sondern auf eine bestimmte Art des »Denkens«, nicht »neo«, vielmehr innovativ, da er sowohl auf die historische Kulturperiode wie auch auf unsere eigene, zeitgenössische, ein völlig neues Licht wirft. Ich will auch nachweisen, daß die Arbeiten aus Marmor, Holz, Gips und Blei ebenso »barock« im obigen Sinn sind wie jene aus Samt.

Barock und Körperlichkeit

Lassen Sie mich zuerst diesen nicht ganz unkomplizierten Begriff von »barock« angehen. Auch wenn man Dujourie nicht darauf festlegen kann, daß sie einer künstlerischen Bewegung angehört, ist sie eine von vielen KünstlerInnen im derzeitigen Kunstbetrieb, die den Barock zu »zitieren« scheinen. Ob sie das nun »wörtlich« oder eher in vager Anlehnung auf metaphorischer oder allegorischer Ebene tun, sie haben beides: zum einen ein dezidiertes Interesse an diesem Zeitabschnitt der Geschichte, der turbulent und voll innovatorischer Energie war, mit dem seltsamen Nebeneinander von altem Aberglauben und neuer Wissenschaft, der Gewalttätigkeit von Abenteurern und Religionskriegen, und zum anderen an der kunstgeschichtlichen Epoche, die in schöpferischer Hinsicht unglaublich innovativ und reich war; nicht nur im Norden Europas, in Italien und Spanien, sondern ebenso in der Neuen Welt, wo der Hof des mexikanischen Vizekönigs berühmt für seine Förderung der Schönen Künste war.[35] Warum dieses Interesse, für das auch Dujouries Skulpturen nicht nur Zeugnis ablegen, sondern für die sie sogar bahnbrechende und höchst originelle Belege sind?

Damit ich nicht Dujouries Kunst mit einer paraten Antwort, die nur Mutmaßung sein kann, Gewalt antue, wollen wir uns einige ihrer Arbeiten genauer anschauen. Dazu gehören eine Anzahl von Diapositiven, die auf eine Wand projiziert, sich zu einem einzigen Gebilde von 230 cm Höhe, das heißt auf mehr als Lebensgröße, zusammensetzen. In diesen Arbeiten von 1980 steht ein Modell auf einer Draperie aus blauem Samt. Dieses Stück Stoff stellt ihre »Welt« dar: Sie steht auf ihm und ist von ihm abgehoben. Das ist eine sattsam bekannte Methode der Studiophotographie, um den Hintergrund zu vereinheitlichen; in diesem Fall erzeugt sie jedoch eine zusätzliche Bedeutungsebene, und zwar aufgrund der perfekten, exquisiten Harmonie der Farben — das Blau ist genau auf das blonde Haar und den hellen Teint des Modells abgestimmt — und der Harmonie der Formen. Die Projektion des Bildes, welche dieses ent-wirklicht, trägt weiter zu der

35 Siehe dazu Argan (1989), Buci-Glucksmann (1986), Gruzinski (1990), Maravall (1996).

speziellen Wirkung dieser Arbeit bei. Ebenso die Größe, welche die dargestellte Gestalt noch weiter von der realistischen Photographie abrückt; und sie durch die Vergrößerung mit der Bedeutung erfüllt, daß Geschichte etwas Größeres ist als das, was wir in der Gegenwart meistern können. So ist dies mehr als ein traditioneller weiblicher Akt, es ist eine potentielle Skulptur, bei der Körper und Umgebung eins werden.

Diese Intensivierung von Bedeutung und Wirkung wird oft durch eine literarisierende Evokation einer Metapher erreicht. In diesen Projektionen, welche an die Redewendung »sie bekommt kein Bein auf den Boden« denken lassen, ist der Samtstoff buchstäblich alles, worauf die Frau zu stehen kommt. Ihr nackter Körper setzt sich einfach zu schön gegen den zartblauen Stoff ab. Ihre Pose, die an die Videos der dritten Serie erinnert, ist ausgesprochen konventionell, malerisch und ruft vage, aber nachdrücklich »Kunst« in Erinnerung. Der Grund, warum ich diese Diaprojektionen hier anführe, ist, daß sie, während sie die Erinnerung an die Videos wecken, die Notwendigkeit der »abstrakten« Samt-Skulpturen bereits ankündigen. Sie filtern deren wichtigstes Element heraus: die Art, wie der Körper gegen den Stoff abgesetzt wird, so sensualistisch-haptisch, daß die Berührung des Modells mit dem Stoff auf optischem Weg einen Reiz auslöst, wenn nicht sogar eine offene Einladung sie zu berühren. Bei den Samt-Skulpturen verschmelzen Körper und Samt: eine Verschmelzung von Substanz, eine Verschmelzung, die substantiell ist.

1982 schuf Lili Dujourie eine ihrer bekanntesten Samt-Skulpturen mit dem Titel *O suet gepheys, o swaere fantasyen*, ein Zitat aus einem alten flämischen Gedicht, das etwa mit: »Oh süßes Nachsinnen, oh schwere Phantasien« zu übersetzen ist. Dunkelgrüner Samt, roter Samt, Goldbrokat: drei Stoffbahnen, die ein unsichtbares Podest aus Eisen und Holz umkleiden: das ist die Arbeit. Die Form der Stoffbahnen ist üppig, aber nach herkömmlichen Kategorien auch abstrakt. In dieser spannungsreichen Beziehung dominiert das erste über das zweite und hebt die Wirkung des Abstrakten quasi auf. Das untere dunkelgrüne Stoffstück, das sich am Fuß des Objektes entlangzieht, läßt sich als eine Art Körper lesen, aber ohne Aufdringlichkeit. Es scheint nach oben auszugreifen, dann nach links, über das rote Tuch, um den Goldbrokat zu berühren. Auch dieses Übergreifen gibt dem grünen Tuch eine körperliche Erscheinung. Fast scheint der rote Samt von dem dunkleren grünen geschluckt zu werden. Außerdem ist das

Abb. S. 190

Gold so viel fröhlicher als das Rot, daß es scheint, als ob man die »suet gepheys« oder »das süße Nachsinnen« nur erreichen kann, wenn man sich durch die schweren Phantasien »hindurch gearbeitet« hat. Der Körper, der sozusagen in dem Stoff inkorporiert ist, der vorher einmal als seine Hintergrundsdraperie diente; evoziert zwei Arten des Denkens: Könnte es das sein, was diese abstrakte Figur ist oder vermittelt?

Vor einiger Zeit schrieb ich, daß die Bilder des »abstrakten« Malers David Reed, die ich auch mit Barock in Zusammenhang bringe, »Erzählungen« von besonderer Art seien: Erzählungen in der zweiten Person (Bal 1996). Ich postuliere gleiches für Dujouries Skulpturen. Eine Erzählung kann als ein Bericht einer *Fabel* definiert werden, die auf ganz spezielle Weise präsentiert wird, wobei das Medium keine Rolle spielt (Bal 1997). Als Medium kann der Film fungieren, Sprache, Malerei oder wie im vorliegenden Fall eine Oberfläche aus Samt. Als Fabel bezeichnet man für gewöhnlich eine zeitlich und logisch verknüpfte Abfolge von Ereignissen. Die »Art«, in der die Fabel präsentiert wird, um zur *Geschichte* zu werden, betrifft Fragen der Semantisierung von Charakteren, die Konkretisierung und Subjektivierung von Raum zu Ort, das »Verdichten« des Zeitgefühls durch eine Palette von Kunstgriffen und — als allerwichtigstes — *Fokalisierung*. Wie ich schon kurz erläutert habe, bezeichnet dieser Terminus die Verbindung zwischen den Ereignissen, die die Fabel ausmachen, und einem oder mehreren Subjekten, deren »Perspektive« oder »Gesichtspunkt« auf oder subjektives Engagement für Ereignisse in der Erzählung dargestellt sind. »Fokalisierung« ist entscheidend für die Aussage einer Geschichte, einschließlich ihrer affektiven Bedeutung oder ihres emotionalen Effekts. Aber genauso ist sie auch entscheidend für den ontologischen Status dessen, was dargestellt wird, für seinen Status als Fiktion. Der Begriff ist grundlegend für eine der wesentlichen Ideen, die die Kunst der Barockzeit, vor allem die Literatur, von Leibniz abgeleitet hat. Ruth Ronen schrieb darüber folgendes:

»... Da die Mittel zur Fokalisierung in einer fiktionalen Welt nicht zu trennen sind von anderen Komponenten dieser Welt (jedes fiktionale Objekt ist aus einem Gesichtswinkel dargeboten), sind die ontologischen Implikationen, die in Fokus-Differenzierungen eingebracht werden, essentiel für jede Beschreibung einer fiktionalen Welt.« (Ronen 1994, S. 179)

Wie dieser Passus deutlich macht, erreicht »Fokalisierung«, daß fiktionale

Ereignisse für Teilnehmer aus der realen Welt selbst dann glaubwürdig werden, wenn sie in kühnster Weise imaginär sind. So trägt sie dazu bei, Fabeln plausibel zu machen, die ansonsten wenig Sinn ergeben würden. Plausibel wohlverstanden, nicht real; aber dennoch so plausibel, daß sie einen glücklich oder krank machen können, wie wir jetzt, da wir virtuelle Wirklichkeiten betreten haben, wissen. Diese Skulptur, bei der ich dem dunkelgrünen Samt die Rolle »des Körpers« zugewiesen habe, beschwört Ereignisse herauf — von süßem Nachsinnen und schweren Phantasien —, aber ganz offensichtlich spricht sie dies nicht aus, außer im Titel. Womit gelingt es ihr, eine derart körperliche Wirkung zu entfalten?

Wenn man die Funktion der zweiten Person bedenkt, die Essenz von Sprache zu sein, sie auszuagieren, gibt dieses Werk ein sehr gutes Beispiel für seinen Status als »Erzählung in der zweiten Person« ab. Nach Emile Benvenistes Sprachtheorie liegt die »Essenz« der Sprache in der Deixis, dem Hinweisen, nicht in der Referenz. Der Ausdruck »Deixis« bezieht sich auf Bedeutungsverhältnisse, die nur innerhalb der Kommunikationssituation des Selbst zustande kommen können. »Referenz« erstellt im Unterschied dazu Bedeutung außerhalb der Situation. Benveniste vertritt die Ansicht, daß das, was in Sprache von Belang ist, nicht die Welt ist, »über« die ein Subjekt kommuniziert, sondern das Sich-Ausbilden der Subjektivität, die dazu nötig ist, die Kommunikation überhaupt erst einmal möglich zu machen. Personalpronomen sind prototypisch für Deixis. Die Pronomen »Ich« und »Du« im Gegensatz zu »Sie«, »Er« und dergleichen sind in sich völlig leer. Sie beziehen sich auf nichts, was außerhalb der Situation läge, in der sie geäußert werden. Jede Äußerung wird von einem »Ich« vollzogen und ist an ein »Du« gerichtet. Diese zweite Person ist unabdingbar, weil sie das Subjekt ist, das das »Ich« als Sprecher bestätigt. Umgekehrt wird aus dem »Du« ein »Ich«, sobald die Perspektive sich verändert. Nur als (potentielles) »Ich« hat das »Du« selbst die Subjektivität zu handeln und daher auch die Subjektivität des vorherigen »Ichs« zu bestätigen.

Die Tatsache, daß die Fabel schwierig zu definieren sein mag — zu konstruieren oder zu »re«-konstruieren —, disqualifiziert nicht den Erzählcharakter des Werks, sondern stellt heraus, um welche Art von Erzählung es sich handelt. Aber letztendlich müssen wenigstens zwei aufeinander bezogene Ereignisse dazugehören, um die Arbeit in einem mehr als nur metaphorischen Sinn als narrativ bezeichnen zu können. Darüber hinaus weisen in der Literatur Erzählungen als Berichte einen »Sprecher« auf, eine Stimme, die den Bericht ablegt, die man Erzähler nennt.[36] Diese Stimme mag »unsichtbar« sein oder »nicht wahrzunehmen«, weil sie nur Äußerungen »in der dritten Person« macht, oder aber sie kann ganz betont zu hören sein, wie beispielsweise in einer »Ich«-Erzählung. Maler des Abstrakten Expressionismus wie Jackson Pollock und Willem De Kooning nähern sich dieser Erzählung in »der ersten Person« an, indem sie die Handschrift des Künstlers betont herauskehren. Abstrakter Expressionismus erzählt die Geschichte seines Gemachtwerdens, und die verschiedenen Schichten oder Spritzer von Farbe »erzählen« von den zeitlich getrennten Phasen jenes Werdens. Im Unterschied dazu bieten Bilder, die den Hinweis auf den Malprozeß eliminieren, ihre Objekte oder ihren Inhalt im Modus der »dritten Person« dar.

Dujouries Samt-Skulpturen demonstrieren, daß ein angemessenes Verständnis von Deixis als der Essenz der Sprache, oder weiter gefaßt von Kommunikation, einen Modus des Kunstschaffens liefern (nicht notwendigerweise der Malerei), dem es gelingt, die zweite Person in ihrer essentiellen Beziehung des Austausches mit der ersten herauszupräparieren. Aber ich möchte auch demonstrieren, wie Narratologie das Lesen von Kunstwerken beflügeln kann, einschließlich nicht-figurativer Kunst. So wird, obwohl Dujouries Arbeiten hier als »theoretisch« reich angesehen werden, Erzähltheorie für Visuelles relevant. Die ontologische Frage, ob *O suet gepheys* — oder jegliche Erzählung in der zweiten Person — »zu Recht« als narrativ eingeschätzt wird, erweist sich bereits im Ansatz per definitionem als fatal. Denn die Ereignisse, auf die es ankommt, finden zwischen der Skulptur und dem Betrachter statt, die sich wechselseitig »in Sprache« oder, noch richtiger, in kommunikativem Sehen bestätigen.

An dieser Stelle möchte ich betonen, daß es nicht der poetische Titel ist, der diese Arbeiten zu einer Erzählung in der zweiten Person werden läßt. Man kann noch nicht einmal behaupten, daß der Betrachter bei seiner Interaktion mit dem Kunstwerk die angenehmen ebenso wie die belastenden Phantasien teilt. Bekanntlich funktioniert Kunst nicht derart »wört-

---

36 Man muß sich klar sein, daß dieses Konzept der Stimme in der Literatur genauso auch metaphorisch ist. Dazu Bal (1994).

lich«. Wenn statt dessen der Betrachter vom Werk angesprochen wird, führt das starke Verlangen dieses zu berühren, im Verein mit dem gleichzeitigen Tabu, diesem Begehren nachzugeben, zu einer Reihe von Vorwärts- und Rückwärtsbewegungen: Sie machen die Fabel des Werkes aus. So simpel das klingen mag, es ist doch der haptische Reiz des Samtes als Stoff, intensiviert durch die sinnlichen Formen, die er wirft, welcher die »Ereignisse« des Begehrens auslöst, die Lust, den Stoff zu liebkosen und zu streicheln. Die Konventionen, die vorschreiben, wie man Kunst anzuschauen hat, machen es unmöglich, diesem Verlangen nachzugeben. Daher ergeben diese Serien von Ereignissen — Begehren, Vergegenwärtigung des Tabus, Zurückschrecken, erneutes Begehren und so weiter — zusammen eine Erzählung, in der die erste Person keine stabile Entität, sondern ein Verhältnis des Austausches mit der zweiten Person ist, die verführt, verlockt und dazu provoziert wird, auf seine oder ihre gesamte Subjektivität zu reagieren, was in diesem Fall auch den Körper miteinbezieht. Solche Kunstwerke beinhalten Episoden, die Risiken mit sich bringen. Ernüchternde, aber überzeugende Evidenz des riskanten Geschäftes, das solch ein Interaktionsprozeß mit sich bringt, sind die Schäden, die Dujouries Skulpturen von Zeit zu Zeit zugefügt werden. Betrachter wollen sie tatsächlich berühren und sind verhältnismäßig oft dazu getrieben, jenes Tabu, Kunst nicht zu berühren, zu brechen.[37] Weit davon entfernt, abstrakt zu sein, können sie daher, wenn auch nur gerade eben, nicht-figurativ genannt werden.

Dasselbe vollzieht sich bei Dujouries Werk *Zonder titel* [Ohne Titel] von 1983, das sogar noch weniger figurativ ist. Es besteht ganz einfach aus zwei Stücken Samt, einem grünen und einem roten. Das grüne und das rote hängen in strengen, geraden, aber vollkommenen Falten herunter, die eine Art Beschwörung des Barocks darstellen, ohne ihn aufzuführen. Oberhalb dieser beiden herabhängenden Stoffbahnen jedoch, bekommt das Rot triumphierend Oberwasser, dabei ist es eher zerknittert, so daß man die Tiefe der Falten nur erahnen kann. Dieses Stück gemahnt einen an die enorme Menge Samt, die man für solch üppige Falten braucht. Die Verbindung der geraden Stücke mit dem zusammengebauschten roten erzeugt ein kaum *Abb. S. 192*

37 Lili Dujourie, private Korrespondenz, 13. Dezember 1997.

noch zu beherrschendes Verlangen, seine Hand in das rote Tuch zu stecken, mit dem Tabu zu brechen und danach »zu langen«. In diesem Fall gibt es nicht einmal ein Gebilde, das sich als Körper deuten ließe; alles, was wir tun können, wenn wir vor diesem Werk stehen, ist unseren eigenen Körper zu projizieren. Daher besteht eine Verschmelzung von Oberfläche und Sache, die noch intimer ist als das Verschmelzen in *O suet gepheys*.

Warum ist diese Verschmelzung von Bedeutung? Zur Beantwortung dieser Frage muß man sich dem historischen Barock zuwenden, seiner Kunst und seiner Gedankenwelt. Wie ich in meiner Erörterung der Videos angedeutet habe, ist es meiner Meinung nach so, daß das derzeitige Interesse an barocker Kunst das ausführt, was selbst eine barocke Sichtweise ist: das beständige Schwanken zwischen der Sichtweise des Subjekts und des Objekts, welches den Status beider verändert. Diese Sehweise schließt eine epistemologische Sicht mit ein, ein Konzept der Repräsentation und ein ästhetisches Konzept, welche alle drei in einer Untrennbarkeit von Geist und Körper, Form und Materie, Linie und Farbe, Bild und Diskurs, und — am wichtigsten — Oberfläche und Tiefe verankert. Kein barockes Werk bietet sich eindeutiger als Beispiel an, als wegbereitend, als Erfinder und andererseits Produkt oder Resultat dieses Oszillierens, als das Œuvre von Caravaggio und in der Bildhauerei das von Bernini.[38] Eventuell ist es eher der Maler als der Bildhauer, der hinter Dujouries Samtarbeiten auf der Lauer liegt. Diese mögen Skulpturen sein, aber sie sind so ganz und gar malerisch, daß sie allein durch diese Qualität die Kategorien, welche sie einrahmen, in Frage stellen. Die Art und Weise, wie Dujourie den Samt verwendet, veranlaßt uns bei barocken Oberflächen zweimal hinzusehen, und ihre Bedeutung neu zu überlegen. Daher macht es wenig Sinn ihre Arbeiten als »neo-barock« zu bezeichnen, wenn damit die Wiederaufnahme eines früheren Stils impliziert sein sollte. Statt Barockmerkmale zu wiederholen, bilden sie eine Antwort auf dieses historische Phänomen, das wir heute, ohne genau zu wissen, was mit dem Begriff gemeint ist, als »barock« bezeichnen.

Eine Möglichkeit, um Zugang zu Dujouries auf den Barock bezogene Methode, mit Samt »zu malen«, und deren besonderen Erotizismus zu fin-

---

38 Vgl. dazu Careris Buch über Bernini (1995) sowie mein Buch über Caravaggio und die Kunst der Barockzeit, das in Kürze erscheint.

den, ist, ihre Wellen als Falten zu deuten; der Stoff variiert, was die Meereswellen in den Videos verkünden. In der Einleitung zu seiner englischen Übersetzung von Gilles Deleuzes Buch über Leibniz und den Barock, ein Buch, das es bis jetzt nicht vermocht hat, auch Kunsthistoriker der Moderne zu begeistern, faßt Tom Conley zusammen, was barockes Formengut so verlockend macht:

»... ein ausgeprägter Geschmack am Leben, das wächst und gedeiht, und eine Fragilität der bis ins Unendliche variierten Muster von Bewegung. ... in der in die Länge gezogenen Faszination, die wir verspüren, wenn wir Wellen betrachten: sie donnern heran, stürzen in sich zusammen und zerstäuben in Atome, während sie entlang einer sich entfaltenden Linie aufbersten, die sich über die Weite des Meeressaumes hinzieht; und wenn man den Wirbeln und dem Farbenhauch nachgeht, die sich auf der Oberfläche und in die grenzenlosen Tiefenschichten einer Marmorplatte hinein bewegen ...« (Deleuze 1993)

Das Vokabular ist hier sehr formell und ästhetisch in seiner Beschreibung der Formen und ihrer Fähigkeit, sich mehr und immer mehr auszudehnen. Aber die Ästhetik selbst ist auf Begriffen gegründet, die die zweite Person unterstreichen, das bezeugen Ausdrücke wie »Faszination« und Redewendungen wie »wir verspüren«. Es gibt einen Hinweis auf ein enges Verbindungsglied zwischen diesen Formen, die faszinieren, und dem »ausgeprägten Geschmack am Leben, das wächst und gedeiht«. Wenn das gedeihende Leben auf Seiten der Skulptur zu suchen ist, der ursprünglichen »ersten Person«, und das »Erfahren« von Form auf der Seite des Betrachters, der ursprünglichen »zweiten Person«, dann ist der deiktische Austausch, der eintritt, wenn diese Ästhetik »passiert«, selbst das, was die Ästhetik auslöst und strukturiert. Wenn wir darüber nachdenken, was mit unserem Verlangen geschieht, können wir zu dem Schluß kommen, daß eine Ästhetik wirklich *geschieht*. Die Ästhetik des Barocks kann auf diesem Weg das Paradox neutralisieren, daß es das literarische Genre der Novelle hervorgebracht hat, während seine Malerei als nicht-narrativ eingestuft wird.

Mit Hilfe dieser Formulierung wird klarer, daß sowohl in Dujouries *O suet gepheys* als auch in *Zonder titel* (1983), wie in vielen anderen dieser Skulpturen auf den verschiedensten Ebenen Barock-Ästhetik präsent ist, heraufbeschworen wird, oder daß auf sie reagiert wird. Die Wellen oder Falten »donnern heran, stürzen in sich zusammen und zerstäuben in Atome, während sie entlang einer sich entfaltenden Linie aufbersten, die sich über die Weite des Meeressaumes hinzieht«. Dies alles geschieht in dem üppig zusammengerafften Stück roten Samtes in *Zonder titel* (1983), wie es auch noch in derselben Art und Weise bei einem weiteren Objekt, *Jusqu'au sombre plaisir d'un cœur mélancholique* [Bis zum dunklen Vergnügen eines melancholischen Herzens], von 1983 der Fall ist, um noch ein anderes Beispiel heranzuziehen: ein dunkleres, diesmal schwarzes Stück Samt greift nach einem Stück Goldbrokat aus, diesmal ohne die Vermittlung des roten Samtes, vielmehr ein wenig gehindert durch ein Stück Weiß. Das schwarze Teil sieht wie ein Segel aus, das sich auf kleinen Füßen über einer goldenen Stoffbahn erhebt. Doch es gelingt ihm nicht, die körperhafte Geistererscheinung zu »sein«, die Träume beherrscht: In Übereinstimmung mit Caravaggios Gebrauch der Farbe Weiß als Mittel, Farbperspektive zu entwickeln, drängt das Weiß nach vorne, und zu guter Letzt realisiert der Betrachter bei nochmaligem Hinschauen, daß das Schwarz hinter seinem eigenen Traum zurückbleibt; in ihn verstrickt.

Abb. S. 197

Wenn ich sage, »dies passiert in« dem Samt, drücke ich mich recht ungenau aus. Tatsächlich geschieht etwas zwischen dem Betrachter und der Skulptur. Aber daß dieses überhaupt geschehen kann, ist der insistierenden Anziehungskraft der Falten in Samt zuzuschreiben, das heißt einem Material, das sich stark an den Tastsinn richtet, in Kombination mit Formen, die dasselbe tun. Weil sie einen barocken Gesichtspunkt verkörpern, sind diese Formen so kraftvoll—und so in emblematischer Weise barock. Aber wenn diese Ikonographie auf eine taktile Anziehungskraft *anspielt*, die vielleicht besonders erotisch sein mag, *führt* das Spiel mit Falten, Materialien, Strukturen und Licht ein Werk mit erotischer Wirkung *auf*; es beflügelt nicht nur die Phantasie des Betrachters, wie in einer Erzählung in der dritten Person, die direkt zur Identifikation auffordert, sondern es läßt sich auf ein erotisches Spiel *mit* dem Betrachter ein. Das Verlangen, seine Hände in den zusammengerafften oberen Teil des Grüns und des Rots des Objektes *Zonder titel* zu versenken, ist Teil des Werkes selbst, aber nur wenn wir erfassen, daß der Begriff »Arbeit« hier seine volle doppelte Bedeutung erhält.

Eine der monumentalsten Samt-Skulpturen ist ein Tryptichon von 1983 mit dem Titel *Places Devoted to the Night, Remote from Tumults and Noise* [Orte, die der Nacht gewidmet sind, weit ab von Tumult und Lärm] mit den

Abb. S. 191

Maßen 600 x 250 x 40 cm. Monumental ist es auch von der Masse des Samtes her, die den zentralen Teil bildet. Die Seitenflügel sind wie dekorative Vorhänge—zur Linken rot und grün, zur Rechten schwarz und rot—, wobei sich das Rot recht vorwitzig nach außen auffächert, als ob der Wind hineinfährt. Das Mittelstück, nachtblauer Samt mit so etwas wie einer Kappe aus Holz und durch ein gelbes, gesprenkeltes Futter ergänzend ausgekleidet, das hie und da hervorlugt, hat erneut den Anschein, als ob es den Körper vertreten könnte. Der poetische Titel läßt wieder auf Imagination schließen, irgendeine wohltuende Erfahrung weit weg von den Turbulenzen der Welt. Aber sollten diese Arbeiten Orte sein, was bedeutet es dann, in dem zentralen Paneel einen Körper auszumachen, wie es mir ergeht? Ein Körper, den es, wie ich weiß, nicht tatsächlich dort gibt, der sich aber meiner Wahrnehmung aufdrängt mit seiner geballten sinnlichen Kraft und der in seinem Gefolge die biologisch bedingte Getrenntheit der Wahrnehmung in Frage stellt?

Imagination—so die These dieses Kunstwerkes—braucht Abstand, eine Distanzierung, die hier durch die beiden Vorhänge bewirkt wird, welche in barocker Manier das Mittelpaneel auf ein unterschiedliches ontologisches Niveau heben. Dieses Distanzieren ermöglicht es daraufhin, auf das Volumen in der Mitte eine physische Qualität zu projizieren, die aus dem Verlangen des Betrachters aufsteigt; ein Verlangen zu berühren. Die Bewegung, die von dem sich auffächernden Samt auf der rechten Seite ausgeht, zusammen mit dem Vorhang links, der ein bißchen angehoben scheint, bilden den Rahmen für dieses projizierte Verlangen und lassen es dadurch zu. Dieser Akt des Rahmens ist nicht unmittelbar dafür notwendig, daß man das Verlangen verspürt. Er ist ein Hilfsmittel, dem Betrachter diese beschriebene Wirkung bewußt zu machen. Wie schon bei den Videos stellt Lili Dujourie mehr als nur das Kunstwerk, das wir zu berühren verlangen, zur Verfügung. Sie liefert auch die Begründung für dieses Verlangen, und somit ein philosophisches und historisches Verständnis ihrer Kunst unter dem Aspekt ihrer Beziehung zur Barockepoche—ein Verständnis, das sie nicht auf eine Stilrichtung fixiert, sondern letzteres von einer rein stilistischen, eingegrenzten Rezeption erlöst. Bei der alten Barockkunst ging es, wie wir jetzt nach Dujourie verstehen, um weit mehr als nur gefällige, anziehende Oberflächen und theatralische Inszenierungen. Dujourie zeigt, daß diese Oberflächen bei weitem nicht das »andere« von

Tiefe waren, sondern der unvermeidliche und austauschbare Gegenpart von Tiefe. Hierin liegt die meta-künstlerische Bedeutung unseres Verlangens begründet, unsere Hände in das zerknüllte Oberteil von *Zonder titel* (1983) zu graben. Und in diesem Sinn sind die äußerst sinnlichen Skulpturen im gleichen Atemzug höchst konzeptuell.

Wie schon bemerkt, ist es das primäre Charakteristikum des barocken Gesichtspunktes, daß das Subjekt anfällig für das Einwirken des Objektes wird. Das spricht das verletzliche und dabei kämpferische abendländische Subjekt von heute an und erklärt das Interesse für Barock jenseits von Mode oder Stil. Wie aus den Videos ersichtlich war, etabliert der barocke Gesichtspunkt eine zwischen Subjekt und Objekt hin und her fluktuierende Beziehung, die wieder zum Subjekt zurückkehrt. Aber das Subjekt wird durch diese Bewegung verändert, es bleibt nicht dasselbe, das es vorher war. Maßstab spielt eine wichtige Rolle in dieser Umformung. Das monumentale Format vieler von Dujouries Samt-Skulpturen weist auf die *Abb. S. 194* Bedeutung der Größenverhältnisse hin. *Caresse de l'horizon de la nuit* [Liebkosung des Horizonts der Nacht] von 1983 bietet eine komplizierte Übereinanderschichtung von schwarz- und pinkfarbenem Samt, die ikonisch von den Umrissen her wie eine menschliche Gestalt »aussieht«, jedoch mit ihren Maßen 230 x 135 x 35 cm etwas größer als eine solche ist. Das Objekt läßt an eine Chaiselongue denken, es bietet einen Platz an, auf den man sich lagern und die zärtliche Berührung der Nacht empfangen kann; ein Platz der Ruhe, und ein Ort, an dem Berühren erlaubt ist. Der Betrachter und die Chaiselongue verschmelzen von neuem in einer Gestalt. Ist für den Betrachter eine verlockendere Pose denkbar? Aber um diese verlockende Erfahrung anzubieten, dieses Gefühl von Beherbergung, ist Größe unerläßlich. Diese Skulptur von Lili Dujourie ahmt nicht den barocken Gesichtspunkt nach, sondern vermittelt einen Einblick in ihn.

So leben Ideen weiter. Nur wenn wir anerkennen, daß sich Ideen auch weiterhin in kulturelle Prozesse einflechten, selbst wenn ihre wissenschaftlichen Prämissen verworfen worden sind, wird es möglich, Kultur als mehr anzusehen, als eine kontinuierliche, lineare Entwicklung, die von der Wissenschaft vorangetrieben wird.[39] Für mich, die ich versuche, Leibniz,

---

39 Über das Verhältnis zwischen Wissenschaft und kulturell eingebetteter Vorstellung von physischer Existenz siehe Keller (1984).

wie ihn Deleuze versteht, in Verbindung mit der Postmoderne Dujouries zu bringen, welche aus Interaktion entsteht, ist das Konzept einer Umkehrbarkeit des Maßstabes, das aus der Idee hervorgeht, daß jede Seele das gesamte Universum ausdrückt, eine besonders entscheidende Idee, die allerdings nicht pauschal akzeptiert werden kann. Man muß sich die dieser Vorstellung zugrunde liegende Idee von göttlicher Schöpfung nicht unbedingt zu eigen machen, um diese Idee als Richtlinie für das eigene Sich-Einlassen mit der Welt, für Menschen, für Objekte zu akzeptieren. Ohne großen Verweis auf solch metaphysische Gedankengänge, bedeutet Dujouries subtiler Einsatz der Größenordnungen eine Innovation dieser genuin barocken Vorstellung.

Der Gesichtspunkt ist ein wichtiges Konzept innerhalb der Leibnizschen Lehre, jedenfalls nach der Darstellung von Deleuze. Deleuze schreibt:

»... [der] Leibnizschen Idee vom Gesichtspunkt als Geheimnis der Dinge, Brennpunkt, Kryptographie, oder auch als Bestimmung des durch zweideutige Zeichen Unbestimmten: sind Sie einverstanden, *dasjenige*, von dem ich Ihnen erzähle und *an das* auch Sie denken, *von ihm* zu sagen, vorausgesetzt man weiß, *woran* man sich halten kann, *über sie*, und vorausgesetzt man ist einer Meinung auch darüber, wer *er* ist und wer *sie*? Nur ein Gesichtspunkt gibt uns, wie in einer barocken Anamorphose, die Antworten und die Fälle.« (Deleuze 1995, S. 40, Hervorhebungen kursiv im Original)

Dieser komplexe Absatz läßt sich leichter durch seinen rhythmischen Fluß als durch seine Syntax und Propositionen lesen. In dem Satzteil, der dem Paradox der »Bestimmung des Unbestimmten« und dem Doppelpunkt folgt, spiegelt der Rhythmus die Hinundherbewegung zwischen Subjekt und Objekt des Gesichtspunktes wider und betont auf diese Weise die Beweglichkeit, welche diesen charakterisiert. Objekte, die man auffaßt, als wären sie mit dem Subjekt in gegenseitiger Verstrickung verbunden, werden eher als Ereignisse als als Gegenstände eingestuft — eher Ereignisse eines Werdens als eines Seins. Was diese Sichtweise spezifisch barock macht, ist der Standpunkt von zwei flexiblen Positionen aus. In dem gesamten vorliegenden Kapitel will ich hervorheben, daß es bei diesem Gesichtspunkt nicht einfach um Relativismus oder Universalismus geht, Objektivismus oder Verallgemeinerung. Wie der Analyse der »Wellen«-Videos zu entnehmen war, ist der relevante Ausdruck *Verstricktsein*. Ich halte das für eine gültige epistemologische Haltung, für einen »Historismus«, der auf barockem Denken basiert. Und diese Position verstehe ich für meinen Teil besser durch ein unausweichliches, angenehmes, aber auch frustrierendes Verstricktsein mit Dujouries Skulpturen aus Samt.

Wenn Deleuze für seine Äußerungen einstehen kann, dann ist sein Rechenschaftsbericht über Leibniz eine primäre »Quelle« — wobei die Bedeutung des Begriffs sich in dem Prozeß wandelt — für den Gesichtspunkt, einen Terminus, den ich für den Schlüsselbegriff halte, der barocke mit den Äußerungen von zeitgenössischer Ästhetik, der Epistemologie und der Semiotik verbindet, die mit ihm in Einklang stehen. Warum ist das wichtig und auf welche Weise tragen die Skulpturen Dujouries zu unserem Verständnis dieses theoretischen Verknüpftseins bei? Nehmen wir das

Abb. S. 196

Beispiel *Venise* [Venedig] von 1984. Die Arbeit setzt sich aus zwei Samtteilen zusammen: eine drachenartige gelbe Form hoch oben, die sich wie eine Person nach oben reckt, um die Decke zu berühren, die dabei sehr artifiziell ist in ihrer gekräuselten Erscheinung mit Schweif. Rechts unten das andere Stück Stoff: ein nachtblauer Samtvorhang, der ordentlich gefaltet ist, so wie Vorhänge es sein sollten. Tag und Nacht, Spaß und Melancholie. Vor dieser regelmäßigen Reihe von schwarz-blauen Falten ist das gleiche Material gefaltet und ragt nach oben in einer Form, die eine menschliche Figur abgeben könnte, die den Rücken zum Betrachter kehrt, eine Schulter höher als die andere, gebeugt. Tod, wie in »Tod in Venedig«, fällt einem zwangsläufig ein. Die Stadt der Schönheit und der Kunst, des oberflächlichen Tourismus und, wenn man unzähligen Romanen und Filmen glauben soll, des Todes; sie ist eine Stadt, die sowohl gefürchtet wie begehrt wird wegen ihrer ansteckenden Eigenschaften.

Abb. S. 199

Diese Skulptur ruft eine andere in Erinnerung, *La Tosca*, auch von 1984, benannt nach Puccinis melodramatischer Oper der Leidenschaft, des Hasses und Betrugs. *La Tosca* besteht ausschließlich aus schwarzem Samt, steht aufrecht, den Rücken zum Betrachter. Bart Cassiman schrieb über diese Figur: »... die schwarze Masse ist beides: Objekt und Subjekt. Sie bildet sich ein, den Lauf der Ereignisse zu beeinflussen, aber in dem Moment, in dem sie ihre Wahl trifft, schnappt die Falle zu.« (Cassiman 1997, S. 17) Diese Interpretation basiert eher auf dem Inhalt der Puccini-Oper als auf den visuellen Qualitäten der Skulptur, und sie überschreitet jene Grenze, die Dujourie so sorgsam flexibel und mehrdeutig hält. Aber sie berührt einen wesentlichen Punkt, der durch den barocken Gesichtspunkt aufgeworfen wurde. Weil wir sie nicht sehen oder mit ihrem Gesicht in Kontakt treten können, wird die Gestalt zu einer Frau, die wir liebkosen, anfassen und zu der wir werden können. Aber dieses Eingesperrtsein in der Falle falscher Dilemmata, das Cassiman von der Oper her auf die Skulptur überträgt, ist optisch durch den schmucklosen rechteckigen Rahmen von tiefem Violett gegenwärtig, vor dem die Figur steht, mit einer roten Samtdraperie, die an barocke Vorhänge erinnert.

Vorhänge erinnern nicht nur den Betrachter permanent an die enge Verbindung von Kunst und Theater — oder wie hier zwischen Kunst und Oper — und an die Künstlichkeit der Darbietung, für die sie den Rahmen abgeben. Vorhänge verkörpern ebenso barocke Draperie und erinnern uns damit an die theoretischen Implikationen der barocken Sichtweise. Vorhänge sind in der Barockkunst Wortspiele, die man ins Visuelle übertragen hat. Sie beziehen sich auf die Möglichkeit unterschiedlicher ontologischer Bereiche — Himmel und Erde, zum Beispiel, oder Fiktion (Theater) und Wirklichkeit —, und gleichzeitig liefern sie die Falten, die den Betrachter in eine Erforschung von Oberfläche als Tiefe verwickeln. So tragen Vorhänge sehr zum Verständnis von Kunst bei.[40]

Der scharfe Kontrast zwischen Nachtblau und Rot in *La Tosca* veranlaßt den Betrachter in theoretischen Kategorien zu denken. In diesem Fall läßt es auf einen Kontrast schließen, und zwar den zwischen zwei Begriffen eines binären Gegensatzes, der die Figur zu einer Entscheidung treibt, die nur zu ihrem Schaden sein kann. Was sie zu Subjekt und Objekt macht, ungeachtet des Operninhaltes, ist ihre optische Gefangenschaft in dem Rahmen, der durch das tiefviolette Rechteck gebildet wird. Der Bezug zur Oper fügt der optischen Qualität jenes historische Memento hinzu, das Dujourie so oft einbaut: daß dies hier kein Einzelfall ist, sondern ein kultureller Gemeinplatz. Oper als eine Form populärer Kultur — was sie im 19. Jahrhundert mit Sicherheit auch war — ist eine Vorratskammer an kulturellen Klischees. Durch diese Verbindung von unikaler, visueller Repräsentation und poetischer Namensgebung gelingt es der Künstlerin, ihre scharfe Kritik an der Kultur deutlich zu machen.

Genau wie die finstere, nonnenhafte Gestalt in *La Tosca*, appelliert die Gestalt des Todes in *Venedig* an den Betrachter und lädt dazu ein, sie zu

---

40 Über Vorhänge in der Kunst, siehe Georges Banu (1997).

liebkosen; dagegen spricht der gelbe Drache nur visuell als »schön« an. Man kann ihn nicht anfassen, dazu wird er zu weit entfernt dargestellt, aber auch als zu leicht. Die schweren Phantasien von *O suet gepheys* fallen einem wieder ein. Aber der springende Punkt ist hier, daß wir, da wir dem Tod nicht wirklich ins Antlitz sehen können — man kann nicht einmal sicher sein, daß der Umriß den Tod »repräsentiert« oder ihn nur assoziativ heraufbeschwört —, nur weiterhin an der Oberfläche entlang streifen, zu deren Tiefe wir nicht vordringen können. Hat sie überhaupt Tiefe? Das Objekt, dessen Oberfläche durch das Subjekt des Gesichtspunktes nur leicht gestreift wird, verlangt nach einem visuellen Engagement, das man jedoch nur mikroskopisch nennen kann im Vergleich zu dem, was das Subjekt an Herrschaft über es verliert. Diese gegenseitige Abhängigkeit ist die Alternative des Barocks zu einer historischen Haltung, die sich aus der Reaktion der Romantik auf den Klassizismus ableitet, welche sich auf Beherrschung und Rekonstruktion eines geschichtlichen Objekts gründet, verbunden mit der Überlegung darüber, wie das Subjekt seiner habhaft werden kann. Die zeitgenössisch-historische Sicht im Barock verzichtet statt dessen auf die strenge Unterscheidung zwischen Subjekt und Objekt. Meiner Meinung nach ist dies die primäre Funktion von Dujouries Gebrauch von Samt. Durch ihn vermittelt sie einen völlig erneuerten Einblick in den historischen Barock, der, wie sie nachweist, ein postmoderner Vermittler ist: sich seiner selbst bewußt, voll Ironie, über sich selbst reflektierend, kritisch, ernsthaft und voller Humor; jedoch zur gleichen Zeit und mit der gleichen Intensität mit der Schönheit der Dinge ausgestattet.

Diese These ist keineswegs neu. Kunst- und Literaturhistoriker sind sich der unvermeidlichen Projektionsfläche bewußt, die nachfolgende Kunst zwischen dem Blick des Historikers und den älteren Kunstwerken aufbaut.[41] Aber weit davon entfernt das als Problem zu werten, als Verpflichtung gegenüber der Geschichte, stiften Dujouries Skulpturen dazu an, diese Unausweichlichkeit als eine Bereicherung unseres gesammten kulturellen Lebensraums auszukundschaften. Um ihr als einer Kunstschaffenden, die denkt, Gerechtigkeit widerfahren zu lassen, werde ich diesen retrospektiven »Einfluß« nicht als geschichtliches Phänomen untersuchen,

---

41 Svetlana Alpers und Michael Baxandall (1996) zum Beispiel führen den bekannten Fall Cézannes an, dessen Werk nur »durch« den Kubismus gesehen werden kann.

sondern ihn zu einer Analyse von Kunst heranziehen und seine Auswirkungen auf die Kunst von Lili Dujourie erforschen.

Dujouries Skulptur repräsentiert — oder reflektiert — in skulpturaler Form Aspekte barocker Malerei (mehr als von barocker Skulptur). Jeder dieser Aspekte ist gleichzeitig ein Merkmal des Barock, das Problem den Barock zu kennen und eine Antwort zeitgenössischer Kunst auf die Kunst der Vergangenheit. Merkmale wie die Falten, das Oszillieren zwischen makroskopisch und mikroskopisch, die durchlässige Abgrenzung der Domänen des Sehens und des Diskurses, wie sie die poetischen Titel exemplifizieren, die räumliche Konsistenz, die im Zwischenbereich von Zwei- und Dreidimensionalität liegt, die malerische Qualität, die Sinnlichkeit und das Spiegeln stellen nicht einfach barocke Motive dar, sondern visuelle »Diskurse«. Die Problematik, sich in der Vergangenheit auszukennen, charakterisiert ebenso heutiges Verständnis von kulturellen Disziplinen wie auch von barocker Philosophie: die Problematik, in das eingebettet zu sein, was man im Begriff ist zu erforschen, es in erkennbare Form zu fassen, als eine Möglichkeit, es voll in Besitz zu nehmen, die relative Bedeutung anscheinend unbedeutender Elemente durch das Oszillieren des Maßstabes festzulegen, ein Engagement zu artikulieren, als einen Weg Kenntnis zu besitzen, und schließlich die Dialektik zwischen dem Selbst und dem anderen zu verstehen, die das Subjekt und das Objekt des Wissens zu verschmelzen droht. Weit davon entfernt einen Stil zu repetieren, was der Terminus »neo-barock« nahelegen würde, muß die Kunst, die an dieser Untersuchung beteiligt ist, nicht einmal »barock aussehen«.

In Hommage an Lili Dujouries malerische Samt-Skulpturen möchte ich dieses Kapitel abschließen, indem ich durch ihre Skulpturen auf ein wirklich typisches Gemälde aus dem Barock zurückblicke; ein Gemälde, das sinnvollerweise neben ihre grün-rote Arbeit *Zonder titel* (1983) zu stellen ist. »Mit« oder »durch« dieses Kunstwerk möchte ich Caravaggios *Johannes der Täufer* betrachten, der sich heute in der W. Rockhill Nelson Gallery of Art in Kansas City befindet.[42] Auch auf diesem Bild gibt es, durch »eine

42 Das Nachfolgende ist eine Überarbeitung eines Teils von Kapitel 6 meines in Kürze erscheinenden Buches *Quoting Caravaggio*. Nachdem ich mir dieses Bild nach dem Studium von Dujouries Skulpturen wieder vornahm, verstand ich viel mehr von seiner Wirkung als vor der Begegnung mit Dujouries Arbeiten. Diese »Retroperspektive« möchte ich hier diskutieren.

Caravaggio, *Johannes der Täufer*, 1604–05

Fragilität von unendlich variierten Mustern von Bewegung«, ein Keimen, ein Wuchern. Die Anziehungskraft der Figur auf dem Gemälde, so erotisch sie ist, wird durch den Effekt von Wellen, Falten und Textur erzeugt, denen in keiner Weise die Handschrift des Künstlers inskribiert ist und die statt dessen einem entgegenkommen und einen auffordern, diese phantasmagorische Berührung zu genießen.

Obwohl Körper und Samt hier noch getrennt sind, sagt dieses Gemälde etwas aus über die konstitutive Bedeutung von Farbe und Textur in der Malerei. Caravaggios Werk setzt auf der einen Seite die Schattierungen der Haut des Knaben gegen eine fast identische Schattierung in einer andersgearteten Stofflichkeit ab, und zwar in der Tierhaut, die traditionsgemäß den Täufer kennzeichnet, und auf der anderen Seite gegen ein überwältigend sattes, tief purpurnes Tuch aus Samt, ein überdimensionaler Umhang, der mehr optischen Raum beansprucht als der Knabenkörper. Wie das rote Oberstück in Dujouries strengem roten und grünen *Zonder titel* von 1983 bezieht der purpurfarbene Umhang den Tastsinn mit ein. Er steigert — und erzeugt vielleicht erst — Körperlichkeit.

Die Bereiche, in denen eindeutig Erotik dieses Werk beherrscht, sind natürlich der Körper mit seiner ansprechend jungen, straffen Haut, den Muskeln, die sich gerade genügend abzeichnen, um auf maskuline Kraft hinzuweisen, jedoch nicht zu übertrieben, wie bei einigen Männerakten aus dieser Zeit, die einer anatomischen Zeichnung gleichen, die man mit gemalter Haut überzogen hat. Dujourie verwendet nicht den »wirklichen« Körper, um ihre erotischen Effekte zu erreichen. Aber gerade ihr Verschmelzen von Evokation des Körpers durch den Stoff und das anschließende Ineinander-Verschlingen der beiden so sensualistisch-haptischen Gewebe, richten die Aufmerksamkeit auf diese Verbindung.

Bezeichnenderweise ist man nie wirklich auf den Schock vorbereitet, den Caravaggios Werk auslöst, daß absolute Phantasie mit einer fast exzessiv zu nennenden illusionistischen Malweise gekoppelt sein kann, was durch subtile ikonographische Spuren von Realismus noch akzentuiert wird. Beispielsweise erzählen uns die Adern nahe dem Ellbogen, der etwas aufgerauhte Ellbogen selbst und die schmutzigen Fußnägel, daß dies ein leibhaftiger Junge ist, genauso real wie die Pflanzen zu seinen Füßen; und des weiteren, daß die erotische Wirkung von einem tatsächlich berührbaren Körper ausgeht. Damit geht die Anziehungskraft nicht nur vom

Gesichtssinn aus, sondern bezieht auch die anderen Sinne mit ein, vor allem den Tastsinn, aber auch den Geruchssinn. Lili Dujourie steigert die Art und Weise, wie dieser Realismus über die Darstellung hinausgeht, so daß sie, wie Louis Marin schrieb, ihn durchbricht, indem sie das Material nimmt, das Caravaggio so meisterlich abbildete, und es benutzt, anstelle es abzubilden. Damit erweist sie diesem Illusionismus ihre Reverenz, indem sie ganz einfach den Schritt des Abbildens überspringt. Sie wirkt dem Illusionismus nicht entgegen, sondern trägt ihre Gebilde über ihn hinaus, in das Reich der Phantasie.

In *Johannes der Täufer* ist Erotik des weiteren »ikonographisch« durch das Fleisch des inneren Oberschenkels eingeschrieben, welcher durch die sitzende Haltung der Figur nach vorne drängt, was ein nahezu klassisches Zeichen für homoerotischen Realismus abgibt.[43] Die Falten in der Tierhaut, die zwischen Fell und Haut abwechselt, sind mit Kalkül derartig angeordnet, als sollte ausdrücklich, parallel zu dem weichen Fleisch des inneren Oberschenkels, eine Ikone des Knabenpenis vorgestellt werden, ein Penis, der auf diese Weise verführerisch-quälerisch angedeutet wird, ohne ihn zu zeigen. Und während das rechte Bein des Knaben eine Eleganz zur Schau stellt, wie um die muskulöse Wade zu betonen, indem es ausgestreckt ist und aufgrund des angehobenen Fußes noch länger erscheint, könnte das linke Knie, das von dem Bein hinten im Dunkel isoliert scheint, wenn man es unvermittelt sieht, beinahe für ein überdimensionales männliches Glied gehalten werden.[44] Ein Aufblitzen, wie es Lacan in *Die vier Grundbegriffe der Psychoanalyse* beschreibt, als kurzen Blick, der in dem anamorphotischen Schädel im Vordergrund von Holbeins Gemälde *Die Gesandten* den Tod erkennt, eine barocke Anamorphose (Lacan 1987). Die Anspielung zwischen dem Fall Holbein/Lacan ist intentionell. Sowohl die vergrößernde Sicht von Sexualität in Carravaggios *Johannes der Täufer*, als auch der Einblick in die Sterblichkeit auf Holbeins *Die Gesandten* werden in

43 Die Pose des Knaben kann als Verneigung vor Michelangelo gelesen werden, dessen Skulptur *Sieg* von 1527-30(?) und sein *Heiliger Bartholomäus* in der Sixtinischen Kapelle in Rom von 1534-41 nicht nur identische Posen besitzen, sondern auch den Effekt dieser Pose auf die fleischige Innenpartie des Oberschenkels zeigen.

44 Dieses Knie, das einem mit der Zeit immer seltsamer vorkommt, ähnelt dem bizarren, isolierten Knie in Caravaggios *Narzissus*. Siehe dazu mein Buch *Quoting Caravaggio*, Kap. 8.

einem besonderen zeitlichen Modus gezeichnet, der sich gegen die Hauptlinie der Geschichte absetzt. Der abweichende piktorale Modus—Anamorphose gegen Illusionismus—kennzeichnet diese Elemente als proleptisch, als Erzählung im Futur. Das ist ein Beispiel für die Fähigkeit der Malerei, Zeit anders einzuzeichnen, als durch eine künstlich konstruierte diegetische Chronologie (Lacan 1987). Aber nicht bloß Malerei kann dies erreichen, sagt Dujourie, sondern auch materielle Skulpturen. Wenn man das, was Malerei tut, einen Schritt weiter führt und die Formen tatsächlich *herstellt*, anstelle sie illusionistisch abzubilden, dann braucht man noch nicht einmal den Körper und aufblitzende Partien davon, um ihn zu sehen und danach zu verlangen, ihn zu berühren. Phantasie und Begehren werden durch ungegenständliche Silhouetten ausgelöst, die sozusagen nur aus dem Stoff des Mantels des Heiligen Johannes bestehen.

Aber wenn diese Ikonographie auf eine sexuelle Anziehung *anspielt*, die im Fall von Caravaggio homoerotisch sein mag, dann *führt* Dujouries Spiel mit den Falten, Materialien, Texturen und dem Licht ein erotisches Werk *auf*; ein Werk, das nicht bloß Phantasien im Betrachter anregt, wie in einer Erzählung in der dritten Person, die strikt auf Identifikation hinausläuft, sondern das *mit* dem Betrachter in ein erotisches Spiel eintritt.[45] Ganz wie das Schwarz in einer anderen Arbeit von Dujourie aus dem Jahr 1983, *Zonder titel*, zu einem Liebhaber wird, der das Rot dominiert, der in den *Abb. S. 193* Rahmen hinein und aus ihm heraus kriecht, so wird das Material, der »Stoff«, den Caravaggio so real abbildet, daß seine Materialität funktioniert, so wirksam wie das begehrte andere selbst. Das ist der zentrale Punkt: Der Knabe ist nicht der Ausführende der Erotik; er ist eine ihrer Komponenten. Das hübsche Gesicht mit den wie zufällig herabfallenden Locken, die Schatten auf seine Stirn zeichnen, das Gesicht, in dessen Augen wir lockenderweise nicht blicken können, mag daran erinnern, daß Erotik zwischen Personen stattfindet und vor der Hingabe die Verlockung steht. Aber es ist das kombinierte, kompliziert verschlungene Ganze von Oberflächen, welches den Blick, den man darauf richtet, in eine Liebkosung wandelt. So tyrannisch wie die Liebe selbst, diktiert die gemalte

45 Siehe Andreas Sternweiler zu einer ausführlichen homoerotischen Ikonographie bei Caravaggio (1993).

Oberfläche, wie die »zweite Person« die Subjektivität der ersten Person bestätigen muß; welche Art von Subjektivität, die erzeugt werden soll, sie vorzieht; darum also auch, wie der Betrachter einbezogen werden muß: nicht als nackte, abstrakte, theoretische, körperlose Netzhaut, sondern als Teilnehmer an einem visuellen Ereignis, bei dem der Körper in Erscheinung tritt.

Diese »Texturologie« arbeitet darauf hin, den Unterschied zwischen Zwei- und Dreidimensionalität aufzuheben; zwischen Caravaggios Gemälde und Dujouries Skulpturen. Die einfache Tatsache ihres skulpturalen Einsatzes von Samt leitet unsere Aufmerksamkeit zu dem zurück, was zu sehen unser Auge so sehr gewöhnt war, daß wir es vielleicht nicht mehr sahen: die unwahrscheinlich überzeugende Dreidimensionalität von Caravaggios Malerei. Dieses Charakteristikum seines Werkes war für spätere klassische Maler verwirrend und erfüllte sie mit Haß; denn Caravaggio hatte die »Malerei zerstört«, indem er sie mit ihren Objekten in völligem Illusionismus verschmelzen ließ.[46] Weit davon entfernt, in der Tradition, die Caravaggio in Frage gestellt hat, verhaftet zu sein, treibt Lili Dujourie seine Radikalität noch einen Schritt weiter, indem sie ihre Arbeiten auf reine Oberflächen beschränkt und diese paradoxerweise wieder dreidimensional werden läßt.

Das wandelt die Vorstellung des Konzeptes von »Körper« selbst in eine interaktive empfindende Subjektivität, wobei Körper und Geist vollständig ihre Bedeutung als getrennte Entitäten verlieren. Die »Zweit-Personenschaft«, die ich gerade hier herausarbeite, wird damit als erotisch qualifiziert, wie um diese körperliche Teilnahme sicherzustellen. Diese Teilnahme braucht ihre Zeit und das Subjekt, das sie ausführt, unterliegt dabei einem Wandel. Damit aber ist die Definition eines Ereignisses erfüllt. Dieses und nicht die Geschichten aus Oper oder Poetik, die sie evozieren, lassen Dujouries Skulpturen narrativ werden, Erzählungen in der zweiten Person.

Aber wenn man sich jetzt noch einmal Dujouries *Zonder titel*-Reihe, *La Tosca* und *Venise* vornimmt, ist man genötigt anzuerkennen, daß diese

46 Siehe dazu Louis Marins großartige Analyse von Caravaggios Malerei und deren »plastischem« Illusionismus, der Maler der klassischen Richtung in Panik versetzte.

Wirkung der Oberfläche als »Zweit-Personenschaft« nicht an Material, Farbe oder Samt gebunden ist, sondern an das leichteste aller Materialien: das Licht; ein Licht, das auf ganz unterschiedlichen Wegen geschaffen werden kann. Caravaggio gelingt es mit Farbe. Das feste, dennoch zarte Inkarnat, das flauschige Tierfell und die glatt-nachgiebige Schafshaut, der weiche, geschmeidige, purpurrote Stoff, die sanften Haarlocken, die fein säuberlich ausgearbeiteten Pflanzen zu Füßen des Johannes, sogar der glatte Bambusstock, den er in der Hand hält als wäre es ein kostbares Weinglas, all diese Oberflächen sind durch unterschiedliche Lichtschattierungen hervorgerufen. Licht und Schatten zusammen werden auf diese Weise die eigentliche Substanz der Malerei, die weder in der »ersten Person« ist, da ihr die Handschrift ihres Schöpfers nicht inskribiert wurde, noch in der »dritten Person«, da sie die Deixis nicht eliminiert hat; dafür wird es zum eigentlichen Werkzeug für die Deixis, die optische Version eines Austausches von Berührungen. Gefältelter Samt korrespondiert mit diesem Beziehungsverhältnis.

Auf Caravaggio vermittels Dujourie zurückzublicken, ist daraufhin eine Übung in etwas, das Catherine David in ihrer documenta X, 1997, als »retroperspektiv« titulierte. So brauchbar dieser Begriff ist, scheint er mir noch immer nicht umfassend genug zu sein. Er läßt auf eine Einbahnstraße zwischen Gegenwart und Vergangenheit schließen, die sich gegenseitig betrachten. Ich schlage daher den Terminus »verdrehte Geschichte« [preposterous history] vor, um damit auszudrücken, daß die Art von Geschichte der Kunst, die hier aktiv zwischen Dujourie und Caravaggio zum Zuge kommt, nur innerhalb des unfixierten Standpunktes funktioniert, bei dem Subjekt und Objekt die Plätze wechseln, und keine Stabilität je zu garantieren ist.

Dujourie richtet die Aufmerksamkeit auf Caravaggios radikale Malerei, indem sie ihre Sicht der Barockkunst für die zweite Person so haptisch, erotisch und anziehend, aber radikal un- oder kaum noch gegenständlich macht. Durch das Verschmelzen von Samt und Körper, indem sie das Licht zart von dem schweren Stoff aufsaugen läßt und Caravaggios plastische Tiefe, die durch Helligkeit und Dunkelheit produziert wird, noch einen Schritt weitertreibt, präsentiert sie die Dreidimensionalität des Mediums oder (eher) den Modus der Skulptur.

Rahmen als Spiegel

Um einen Zugang zu den Videos zu finden, postulierte ich eine Serie über »Rahmen« und Akte des Rahmens. Dieses theoretische Motiv kann ebenso auf das Studium der Skulpturen angewandt werden, aber in leicht abgewandelter Form. Wie man bereits in *La Tosca* sehen konnte, hält die rechteckige Tafel, die klar geschnitten wie ein Bild, ein Spiegel oder irgendein anderes gerahmtes Objekt ist, die Gestalt gefangen. Und wenn wir uns Cassiman anschließen, die Skulptur mit dem Inhalt der Oper zu füllen, ist die Gestalt in einem Dilemma befangen, das sie sich nicht erwählt hat, aber das sie zwingt, eine Wahl zu treffen, und so Verantwortung für ihren eigenen Untergang zu übernehmen. Unabhängig von dem Ausmaß, bis zu dem wir diese Figur mit Narrativem aufladen, fängt der Rahmen sie ein — er rahmt sie. Wenn wir die Ausrichtung der Gestalt bedenken — ihr Rücken dem Betrachter zugewandt, ihr »Gesicht«, wenn sie eines besitzt, sowohl in Richtung Rahmen als auch im Rahmen selbst —, mag es der Mühe wert sein, die nachtblaue Tafel als einen Spiegel anzusehen, in dem die nachtblaue Gestalt sich selbst sieht. Was sie sieht ist ganz genau die Nacht: die Nacht des Verlangens, der Sehnsucht, aber auch des Hasses, der Gewalt, des Todes. Der Nacht kann sie nicht entgehen, weil sie selbst bereits darin verstrickt ist.

In Hinblick auf die Selbstreflexion, die aus dem barocken Bewußtsein für das Individuum resultiert, schlage ich vor, die Aufmerksamkeit von dem Rahmen im Allgemeinen auf den Spiegel-als-Rahmen im Speziellen zu *Abb. S. 193* übertragen. Das bestechend schöne Werk *Zonder titel* (1983), welches ich kurz im vorigen Abschnitt erwähnte, besteht aus einem vergoldeten Rahmen, rotem und schwarzem Samt und einem hölzernen Unterbau. Die zwei Samtbahnen, die ineinander gedreht sind, zeichnen den Umriß eines dekorativen »S« mit einem Schweif, der am unteren Ende herabhängt. Der Rahmen selbst ist leer; es handelt sich eindeutig nicht um einen Spiegel. Die anscheinend harmonische Verbindung der zwei kontrastierenden Farben des Samtes überraschen jedoch, wenn man realisiert, daß das Schwarz in die Rahmenzone eindringt, indem es hinter der linken unteren Rahmenecke herumkriecht, während das Rot höflich außerhalb des Rahmens verharrt. Später jedoch kehrt sich das Muster um: wenn das obere

Ende erreicht ist, kehrt sich nur das Rot dem Bereich des Rahmens zu, und es ist das Rot, das hinter den Rahmen kriecht, zwischen ihn und die Mauer.

Es gibt jedoch einen wichtigen Unterschied zwischen dem »Verhalten« des Schwarz und des Rot. Am unteren Ende hängen beide zusammen in einem festlichen, voluptuösen Knoten nach unten, der von dem Rot dominiert wird, als ob das Schwarz der Melancholie sich dem Rot der Leidenschaft unterworfen hätte. Aber Dujouries Arbeiten sind nie so direkt zu lesen. In der oberen Rahmenecke befindet sich das Band in Rot, das sich einsam zurück in den Rahmen rollt. Kein Schwarz begleitet es. Das Stück ist schmal, betont schmäler als das Schwarz, welches unten den Rahmen dominierte.

Eine Möglichkeit, diesen Unterschied zwischen dem Schwarz—das kraftvoller ist und von dem Rot begleitet wird—und dem einsamen, kleineren Stück in Rot abzuwägen, ist, den leeren Rahmen nach alledem doch als einen Spiegel zu werten. In diesem Fall »sieht« das Rot, das unten in den Spiegel schaut, sein widergespiegeltes Bild, das etwas unheimlich in einem Schwarz auftaucht, welches schon vor ihm vorhanden war. Das kleinere Stückchen Rot, das an der Spitze sichtbar ist, legt dann die Interpretation nahe, daß das »Ich« beim Blick in den Spiegel zu klein ausfällt, kaum wahrnehmbar, ohne die Unterstützung seines anderen, dem Schwarz des Todes, der Melancholie oder den schweren Phantasien.

Es bleibt nichts anderes übrig, als anthropomorphe Sprache zur Beschreibung dieser nicht-figurativen Arbeiten einzusetzen; das stellt sich jedoch als Falle heraus. Dujouries Werk befindet sich in der Schwebe auf einer Grenzlinie und lädt darum ein, solche Fehltritte der Kunstkritik zu begehen. Das Dilemma drängt sich von selbst auf: wenn man nämlich den assoziativen Bezug zur menschlichen Gestalt ignoriert, dann ist eine Beschreibung der Spannung in diesen Skulpturen nicht mehr möglich. Ihre Vitalität hängt davon ab. Doch es »gibt« keine menschlichen Gestalten, sie sind nicht da. Jegliche Beschreibung in anthropomorphen Begriffen ist demzufolge metaphorisch, wobei Merkmale auf die Skulpturen übertragen werden, die eigentlich zu dem Betrachter gehören. Das aber, scheint mir, ist der springende Punkt. Durch die Versuchung menschliche Figuren sehen zu wollen, und das gleichzeitig einsetzende Unbehagen darüber, es zu tun, realisiert der Betrachter, worauf Schauen hinauslaufen kann. Es ist weniger ein physisch distanziertes, retinales Registrieren dessen, was dort draußen in dem Werk ist; die Erfahrung des Sehens ist vielmehr ein Akt der Projektion des eigenen sinnlichen Körpers, des »Fühlens« des Werkes, als ob man der Säugling in Lacans Geschichte über die Spiegelerfahrung wäre: eine Erweiterung von uns selbst in den Raum hinaus.

Abb. S. 195 Die ausufernde und monumentale Skulptur *Opus 8* von 1984 mit den Maßen 250 x 200 cm beschwört Musik durch ihren Titel und Malerei durch ihren Rahmen und das Bestehen auf Farbe. Die Samtstoffe sind jetzt strahlend grün und schwarz. Auch wenn dieses Werk strukturell vergleichbar mit *Zonder titel* ist, ist es in seiner Wirkung genau entgegengesetzt. Während man dort kaum in den Spiegel schauen konnte, weil er durch eine Farbe »besetzt« war, wie um das andere davon abzuhalten, sich selbst ungehindert zu betrachten, ist hier der Spiegel angefüllt und die Stoffe quellen über, wie um die Einengung durch den Rahmen in Frage zu stellen. Dieses »Paar« ist glücklicher als das vorige, denn es ist ihm gelungen, in den Spiegel zu schauen und genug Stärke widergespiegelt zu sehen — betont durch die ausufernden Formen, die großen Kurven, die wie Segel aussehen, und durch die gleichmäßige Verteilung von Grün und Schwarz —, nicht nur, um die Selbstreflexion auszuhalten, sondern auch, um aus ihr heraus zu treten. Diese Figuren sind überlebensgroß, größer als der Spiegel, der sie einfangen will; zusammen größer als jeder von ihnen allein sein würde. Der Spiegel ist ein Zentralmotiv in der Barockkunst, darauf habe ich schon hingewiesen. Er ist mehr als nur ein kunsthistorisches Motiv, weil er die Trope der Selbstreflexion wörtlich nimmt, die die wichtigste Innovation des Barocks überhaupt darstellte. Die theoretische Selbstreflexion war aber auch eine wichtige Innovation in den siebziger und achtziger Jahren, als der Einfluß von Jürgen Habermas, als einem späten, aber sehr wichtigen Philosophen der Frankfurter Schule, Künstler und Intellektuelle inspirierte, die den Ehrgeiz hatten, die Gesellschaft zu verbessern. Lacans vergleichbar populärer Essay über das Spiegelstadium läßt wenig Platz für Illusionen über das heilende Potential der Selbstreflexion; aber schließlich haben nur wenige die Konsequenzen der Vieldeutigkeit der beiden Bestandteile des Begriffs »Selbst« und »Reflexion« durchdacht.[47]

Der Bestandteil »Selbst« verlangt dem Leser/Betrachter die Überlegung ab, um welches Selbst es in der Reflexion geht: das des Kunstwerkes oder/

---

47 Siehe dazu mein Buch *Reading »Rembrandt«* (1991), Kap. 7, dem die anschließenden Gedanken entnommen sind.

und das des Lesers? Ich gehe davon aus, daß Selbst-Reflexion das Risiko einer Verstrickung mit dem Werk von Seiten des Betrachters voraussetzt und so die Reflexion von/über »beide« Selbst begünstigt. Das wird durch die Mehrdeutigkeit des Wortes »Reflexion« nahegelegt, das beides meint, Sich-Spiegeln und Nachdenken. Nimmt man nun Selbstreflexion als Sich-Spiegeln, dann führt das zu Überlegungen von Lacans Spiegelstadium als einer ersten, auf dem Optischen basierenden Konstruktion des Selbst *in* Selbst-Entfremdung, während diskursive Selbstreflexion zu Selbstkritik führt. Ich interpretiere Dujouries Arbeiten, die Rahmen in den Vordergrund stellen, als Vertreter einer Position, die diese beiden Aspekte des Terminus in einem Spannungsverhältnis halten, auch wenn sie zuerst einmal klar voneinander unterschieden werden müssen.

Die Doppeldeutigkeit des Wortes Reflexion im Zusammentreffen mit den beiden möglichen Selbst, über die reflektiert werden soll, führt zu vier möglichen Positionen. Das Sich-Spiegeln und die analytische, diskursive Form der Reflexion unterscheiden zwischen einem nicht-reflexiven, möglicherweise unbewußten Verdoppeln des Werkes und einer bewußten Position gegenüber dem Werk, das die Darstellung als solche problematisiert. Im ersten Fall ergeben sich wiederum zwei Möglichkeiten, je nach der Bedeutung von »Selbst«, die zum Tragen kommt. Wenn der Kritiker nur auf das Selbst des Werkes eingeht, es als etwas radikal anderes auffaßt und sich in sicherer Distanz hält, dann wird das Ergebnis nur reine Beschreibung sein. Wenn im Gegensatz dazu die beiden Selbst im Sich-Spiegeln vermischt werden, während die Reflexion eine unreflektierte bleibt (das heißt nicht analytisch, nicht diskursiv), dann wird das Ergebnis Symptome eines primären Narzißmus aufweisen, die jener Erfahrung nicht unähnlich sind, die Lacan in seiner Schrift über das Spiegelstadium beschrieben hat. Dann läßt sich vorstellen, daß der Betrachter so weit gehen kann, das Tabu des Berührens zu ignorieren und sein oder ihr Begehren vollkommen mit dem (projizierten) Begehren der samtenen Figuren zu verschmelzen.

Der diskursive Modus der Selbstreflexion, welcher zur Folge hat, daß man eine explizite Position betreffs der reflexiven Qualitäten des Kunstwerkes und des Selbst bezieht, kann wiederum zwei voneinander abweichende Formen annehmen. Wenn die Reflexion auf das Selbst des Werkes beschränkt ist, dann kann das Werk als theoretische Äußerung über Repräsentation aufgefaßt weden. Text oder Malerei werden zu Theorie.

Nicht anders hat Foucault Velazquez' *Las Meninas* im Eingangskapitel seines Buches *Die Ordnung der Dinge* (1974) gedeutet. Diese Art der Deutung ist in der Nachfolge des Poststrukturalismus sehr verbreitet, ungeachtet der Tatsache, daß es eine ziemliche Einschränkung darstellt, ein Werk der Kunst nur als ein Instrument von und nicht als Beitrag zur Philosophie anzusehen. Der zweite Modus innerhalb dieser Kategorie — und der vierte Modus, was das selbst-reflektierende Lesen anbelangt — ist derjenige, bei welchem diskursives, reflexives Deuten beide, das Selbst des Werkes — die Art und Weise, wie es sich selbst als Darstellung problematisiert — und das Selbst des Kritikers involviert, dessen Position als, sagen wir, Kunsthistoriker oder Philosoph ebenfalls das Subjekt der Reflexion ist. Dujourie fordert diese integrierte Selbstreflexion dadurch heraus, daß sie ihren Arbeiten als theoretischen Objekten einen gewichtigen Inhalt mitgibt, aber indem sie das tut, gestaltet sie jene so sinnlich, daß eine zerebrale, uninvolvierte Reflexion unmöglich aufrechterhalten werden kann. Aus diesem Grund sind jene weder rein retinal noch rein konzeptuell, sondern statt dessen hinterfragen sie die Entweder/Oder-Gegenüberstellung, die die beiden Eigenschaften trennt. Die theoretische Tragweite der Kunstwerke, wie ich immer wieder betone, ist in der Art von Visualität lokalisiert, die sie fördern und verkörpern.

Die Unterscheidung zwischen auf Visuellem und Diskursivem basierenden Formen der Reflexion sollte eindeutig nicht dazu verwendet werden, das Visuelle und das Diskursive hierarchisch gegeneinander abzusetzen. Ganz im Gegenteil, beide, visuelle wie verbale Texte — Bilder oder Skulpturen und Werke der Literatur, der Kritik und der Philosophie —, haben sowohl visuelle wie diskursive Aspekte und sprechen sowohl visuelle wie diskursive Modi des Deutens an. Diese Modi sollten daher nicht mit den jeweiligen Medien selbst verwechselt werden. In *Opus 8*, dessen Titel Musik beschwört und dessen Silhouette und Farbigkeit die malerische Überschwenglichkeit von Caravaggios samtumflortem Jüngling evoziert, ergießen sich der strahlend grüne und der schwarze Samt aus dem Rahmen heraus. Das Grün ist so strahlend und zugleich intensiv, daß es das Licht einfängt und sich dadurch nach vorne schiebt. Im Vordergrund, in einiger Entfernung zu der Wand, an der der Rahmen hängt, endet das Grün in zwei »Gänsefüßen«, die durch den Faltenwurf des herabhängenden Stoffes geformt werden. Zwischen diesen beiden Füßen läßt ein geschwungenes, kürzeres Stück, das gleichmäßig dreimal in Falten gelegt ist, an einen Schwanz denken. Darunter fügt das säuberlich gefaltete Ende des etwas dickeren schwarzen Samtes die körperhaften Eigenschaften des Grüns hinzu. Das Schwarz scheint hier nicht ein anderes zu sein, sondern Teil des »Selbst« des Grüns.

Innerhalb des Rahmenfeldes halten sich Grün und Schwarz in enger Umarmung umschlungen. Dann schwenkt das Schwarz nach links und bietet dabei dem Grün viel Raum, sich festzuhalten, sich hinzugeben und Halt zu finden. Das Schwarz indes profitiert auch von der Umarmung: Es empfängt so viel Licht, daß sogar schwarzer Samt, das Material, das am meisten absorbiert, sich dem Licht nicht zu verweigern vermag. Daher ist das Schwarz dort, wo es das Grün umschlingt, nicht länger schwarz, sondern silbrig. Etwas von dieser Leuchtkraft, diesem Licht, das an Caravaggio erinnert, bleibt bei dem Schwarz am oberen Ende, wo es dann hinter der goldenen Rahmenecke verschwindet, während das Grün sich zur rechten Seite elegant verlängert und zum Schluß seinen zarten Körper oben auf dem Rahmen plaziert.

Diese Bewegung, diese Wechselseitigkeit und Sinnenfreudigkeit, die diesem nicht-figurativen Gebilde in der zweiten Person zu eigen ist, das beides, Körper und Relationalität, einbezieht, kann als Steigerung einer integrierten Selbstreflexion aufgefaßt werden. Der Betrachter kann nicht einfach das Werk als etwas Spiegelndes sehen, ohne dann das eigene Selbst in das Bild hineinzuprojizieren. Die schwanenhafte Silhouette — mythisch auf Leda und den Schwan bezogen, aber in einem stark veränderten Gleichgewicht der Kräfte — hat zweifache Anziehungskraft, durch die haptische Attraktion des Materials und durch die ästhetische Vollkommenheit der Form, die Harmonie, die von ihr ausgeht. Das ist es, was im Betrachter den starken Wunsch entstehen läßt, sich mit dem Werk zu befassen. Aus eigenem Antrieb hineingezogen zu sein, bedeutet für ihn, daß er sich unweigerlich innerhalb des Rahmens wiederfindet. So funktionieren diese spiegellosen Rahmen zu guter Letzt wie Spiegel: Sie forcieren die Selbstreflexion, jene der visuellen Art und die des Betrachters, der nicht nur genötigt ist, sondern aktiv den Wunsch hat, Teil von dem zu sein, was (worüber) reflektiert wird.

In *In mijn nacht nadert niemand* [In meine Nacht nähert sich keiner], einer kleineren Arbeit mit den Maßen 60 x 80 cm aus dem Jahr 1985, hängt so *Abb. S. 201* etwas wie eine moosgrüne, samtene Tunika, breit gestreift mit Goldbrokat, an einem Spiegel, dessen Oberfläche fast ganz davon bedeckt ist. Der Spiegel hat polierte, schräge Kanten wie bei altmodischen Badezimmerspiegeln. Mehr nicht. Die Arbeit ist betörend schön, zugleich aber so schlicht und geradlinig, daß man sprachlos ist. Genau darum scheint es zu gehen: Keiner soll in »meine« Nacht vordringen. Die Tunika — vielleicht ein Morgenrock — besitzt nicht einmal genügend Abstand zu dem Spiegel, um wenigstens ein Spiegelbild zu werfen. Ihre Symmetrie, die Art, wie sie in einigen einfachen, aber sehr ansprechenden Falten herunterhängt, steigert die Unnahbarkeit des Werkes oder des Subjektes, mit dem es aufwartet, derjenigen Person, deren Nacht nur ihr ganz allein gehört.

Aber dann gibt das Futter, das am Rand — speziell am Hals, wo ein Kopf ergänzt werden kann — sichtbar wird (der Spiegel läßt etwas Raum für das Spiegelbild eines Kopfes), auch einen kurzen, schnellen Blick auf das Innere der Tunika frei. Das eigentliche Innere, das den Körper birgt, ist nicht zu sehen. Dieser winzige, verführerische Anblick des Inneren hebt die Hermetik, die der Titel und die Oberfläche suggeriert haben, völlig auf. Unvermittelt nimmt der Titel eine andere Bedeutung an: Von einem Verbot wird er zur Klage, einem Schrei der Einsamkeit und damit einhergehend einer Aufforderung sich hinzuzugesellen. Der Spiegel bleibt diskret klein, nahezu ganz durch das Kleidungsstück bedeckt, aber zusammen mit dem Zugang auf das Innere, den das Futter bietet, lädt der Spiegel den Betrachter schließlich doch ein, in die Nacht des Subjekts vorzudringen.

Ohne Zweifel ist dies ein weiterer Fall einer Erzählung in der zweiten Person. Bei meiner Beschreibung habe ich Wert auf die zwei Stufen im Verständnis des Werkes gelegt, die zwei voneinander getrennten Momente, die jetzt als Ereignisse neu definiert werden können. Zu Beginn blieb man außen vor und verharrte in der Schwebe zwischen Angezogenwerden und dem Verbot zu berühren. Dann aber finden wir plötzlich, dank des herausquellenden Futters und des Spiegels, nicht nur Zugang, sondern werden aktiv eingeladen. Diese aktive Aufforderung wiederum macht uns ihrerseits die körperliche Präsenz deutlich, die solch ein Zugang voraussetzt, und das ist das dritte Ereignis. Natürlich sind noch mehr Ereignisse vorstellbar; aber würde man sie genau aufzählen, so würde das der Offenheit, die das Kunstwerk aufrechterhält, und seiner Ambiguität zuwiderlaufen. Die Erzählung hat kein Ende.

Zu der Serie »Rahmen als Spiegel« lassen sich noch weitere Arbeiten hinzurechnen. Eine davon ist wieder nach einer der populärsten, melodramatischen Opern aus dem 19. Jahrhundert benannt: *La Traviata*, nach Dumas' literarischer Vorlage *La dame aux camélias*. Wenn man der Versuchung nicht nachgibt, mit Hilfe der Oper die Bedeutung erforschen zu wollen, ist man gleich zu Anfang durch das große, schwarze Samtstück beeindruckt, das nahezu gerade verläuft, über den größten Teil der Innenfläche des riesigen, roten Rahmens hinweg, bis es am linken Ende nach unten fällt, um die Farbe der Tafel, ein helles Pink, frei zu geben. Weiter unten wird zu zeigen sein, daß helles Pink systematisch gegen Schwarz gesetzt ist, und man braucht keineswegs auf banale Farbsymbolik zurückzugreifen, um diese Farbe mit Phantasie in Verbindung zu bringen, speziell Phantasien über Liebe und Erotik. *Abb. S. 198*

La Traviata zieht den Betrachter durch die Vorstellung, daß der schwarze Vorhang gelüftet werden könnte, und dadurch der Betrachter Zugang zu der phantastischen Gefühlswelt der Oper erhält, in seinen monumentalen Raum hinein (400 x 750 x 60 cm). Die Sentimentalität der Opern, die Lili Dujourie heraufbeschwört — *La Tosca* und im vorliegenden Fall *La Traviata* —, ist entscheidend für ihre Anziehungskraft, nicht der genaue Inhalt. Worüber der Betrachter nachdenken soll — und wieder ist dies der Grund, warum das vorliegende Kunstwerk einer integrierten Selbstreflexion Vorschub leistet —, sind die doppelten Schichten der Sinnlichkeit, die im Spiel ist: das Schwarz des den Tastsinn ansprechenden Samtes, das Pink der visuellen Phantasie, welche beide durch den Spiegelrahmen von hemmungslos leidenschaftlichem Rot umrahmt werden, das den sich wohlverhaltenden Betrachter von den ihm auferlegten Zwängen befreit. So liegen »Geschmack«, »Kitsch« und »Schönheit« nebeneinander, durcheinander, um herauszubekommen, was Kunst populär macht. Oper, als die multimediale und populäre Kunstform, stellt in allegorischer Umschreibung das Dilemma ästhetischen Urteilens dar und die Unmöglichkeit, solche Urteile ohne die eigene körperliche Beteiligung zu treffen.

Jedem Versuch derjenigen, die meiner Deutung dieser »Rahmen«-Arbeiten als selbstreflexiv skeptisch gegenüberstehen, sich aus dem Bild herauszuhalten, setzt Dujouries Arbeit *Zonder titel* von 1983 ein emphatisches »Nein« entgegen. Ausnahmsweise ist die großzügige Menge roten Samtes, die das Kunstwerk dominiert, nicht »real«, sondern photographiert, *Abb. S. 212* ebenso wie die Frau, die als »klassischer Akt« auf dem Samt liegt. Ihre Pose ist eindringlich; eigentlich müßte keine spezielle Vorlage aus der Malerei herangezogen werden, um diesen Akt lesen zu können, der eine Gattung als solche darstellt. Er könnte jedoch auf Courbets »Frau mit Papagei« bezogen werden, meiner Meinung nach eine der misogynsten weiblichen Aktdarstellungen in der »hohen Kunst« des 19. Jahrhunderts.[48] Warum sollte ein Künstler, schon gar eine Frau, in den achtziger Jahren des 20. Jahrhunderts auf diese historische Tradition zurückgreifen?

Zwei untereinander verbundene Charakteristika der Aktfigur zwingen einen zu der kritischen Reflexion, die dieses Werk »spiegelt«. Die Beine der Frau sind zum Betrachter hin geöffnet, und ihr Schambereich ist entsprechend demonstrativ zur Schau gestellt. Selbst Manets *Olympia* unterläßt es, diesen Bereich ihres Körpers zu zeigen, auch wenn sie mit ihrer Hand auf ihn aufmerksam macht. Nur Courbets *Origine du monde* kann, was die Zurschaustellung anbelangt, mit diesem Werk konkurrieren. Vielleicht als Reminiszenz an dieses Bild, auf welchem die Gliedmaßen, einschließlich des Kopfes der Frau, abgeschnitten sind und letztere auf Brüste und Vagina reduziert ist, besitzt dieses Werk ein zweites Merkmal: die Unsichtbarkeit des Gesichtes. Während ihre Beine den Körper in Richtung des Betrachters drehen, biegt sich der Oberkörper nach hinten weg, ihr Arm bedeckt zur Hälfte ihr Gesicht, das auch weggedreht ist. Es ist offensichtlich, diese Frau, die eine Fortsetzung der Figuren der »Posen«-Videos darstellt, ist bereit, ihre Scham zu zeigen, und zwar so lange, wie sie ebenso anonym bleibt wie dieses Genre Frauen werden läßt.

Aber der rote Samt, der fast das gesamte gerahmte Bild bedeckt — nur ein kleiner Zipfel des Fußbodenteppichs gemahnt an die »Realität« dieses Kunstgebildes —, formt um den Akt einen Rahmen. Er offeriert der Nackten einen komfortablen, weichen Stoff, auf dem man liegen kann, und eine Farbe, die ihren Körper als hellhäutig herausbringt; er rahmt die Szene in
Abb. S. 100
barocker Sprache. *Johannes der Täufer* von Caravaggio kommt wieder in Erinnerung. Die horizontale Ausrichtung der weiblichen Gestalt steht im Gegensatz zu der Vertikalität des verführerischen jungen Knaben, aber

---

48 Meiner Interpretation nach konkurrierte Manet mit diesem Urteil und malte seine eigene »Frau mit Papagei« in wörtlichem Gegensatz zu dem Gemälde von Courbet. Siehe mein Buch *Double Exposures* (1996), Kap. 3.

dies ist ein geschlechtsspezifischer Unterschied, wie wir nur zu gut wissen. Es ist ein Unterschied, dem Lili Dujouries Videos *Hommage à…* in der Echtzeit nachgehen.

Jedoch fällt es nicht ganz leicht, uns selbst aus dem Bild heraus zu halten. Die Frau, wenn auch gänzlich traditionell in ihrer Pose, wurde photographiert und nicht gemalt. Darüber hinaus fällt das Licht scharfgestochen von oben, was ihren Körper seinerseits zu einer Lichtquelle werden läßt, eine Technik, die ausgesprochen caravaggiesk ist. Dieses Licht zieht uns an, fast wie Motten oder Kaninchen, die auf das Licht zusteuern müssen, das sie erfaßt. Aber das Detail, das uns rahmt, uns in Reflexion vereinnahmt, ist der Umstand, daß der Rahmen selbst auch ein rot-samtenes Band in einer seiner vielen Lagen trägt, das etwas dunkler, weinrot ausfällt.

Dieses rote Band im Rahmen rahmt auch uns, genau wie wir durch die doppelte Anziehungskraft des schönen, aber der Konvention angepaßten Frauenkörpers und durch das den Tastsinn ansprechende, angenehme Samttuch in eine Falle geraten sind. Das Tuch fügt sich mit dem gewöhnlichen Teppichboden zu einer Einheit, was eine reale Wirkung erzeugt, die unsere Bereitschaft, Fiktionalität hinzunehmen, aussetzt. Der Rahmen ist einfach zu schön, hat zu viele Schichten von Gold und Samt, Grau und Rot, um uns zu gestatten, einfach nur auf das zu schauen, was sich in ihm befindet. Der Rahmen faßt den Akt, aber genauso den Betrachter rahmend ein. Der nackte Körper selbst erhält daraufhin sozusagen die Funktion eines Spiegels. Deshalb muß das Licht, das ihn so intensiv beleuchtet, den Anschein haben, als wäre es eine Emanation dieses Körpers. Er hat eine Aura, er hat Tiefe, die eher an das Stereoskop und seine Sicht des Körpers erinnert, als an die Linearperspektive und ihre Illusion einer rein retinalen Sehweise.[49]

Dieses außergewöhnliche Kunstwerk ist auf der gleichen Wellenlänge mit einem anderen Werk, das vergleichbar außergewöhnlich ist, in diesem Fall aber, weil überhaupt kein Samt verwendet wurde. Ich beziehe mich auf *Portret* [Portrait] von 1985, mit dem Untertitel »Zerbrochener Spiegel«. Ist *Abb. S. 202*
das überhaupt noch ein Spiegel und dies in stärkerem Maß als die Nackte

49 Wie schon zuvor berichtet, hat Crary (1991) die Bedeutung des stereoskopischen Sehens im 19. Jahrhundert als eine alternative Möglichkeit des Sehens weiter erforscht.

aus *Zonder titel* auf glänzendem Samt? Es sieht wie ein Spiegel aus, da wir in ihm den Ausschnitt eines Zimmers erkennen können: einen Tisch mit ein paar Dingen darauf, vermutlich einen Kamin, eine Nische mit einer Tür. Braune Vorhänge, möglicherweise aus Samt. Aber sollte das ein Spiegel sein, dann ist er jedenfalls zerbrochen. Er ermöglicht es uns nicht, klar in den Raum hineinzusehen, im Gegenteil, er behindert unsere Sicht, indem er die Gegenstände fragmentiert. Die gestörte Sicht veranlaßt uns noch näher hinzuschauen, und das mag der zentrale Punkt sein. Gerade so wie die Unsichtbarkeit des Frauenantlitzes einen überdenken läßt, was wir tun, wenn wir auf einen den Blicken ausgesetzten, nackten Körper schauen, gerade so läßt uns das schmutzige Spiegelglas unsere Augen beschatten und uns so weit, wie es das Auge verträgt, nähern.[50] Auf diese Weise sehe ich eine kleine Vase mit winzigen Löffelchen oder Pinseln darin, die man nicht auf Anhieb wahrgenommen hat. Die Nähe beginnt dann eine Spiegelung auszulösen: Wenn wir näherkommen, werden wir unser eigenes Gesicht im Spiegel auftauchen sehen.

Aber ist dies ein Spiegel? Der Vorhang zur Linken scheint optisch unbeeinträchtigt durch das ganz offensichtlich fehlende Stück Glas links unten. Vielleicht wurde die Arbeit zunächst *Portret* genannt, weil es eine Photographie ist? Aber nein, ein anderes Photo, das zu ein und demselben Gesamtwerk gehört, sieht ganz anders aus: Das Bild ist von einem anderen Winkel aus aufgenommen und von einer anderen Entfernung, so daß der Blick in den Spiegel andere Dinge zur Schau stellt. Nur eine Bahn des Vorhangs ist diesmal zu sehen; der Tisch ist weniger überfüllt. Wie kann das ein Portrait sein, und von wem?

Es ist der Raum, den wir von den Videos kennen. Wenn diese Arbeit ein Portrait ist, dann portraitiert sie den Raum, keine Person. Ein Portrait, das jedem freistellt einzutreten und Platz zu nehmen. Für den Fall, daß die Oberfläche wirklich ein zerbrochener Spiegel ist, dann sind Portrait und Spiegel Synonyme. Wir befinden uns an einem entscheidenden Punkt, der Sinn ergibt, wenn man an das historische Portrait denkt und seine

50 Proust hat sich ausgiebig mit diesem Dilemma auseinandergesetzt, dieser Unstimmigkeit zwischen einem Sehen aus der Entfernung und der Nähe. Siehe dazu mein Buch *The Mottled Screen* (1997).

Funktion, dem Portraitierten Autorität zu verleihen.[51] Diese Form eines sozialen Spiegels, die das Selbst des Modells durch die bloße Tatsache, ihn oder sie darzustellen, wachsen läßt, wurde zur gleichen Zeit »zerbrochen« wie das Selbst entleert wurde, und zwar dermaßen gründlich, daß es sich den leeren Raum von neuem zu erobern hat.

Dies ist jedoch nur eine andere Art und Weise, in der visuelle Reflexion, weil sie in diesem Fall in zerstörter Form dargeboten wird, intellektueller Reflexion gleichkommt oder diese erforderlich macht, und in welcher das Selbst des Betrachters beides ist, erschreckt und angezogen. Die Leere des portraitierten Raumes und die Zersplitterung des Spiegelglases legen beide ein und dieselbe Bedeutung nahe: das Portrait ist nicht mehr möglich, denn der Spiegel kann uns nicht länger täuschen, das, was wir in ihm sehen, als »real« und »natürlich« hinzunehmen. Das ist es vielleicht, was das letzte Kunstwerk aus Samt, treffend *Crépuscule* [Zwielicht] bezeichnet, betrauert. *Abb. S. 200* Der Musik beschwörende Stuhl, dessen Lehne die Form einer Lyra hat, ist einer blauen Mauer gegenüber plaziert und steht — schräg zur Wand gerückt — auf dem Fußboden, der eine Fortsetzung jener Mauer ist.

In der oberen linken Ecke der Wand befindet sich die Hälfte eines Rahmens. Kein vollständiger Rahmen mehr; Rahmen wird nicht mehr zugelassen. Der Trugschluß, daß Rahmen Portraits enthalten oder zu einfachen, bestätigenden Selbstreflexionen befähigen, wurde durch das zerbrochene Spiegelglas zunichte gemacht. Der Stuhl weint schwarzen Samt, der von der Vorderseite auf den Fußboden herabfließt und sich bis dahin entlangzieht, wo sich Boden und Wand begegnen, wo das Blau die Wand hinaufsteigt, bis hin zu dem halbierten Rahmen. Diese Arbeit stellt in gewisser Weise das Ende einer Epoche dar; einer Epoche, in der das Selbst, das sich zusammen mit dem Frühkapitalismus in der Barockzeit herausgebildet hatte, auseinander gebrochen ist, in ein instabiles »Ich«/»Du«. Die Zeit opernhafter Illusionen, des unproblematischen Starrens auf nackte Körper, die Zeit, Gegenstände und Menschen einzurahmen in bereitwilliger Verdrängung jeglicher Zweifel, ist mit dieser düsteren Installation zu einem endgültigen Abschluß gekommen. Es ist auch das Ende von Lili Dujouries sinnlichen, taktilen Arbeiten mit Samt als Hauptmaterial.

Es ist jedoch nicht ihre letzte Anspielung auf Spiegel. Die ausdrucks-

---

51 Siehe Ernst van Alphen, »The Portrait's Dispersal« und *Caught by History* (beide 1997).

stärkste, monumentalste und komplexeste Skulptur aus den Achtzigern — welche wohl eher zufällig, doch auf andere Art, auch Samt aufweist — ist *Between Black and Pink* [Zwischen Schwarz und Pink] von 1986. Das wichtigste Material ist hier der Spiegel. Auch wenn sich die Skulptur aus Spiegeln aufbaut, wird dem Betrachter der Zugang zum Spiegelbild keineswegs leicht gemacht. Das Kunstwerk setzt sich aus vier Spiegelpaaren zusammen, die als Viereck angeordnet sind. Jedes der Paare besitzt eine schwarze Seite, die dem Betrachter (dem Außenraum) zugewandt ist, und eine pinkfarbene Seite (im Inneren), von der man nur einen Blick erhascht. Der Raum zwischen den einander konfrontierten Spiegeln des jeweiligen Paars ist derartig eng, daß Rollen aus Samt und Satin hineingezwängt werden konnten, ohne herabzufallen. Die schwarze dem Betrachter zugewandte Seite stellt einen ironischen Kommentar zu dem Spiegel her, den die schwarze Bemalung sowohl konstituiert, ihm aber auch widerspricht. Das Schwarz, das alle Farben absorbiert, läßt keine Reflexion zu, nicht einmal den Schimmer eines Glanzes. Obwohl sie kaum zu sehen sind, leuchten die Samt- und Satinpartien im Gegensatz dazu und reflektieren ihr strahlendes Licht von ihren glänzenden, üppigen Oberflächen. Im Unterschied zu den Samt-Skulpturen werden die Stoffe — gelb, weiß, grün, rot — nicht in ihrem Faltenwurf zur Schau gestellt. Daher nehmen sie keinen Anteil an dem barocken Spiel mit dem Gesichtspunkt, dem Kontinuum zwischen Innen und Außen, das die Trennung zwischen Körper und Geist sinnlos macht, und jene zwischen dem Selbst und dem anderen unhaltbar. Auf diese Weise bestehen sie nicht darauf, daß der Gesichtspunkt flexibel und wechselseitig ist. Jedoch hat diese Arbeit, die aus dem Œuvre der Künstlerin heraussticht, ihre eigene Art, auf dem Leibnizschen Kontinuum zu bestehen. Die zwei Spiegel, die sich gegenüberstehen, sind kaum zu sehen, und der Betrachter kann sich selbst nicht darin reflektieren. Aber die verführerische Gegenwart der Stoffe in diesem engen und verborgenen Raum stellt die Unterscheidungsmerkmale von innen und außen auf den Kopf.

Abb. S. 204

Es ist wenig zu sehen, aber man kann erkennen, daß all dieser üppige Stoff in den unendlichen Raum gegenseitiger Spiegelung gepackt ist, der uns verboten ist. In diesem Sinn ist das Tabu, ihn zu berühren, hier wörtlich ausagiert: Wir können ihn nicht berühren. Wir können jedoch in das Innere des Blocks, der durch die vier Spiegelpaare gebildet wird, wenn schon nicht hineingehen, so doch wenigstens hineinsehen; es ist in monochromem hellen Pink bemalt. Dieser Ort der Phantasie — vielleicht ein Schlafzimmer — ist von Reflexen, die vom Stoff ausgehen, umgeben. Die Stoffe, welche ich weiter oben als wörtliche Kommentare auf Caravaggios illusionistische Oberflächen interpretiert habe, sind jetzt wieder im ungewissen Reich zwischen Realität und Repräsentation angesiedelt. Wenn wir sie überhaupt sehen, dann vermittels ihrer Widerspiegelungen; man sieht diese Reflexionen tatsächlich viel besser als den wirklichen Stoff. Indem die Trope des Spiegels aufgegriffen wird, kehrt dieses Werk zu der zögerlichen Beziehung zwischen Objekt und Illusion zurück, die Caravaggio kennzeichnete und die Leibniz radikaler Auffassung von Sicht philosophisch zugrunde lag. Der Spiegel ist die herrschende Trope dieser Sichtweise, aber nicht zu dem Zweck, narzißtische Selbstkontemplation voranzutreiben. Vielmehr ist der Spiegel, der stets verzerrt und immer trügerisch ist, die höchst geeignete kognitive Metapher für Wahrnehmung als solche.

Wie meine Analyse der Selbstreflexion nahegelegt hat, repräsentiert der Spiegel, und zwar genau, weil er uns zuerst zu narzißtischem Selbstbetrachten verlockt, auch die Art und Weise, in der Raum in den Körper eindringt; die Art und Weise, in der Konvention diesen Raum besetzt und in der das Selbst nie ganz identisch mit sich selbst ist, jedoch auch nie vollständig verschieden von dem anderen. Dujourie erforscht die Implikationen des Spiegelns, wobei sie auf die Herausforderung reagiert, die durch den historischen Barock aufgestellt wird, der Selbstreflexion als eine neue Art der Existenz des bürgerlichen Individuums vorschlug. Indem sie diese Kunstwerke gegen Ende der Ära einer individualistischen Illusion schafft, antwortet Dujourie auf den barocken Spiegel: sie zerbricht ihn, rahmt ihn, verhüllt ihn oder verbietet, wie in *Between Black and Pink*, den Zugang zu ihm. Gerade so wie ihre »Posen«-Werke sowohl die historische Kontinuität anerkennen als auch deren Voreingenommenheiten und konventionellen Kunstgriffe aufdecken, fügen sich ihre Spiegel-Skulpturen in eine Tradition der Selbstreflexion und damit einhergehend in eine Tradition der Ironie — Traditionen, welche diese dann in Frage stellen und verkomplizieren. Das, so würde ich vorschlagen, bedeutet es, ein Künstler zu sein, der ohne nachzuahmen sich selbst in die Geschichte einbringt, allerdings vom Standpunkt der Gegenwart aus.

Meta-Barock

Und damit kann eine Künstlerin, die den Eingrenzungen, die sie in Frage stellt, so einfallsreich zu entgehen weiß, nicht einfach als »neo-barock« abgehakt werden. Für Barock zu sein, Neo-Barock, Barock Re/Visionen: was bedeutet es, worin läge der Sinn, solche Schlagwörter zu gebrauchen, um Gegenwartskunst zu verstehen? Eine Re-vision, eine Neusicht des Barock, behaupte ich, muß einige Antworten auf diese Frage enthalten. Mit anderen Worten, es ist notwendig, die Beziehung zwischen Gestern und Heute neu zu überdenken. Nur mit Hilfe solcher Reflexion können wir abschätzen, ob in der Tat »etwas verloren ging, als der Barock als ein integriertes Studiengebiet fallen gelassen wurde«, ein Zitat aus der Begründung für eine Konferenz zu dieser Thematik, die ich vor kurzem besuchte. Zu diesem Zeitpunkt war mir Dujouries Œuvre unbekannt; ich wünschte, es wäre nicht so gewesen, dann wäre etliches, was mir damals so verworren vorkam, geklärt worden.

Der Barock, so hieß es damals, ist ein »Stil«, der zunächst in einer bestimmten Periode florierte und der heute noch wie ein Kreuzungspunkt funktioniert, an dem die Lichter der Ampel uns Halt gebieten, uns stoppen, um über die (Kultur der) Gegenwart und (einige Elemente der) Vergangenheit nachzudenken. Diese Ansicht von Barock gründet auf einer anderen Art von Argumentation als der üblichen kunstgeschichtlichen. In meiner Beschäftigung mit Dujouries Werk werde ich garantiert nicht die gewohnte induktive Argumentation anwenden, indem ich auf der Basis von »empirischer Beobachtung« verallgemeinernde Aussagen darüber mache, wie Barockkunst intendiert war und wie sie zu ihrer Zeit rezipiert wurde. Viel eher biete ich »auf abduktive Weise«[52] — und mit Vorbehalt — eine Analyse einiger Skulpturen von Dujourie an, die sich ergab, als ich die

52 Mit dem Begriff »Abduktion« ist »diese Art von Schlußfolgerung, die zu hypothetischen Erklärungen von beobachteten Fakten führt« gemeint, siehe Lubbe und van Zoest (1997, S. 805). Sie fügen hinzu: »Abduktion wandert von der Folgerung zur möglichen Ursache« (S. 806) und gehen über zur Definition von drei Unterkategorien der abgeleiteten Schlußfolgerung. Äußerst wichtig ist ihre Definition des näher bestimmten Wortes *abduktiv*: »*Abduktion* ist stichhaltig, wenn der auslösende Punkt eine einzige überraschende Beobachtung ist oder eine Tatsache, die nach einer Interpretation verlangt.« (ebd.)

Vorstellung von Barock und den Werken, die er auslöste oder die *ihn* auslösten, neu untersuchte, und die *mich* beim Vorgang des Schauens verändert haben. Damit aber will ich eine Beziehung aufzeigen: die zwischen Dujourie und den Betrachtern ihrer Werke, zwischen ihrer Kunst und der Vergangenheit und zwischen dem Prozeß, den ihre Arbeit auslöste, und der daraus resultierenden Revision von Geschichte.

Dujouries Samtarbeiten sprechen mich ganz besonders an, weil sie einige Charakteristika barocker Kunst so eindringlich ins Gedächtnis rufen. Aber was sich auch immer in ihren darauffolgenden Arbeiten verändert hat, die aus viel härteren und schwereren, beständigeren Materialien sind, der Samt bleibt präsent, wenn auch nicht materiell, so doch visuell. Denn die Form, die weiterhin zentrale Bedeutung in ihren Skulpturen hat, bleibt die Falte. Ihre Arbeit *The Kiss* [Der Kuß] von 1986 hat sehr viel schroffere Formen, schärfere Kanten und ist aus härterem Material; wieder ist es eine Arbeit von enormem Ausmaß (235 x 244 x 105 cm); sie besteht aus Samt, Holz, Tuch, Glas und Silber. Der purpurne Samt, der sich von der unteren Ebene herabrollt und der sich um die drei Stufen eines bizarren Tisches faltet, erscheint klein im Vergleich zu dem riesenhaften, scharfgeschnittenen dreieckigen Gebilde, das über ihm in die Höhe ragt. Auf der unteren Ebene, fast umrahmt von dem elegant arrangierten Samt, steht eine Glasschale mit einem Silberfuß, sie ist mit blauer Flüssigkeit gefüllt. Der Samt schlingt und windet sich durch die verschiedenen Schichten, um auf dem Boden zu enden, wo sich die letzte Falte entrollt, um einen Teppich zu bilden, der einem König oder einer Königin angemessen wäre. *Abb. S. 203*

Bei der Betrachtung dieses Werkes wird mir sofort bewußt, wie barock dieses Werk ist — mit seinen Falten aus Samt und den kurvenartigen Ausbuchtungen auf drei Ebenen — und zur gleichen Zeit, wie sehr es sich von der historischen Epoche des Barocks unterscheidet. Die gigantische, modernistische Skulptur baut sich über barocken Fragmenten auf — wie, um darauf hinzuweisen, daß Modernismus den Barock quasi zum Verschwinden gebracht hat. Es ist ein großartiger Einfall, der in dieser aus den Proportionen geratenen Skulptur auf das Schönste verkörpert ist, die auch das Küssen als einen Akt einrahmt, der nicht spontan sein kann; ein Akt, der sich innerhalb historischer Konventionen vollzieht.

Also, worüber ging es bei dieser Konferenz, die ich besucht habe — über die Tendenzen bei Caravaggio oder bei Dujourie? In den Einführungsworten zur Zielsetzung des Symposions gab es etwas, das mir besonders signifikant zu sein schien: die Erörterung vom Nebeneinander zweier Ideen. Das eine war die Idee der Integration, welche einen interdisziplinären Ansatz voraussetzt, die Untersuchung eines zeitlichen Augenblicks, der den gegenwärtigen, binären Oppositionen vorausging, wie auch der gegenwärtigen disziplinbezogenen Kontrolle; die Idee einer Definition eines integrierten Studiengebietes, von »Kultur« als einem Studiengebiet, nicht von »Kunst«, »Literatur« oder »Geschichte«. Das andere war der Wunsch, zu einem früheren Moment zurückzukehren, ja sogar ganz eindeutig nostalgische Sehnsucht, wie in dem Satz zum Ausdruck kam, daß »etwas verloren ging, als der Barock als integriertes Studiengebiet fallengelassen wurde«. Diese Nebeneinanderstellung scheint mir mehr als bloß eine Koinzidenz zu sein. Es scheint, als ob die tatsächliche Interdisziplinarität, was den Ansatz anbelangt, den der Kongreß verfolgte, auch das Objekt der nostalgischen Sehnsucht ausmachte, zumindest seines theoretischen Objektes.

»Etwas ging verloren« ist ein durchdringendes, historisches Gefühl, welches es verdient, als Gefühl der Gegenwart ernst genommen zu werden, wenn man ihm vielleicht auch nicht nachgeben sollte. Verlust ist ebenso Teil der Gegenwart wie Antrieb für unser auf die Geschichte gerichtetes Sehnen. Viele von Dujouries Skulpturen erkennen diese Sehnsucht an. *Abb. S. 209* *Meroe* zum Beispiel von 1987, aus Marmor und Holz, ist nur ein Eingang.[53] Es ist ein zweidimensionales an der Wand angebrachtes Werk, das Dreidimensionalität nur im allerklassischsten Sinn repräsentiert, nämlich durch Linearperspektive. Die Arbeit besteht aus einem Boden und einem leeren Raum, der durch einen Holzbogen gerahmt wird, welcher einem Fenster ähnlich sieht. Der Fußboden trägt schwarze Linien, in drei Paare aufgeteilt, die in beruhigender Weise eine lineare Perspektive vermitteln, und damit zugleich all das, wofür diese steht. Aber der Raum, in dem unser retinaler Blick enden sollte, der verschwindende Punkt, an dem wir uns unser eigenes Selbst in der Unendlichkeit vorstellen können, ist bloß ein leeres Stück Wand.

53 Anm. der Übers.: Meroe ist eine heute z.T. ausgegrabene Ruinenstätte einer Kultur im Sudan, die seit etwa 530 v.Chr. Hauptstadt eines Reiches in Nubien war; 350 n.Chr. wurde Meroe zerstört.

Meroe stellt einen Eingang zur Vergangenheit dar, aber es plaziert diesen Eingang und das Subjekt, das sich sehnlichst einzutreten wünscht, strikt im Jetzt. In dieser Hinsicht ist es postmodern und metahistorisch. Es nimmt unsere Sehnsüchte ernst, es respektiert sie und redet uns gleichzeitig zu, nicht einer Illusion anheim zu fallen. Die Sehnsucht, in eine Vergangenheit zurückzukehren, welche bereit ist, aus dem Teich der Geschichte herausgefischt zu werden, kann nicht wegräsoniert werden, ist aber ebenso wenig zu stillen. Was für ein Dilemma.

Die Verführungskraft, die von barocker Kunst ausgeht — ungeachtet der offenkundigen Tatsache, daß die historische Barockkultur alles andere als ein idealer Ort gewesen sein kann —, kann nicht von dem getrennt werden, das meiner Meinung nach ihre Bedeutung für die zeitgenössische Kultur ist. Und doch, hat »der Barock« je existiert? Diese Existenz zu hinterfragen ist keine ahistorische Position. Ganz eindeutig hat »der Barock« in gewisser Weise existiert; wie anders könnte man behaupten, daß Lili Dujourie sich auf ihn bezieht, ihn »zitiert«? Dennoch ist die logische Folgerung aus dieser Behauptung von Interesse, die durch die Art und Weise deutlich wird, in der die Annahme seiner geschichtlichen Existenz in der Zielsetzung der Konferenz (1996 in Wien) artikuliert wird: »Wir schlagen vor, eine kritische Neubewertung des Barock vorzunehmen, des Barock als einem historischen, aber auch transhistorischen Phänomen.« Dieses Statement suggeriert, daß es möglich ist, etwas zu rekonstruieren, das in der Vergangenheit existiert hat — das historische Phänomen. Indessen deckt das Nomen »Phänomen« auch die grundsätzliche Ambiguität aller historischen Projekte ab, da es sich auf das bezieht, was wir sehen, was *uns erscheint*, und weniger das, was *ist*.

Was ich an diesem Statement am interessantesten fand, war jedoch die Unterscheidung zwischen historischer und transhistorischer Existenz, eine Unterscheidung, die leicht zu einer binären Opposition werden könnte. Dies läßt Dujouries Werk *Meroe* nicht zu. Die ausdrückliche Leere der oberen Partie der Arbeit läßt eine derartige Vorstellung von transhistorischer Existenz nicht zu. Die Wand ist die Wand der Kunstgalerie, der Raum ein Nachlaß des »white cube« des Modernismus, in dem moderne Kunst zumeist heute noch ausgestellt wird. Diese Leere ist nicht wirklich leer; sie ist mit einem anderen historischen Moment angefüllt — dem des Modernismus —, dessen Illusionen wiederum kritisiert und ausgelacht werden durch jene Kombination aus der Zentralperspektive der Renaissance, die ein transparentes Fenster zur Welt eröffnet, und einem modernistischen Fokus auf das Medium selbst. Man braucht sich nur eines von Dujouries *Abb. S. 188* frühesten Werken in Erinnerung zu rufen, *Amerikaans Imperialisme* [Amerikanischer Imperialismus] von 1972, um zu wissen, daß sie dem Diktat eines Modernismus kritisch gegenüber steht. Dieses Diktat ist, so behauptet sie in diesem Werk, leer und oberflächlich; dennoch bringt es das, was von der Vergangenheit übrig geblieben ist, ebenso wie die Gegenwart zum Verschwinden. Das eine wird zusammen mit dem anderen ausgelöscht.

Ich deute diesen Unterschied zwischen historisch und transhistorisch als ein Symptom einer Aporie des geschichtlichen Bemühens, welche die eigene Stellung in der *Gegenwart* als historisch spezifisch abstreitet, und sehe in Dujourie eine brilliante Kritikerin dieser Aporie. Von allen historischen Disziplinen ist die Kunstgeschichte am stärksten im Netz dieser Leugnung verstrickt. Eine große Anzahl von Künstlern, unter ihnen Lili Dujourie, schaffen Kunstwerke, welche diesen ahistorischen Historismus anprangern, der die Geschichte von ihrer Bedeutung für das Heute entleert. Aber daran gewöhnt zu übersehen, was visuelle Artefakte zu sagen haben, hat die Geschichte, die Kunstgeschichte eingeschlossen, keine Augen dafür.

Die Folgen daraus sind erheblich. Ich kann veranschaulichen, was ich damit meine, indem ich auf die Implikationen des Terminus »neo-barock« hinweise. Dazu sei ein Zitat aus Omar Calabreses Buch *Neo-Baroque: A Sign of Times* als symptomatisch angeführt. In einem Unternehmen, das andere Ziele als das vorliegende Buch hat, aber mit gleichem Mißtrauen gegenüber einer modisch stilisierten Etikettierung, untersucht Calabrese das, was er für neo-barocke Artefakte hält, als ob sie Texte wären mit ihrer spezifischen, ihnen zugrunde liegenden Morphologie. Er unterscheidet daraufhin diese Morphologien von Werturteilen, die sich mit ihnen verbinden. Beide, die Morphologien und die Werturteile, werden im Anschluß daran auf ihre Beständigkeit und Dynamik untersucht, um so einen »Geschmack« oder einen »Stil« als eine Tendenz zu definieren, gewissen Morphologien und ihrer Dynamik Wert beizumessen (Calabrese 1992, S. 21). Diesen Gedankengang wendet er dann auf spezifische Barockmotive an: »Aber der Knoten und das Labyrinth sind dazu bestimmt, aus einer bestimmten historischen Periode hervorzugehen, weil sie als Zeichen eines umfassenderen, metahistorischen Barocks zu interpretieren sind« (ebd. S. 132). Auch wenn Calabreses Buch das Ziel hat, einen Barock des späten 20. Jahrhunderts zu schildern — das heißt eine historisch spezifische Wiederkehr von Formen, Motiven und Denkstrukturen, welche zuerst zu einer anderen Zeit in der Geschichte auftauchten —, sind seine postmodernen Zeiten im Unterschied zu dem »anderen« Barock einfach *universell*. Dieser Flüchtigkeitsfehler spiegelt eine weitverbreitete Illusion wider, daß nämlich die Gegenwart im Mittelpunkt stehe, daß sie das Ergebnis und der Endpunkt der Geschichte, die Klimax einer fortschreitenden linearen Evolution und der Maßstab für allgemeine Werte sei. In Analogie zu anderen Formen von »Zentrismus« habe ich diese Tendenz an anderer Stelle »Paronthozentrismus« genannt (Bal 1988). Dieser ist so verbreitet, insbesondere in Interpretationspraktiken, daß er kaum auffällt. Doch durch diese Annahme beraubt man die Gegenwart ihrer Stellung innerhalb der Geschichte und den Interpreten zeitgenössischer Kultur eines Maßstabes, Bedeutung zu beurteilen. Ich behaupte, daß KünstlerInnen wie Lili Dujourie, die eindringlich den Barock in Erinnerung rufen, diese Erinnerung aber zugleich mit einer theoretischen Reflexion versehen, die unweigerlich das historische Phänomen einem Wandel unterwerfen und »meta-barock« genannt werden müssen, aber in einem entgegengesetzten Sinn zu Calabreses verallgemeinernder Verwendung des Wortes.

Dieser einfache Fehler mag harmlos genug erscheinen, aber indem man im Akt der Interpretation die Gegenwart als einen historischen Augenblick anerkennt, kann man sehr viel mehr aus dem zu überprüfenden Objekt herausholen: Man kann von ihm lernen, es sprechen und erwidern lassen als ein vollwertiger Diskussionspartner in Debatten über Wissen, Bedeutung, Ästhetik und alles, was diese über die Welt von heute zu sagen haben. Man kann zeitgenössische Kunst ernst nehmen und mit und durch sie denken — und dabei kritische Gedankengänge über Kunst, über die Welt entwickeln. Dujouries *Jeu de dames* [Dame] von 1987 hat einen *Abb. S. 206* schwarz-weißen Marmorboden so wie bei dem gleichnamigen Brettspiel. Auf ihm stehen hohe Holzgebilde, die durch kupferne Klaviersaiten verbunden sind. Aber auf ihrer Spitze durchbricht ein gefälteltes Stück Samt von intensivem Blau die Strenge der Skulptur. Und plötzlich, anstatt sich an das Spiel zu halten, das nach Frauen benannt, aber eher von Männern gespielt wird, wird der Titel wörtlich genommen und eine »weibliche«

Form hüpft das ernst zu nehmende Spiel auf und ab. Historische, traditionelle Vorstellungen — sogar frivole wie der Titel eines uralten Spieles[54] — können durch ein bißchen barocke Spielerei aufgebrochen werden, die eindeutig aus der Gegenwart stammt. Die Schönheit von Material, Farbe und Gestaltung machen aus dieser Fußnote ein ironisches Augenzwinkern, nichts, um sich wirklich aufzuregen. Aber unterdessen hat die Gegenwart sowohl die Tradition anerkannt als auch diese historisch gerahmt, was sie für immer verändert. Diese scherzhaft-spielerische Intervention des Blaus kann als ein »meta-barockes« Moment in Dujouries Kunst angesehen werden.

Aufschlußreicherweise gebraucht Calabrese das Präfix »meta«, um seinen ahistorischen Universalismus zum Ausdruck zu bringen. So wie er es verwendet, bedeutet metahistorisch umfassend, transhistorisch, universell als Gegensatz zu dem geschichtlichen anderen, dem Barock des 17. Jahrhunderts. Das ist für mich nicht die Bedeutung von »meta« und meines Erachtens wohl auch nicht für die Mehrzahl der Geschichtsforscher. Metahistorisch wäre aus meiner Sicht der richtige Ausdruck für eine kritische Prüfung dessen, was Historizität bedeutet, was sie bedeuten kann, sowohl für eine Neubewertung des »alten« Barock als auch für eine kritische Prüfung unserer eigenen Position bei seiner Rekonstruktion. Das Präfix ist eng angeschlossen an Hayden Whites wegweisende Analyse des geschichtlichen Diskurses in *Meta-History* (1973). Der amerikanische Künstler David Reed stellt jedoch eine andere metahistorische Beziehung zwischen Vergangenheit und Gegenwart her, als es Calabrese mit seinem Universalismus tut: »Wir halten genauso [wie Caravaggio] nach etwas Ausschau, das real ist, aber finden es schwierig, weil wir nun wissen, daß Realität äußerst komplex ist und im wörtlichen Sinn virtuell (...)«[55] Reed kehrt Caravaggio nicht in »uns« um, aber er vergleicht ihn, einen Künstler des frühen 17. Jahrhunderts, der sich um Kunst bemüht, die die Natur der Wirklichkeit erforscht, mit *seinem* historischen anderen, dem Künstler des ausgehenden 20. Jahrhunderts, der sich gleichermaßen auf diese Erforschung einläßt, wenn auch zu einem anderen Zeitpunkt, und folglich mit

---

54 Das ist nur im Französischen »Jeu de dames« (wörtlich übersetzt »Spiel der Damen«) der Fall. Im Deutschen heißt das Brettspiel schlicht »Dame«.

55 So zitiert in Corrin (1995, S. 19), nach einer auf Video festgehaltenen Unterhaltung zwischen Reed und ihr selbst.

einer anderen Art von »Realität«. Genau das tut Dujourie mit ihren die Phantasie stimulierenden Formen und Farben, die nicht-figurativ sind, aber auch nicht abstrakt, weil sie eine Erzählung in der zweiten Person erzeugen.

Reed versucht zu erklären, daß Caravaggio für uns heute so populär ist, weil er als ein Erforscher der Komplexität von »Realität« angesehen oder ausgelegt werden kann, Realität von etwas, das nicht festgelegt oder dauerhaft ist, sondern im Wechsel begriffen und schwer zu fassen. Für sich gesehen mag das keine großartige Entdeckung sein, aber mit Sicherheit ist es eine, die *unsere* Hinwendung zum Barock als historisch spezifiziert rahmt: Das späte 20. Jahrhundert wendet sich an das späte 16. Jahrhundert.

Die Sichtweise Reeds wirft auf Caravaggios Verhältnis zur Realität ein akzentuiertes Licht, von dessen Besonderheit dieser überaus typische Barockkünstler nicht wissen konnte, daß er sie besaß, und die nur ein vorsätzlicher Anachronismus anerkennen kann. Ausdrücke wie »transhistorisch« oder »universell« verschleiern diese Position in der Gegenwart in einer typischen Geste eines Paronthozentrismus: dem historischen Äquivalent zu Ethnozentrismus und Phallogozentrismus, das davon ausgeht, daß die eigene Haltung normal wäre, der Standard, erhaben über jegliche Hinterfragung, daher universell und transparent. Paronthozentrismus ist eine von Grund auf ahistorische Position. Wie von den anderen Zentrismen bekannt ist, die so erfolgreich in den Geisteswissenschaften, die hin zu »cultural studies« tendieren, untersucht worden sind, hemmen diese Neigungen den Prozeß, das andere des Universellen zu verstehen: Menschen mit anderer Hautfarbe, außerabendländische Kulturbereiche, Frauen, Homosexuelle, Kranke, Arme, die Erde selbst. Folgerichtig kann man davon ausgehen, daß Paronthozentrismus den Prozeß eines Verständnisses des gegenwärtigen geschichtlichen anderen nicht zuläßt: der Vergangenheit. Und auf dieselbe Weise wie dem anderen geschadet wird, wird unvermeidlich auch dem verarmten Selbst Schaden zugefügt, so ist eine Gegenwart, die ihre Vergangenheit mißversteht, verarmt und durch dieses Mißverstehen behindert. Aus diesem Grund stelle ich die Behauptung auf, daß Dujouries Verhältnis zum Barock und anderen historischen Perioden, zu denen sie in Relation treten mag, mehr ist als historisch verantwortlich. Ich sehe es als eine unerläßliche Ergänzung zu historischem Arbeiten, welches es versäumt, die Leistung des Interpreten in seiner Gegenwärtigkeit zu positionieren.

Calabreses idiosynkratischer Gebrauch des Präfixes »meta« bietet, ohne es zu beabsichtigen, einen Weg an, den man verfolgen könnte. Anstelle universelle Ubiquität anzuzeigen — und in Entsprechung zu dem allgemeineren Sinn von »meta« als »analytische Untersuchung von ...« —, kann »metahistorisch« dann wiederhergestellt werden, um eine Beurteilung des historischen Barocks in und für und von der Gegenwart aus anzuregen; als ein Konstrukt, an dem wir in irgendeiner Weise Interesse besitzen, es zu erstellen und voranzutreiben; ein Moment der Klarheit über sich selbst von der Gegenwart aus in Richtung Vergangenheit, um so befähigt zu sein, auch die entgegengesetzte Bewegung in vollem Wissen zurückzuvollziehen. Dies ist eine komplexere Version des Konzeptes einer »Retroperspektive« als die, welche Catherine David entwirft.

Meine Analyse von Dujouries Werk ist so gesehen zweierlei, eine Analyse von Kunst heute und über das Fortleben von Ideen in ihr, darüber wie sich Denken in Kunst vollzieht. Entsprechend der disziplinären Tradition, gehören Ideen in den Bereich der Philosophie. Aber Philosophie sieht Malerei und Skulptur, Photographie und Installationen, Collagen und Videos nicht so leicht als gleichberechtigt zu den Texten einer großen philosophischen Tradition an. Eher macht sie Malerei zum Gegenstand philosophischer Reflexion, zu einem Beispiel vielleicht, um ihre Thesen zu verdeutlichen. Eklektizismus ist mit Philosophie unvereinbar. Auf textliche Struktur und logischen Aufbau, Sprache und rationale Beweisführung angewiesen, kann sich Philosophie ganz allgemein nicht mit dem Weiterbestehen von Ideen abgeben, nachdem diese untragbar geworden sind. Entsprechend sinnlos ist es, sich an die Philosophie zu wenden, um die lebendige Präsenz von Ideen in der Gegenwartskunst zu verstehen, deren Kontext oder Rahmenbedingungen, Grundvoraussetzungen und Prämissen schon seit langem veraltet sind.

Kein Mensch würde die Gegenwart von Mythen in der Kultur in Frage stellen, auch wenn niemand diese Mythen wörtlich nehmen würde. Warum stellen so viele Künstler Arbeiten her, die auf dem Mythos des Paris basieren, der von der Göttin der Zwietracht einen goldenen Apfel überreicht bekam, den er der Schönsten der Frauen weitergeben sollte? Hubert Damisch stellte diese Frage vor kurzem ins Zentrum seines höchst lesenswerten Buches *Le jugement de Paris*. Aber seine Erläuterung könnte von
Abb. S. 207 einer Gegenüberstellung mit Lili Dujouries *Paris* von 1987 profitieren,

einer Arbeit aus Marmor, Spiegel und Gips. Während für Damisch das Thema ganz und gar mit heterosexueller Männlichkeit gekoppelt ist — dem männlichen Verlangen, die weiblichen Genitalien zu sehen —, kann Dujouries Arbeit einen sehr viel mehr irritieren. Der zentrale Mittelteil aus Gips besteht bei ihrer Skulptur aus einer Hand, die einen Apfel hält und auf einem Spiegel liegt. Beide Außenteile sind durch einen Spiegel voneinander getrennt. Der Spalt zwischen den zwei schwarzen Tafeln kann zweifelsohne genau das suggerieren, was Damisch als einzige Besessenheit, die hinter der Ästhetik steckt, bezeichnet; aber der Spiegel stellt eine Beziehung zu Frauen her, Frauen nicht als passiven Objekten, sondern als aktiven, möglicherweise narzißtischen Mitspielerinnen. Wenn Spiegel mit im Spiel sind, verliert das Geschlecht seine klaren Grenzen. Ganz offensichtlich ist dies ein Kommentar zu dem antiken Mythos, nicht seine plakative Anerkennung. Auf ähnliche Weise bleiben alte Ideen präsent, selbst wenn sie inzwischen bespöttelt, verändert oder als Klischees abgetan werden.

Die Präsenz solcher Ideen in der zeitgenössischen Kultur entspricht nicht dem simplen Tatbestand eines Eklektizismus per se, der freien Wahl innerhalb bruchstückhafter Realitäten, die oft einer postmodernen Sensibilität zugeschrieben werden. Vielmehr ist es ein aktiver und kämpferischer Zugriff auf das, was viele — zu Unrecht — als »Tradition« bezeichnen würden. Tradition setzt Kontinuität voraus, Wiederholung über eine Zeit hinweg. Oft wird sie als Beispiel für nostalgische Sehnsucht angeführt und Innovation polemisch gegenübergestellt. Indem man den unerläßlichen Wert von Dauer und Kontinuität, bekannt als »Tradition«, anerkennt und zugleich die Beschränkung einer gegensätzlichen Logik, die Tradition pauschal ablehnt, kann man, dies ist mein Vorschlag, über den Weg dieser Analyse eine andere Form von Denken erforschen.

Eher als eine Vorstellung von Tradition, die auf Kontinuität gründet, sehe ich eine Form der Wiederverwendung, die einen Bruch miteinschließt. Aufgefaßt als eine Reihe visuell verkörperter Ideen bietet Gegenwartskunst, die den »Barock« wiederaufzubereiten scheint, vielmehr Respons, Zwiegespräch, sich aneignende Gesten und Neuinszenierungen, um die Verästelungen der Vergangenheit ohne Kontinuität in der Gegenwart zu erzeugen. Anstatt daher solche Ideen dem Rahmengerüst der Philosophie und dem Test auf universelle Gültigkeit hin anzuvertrauen, dem sie diese

Disziplin unterziehen würde, vertrete ich lieber die These, daß diese Ideen mit Formen und Farben, Motiven und Schattierungen, Oberflächen und Stofflichkeiten, in den »Gedanken« von visuellen Artefakten wieder auftauchen. Sie tauchen wieder auf, um auf andere Weise zu erforschen, welche Werte für heute von Nutzen sein können. Dujourie kommt ein Ehrenplatz unter den Künstlern zu, die zu diesem Wiederauftauchen beitragen. Von Anfang an und über mehr als drei Jahrzehnte hinweg hat sie mit ihrer Arbeit Ideen und Formen aus der Vergangenheit untersucht, erforscht und damit experimentiert. Ihr Werk ist sich ganz des historischen anderen bewußt und ist gleichzeitig ganz von seiner eigenen Zeit erfüllt, geläutert von den Illusionen, die der historische Barock noch aufrechterhalten vermochte, weil sie noch nicht durch die Zeit als solche entlarvt worden waren. Aber Dujouries Kontemporaneität — ihre Experimente mit Video sind nur die hervorstechendsten Belege dafür — ist auch in genau diesem Sinn barock: in dem Sinn, in dem zum Beispiel Caravaggio in seinem Ausprobieren von zu seiner Zeit noch undenkbaren Ideen radikal neu war.

Der Einsatz des Leibnizschen Konzeptes von möglichen Welten hält ein gutes Beispiel für die Standardversion parat, mit der historische Ideen aufgenommen werden: als ein Fragment einer Erbschaft, die es verdient, daß man ihr in aller Ernsthaftigkeit gerecht wird, ein Erbe, das bei der Übertragung auf andere Gebiete als den ursprünglichen Konsistenz verlangt, und dessen Wert für heute von der Kontinuität, die zwischen seinen Ursprüngen und heute besteht, abhängt, von ununterbrochener Tradition. Ruth Ronen schrieb beispielsweise darüber:

»Zu allererst einmal, Literaturtheorie trägt in ungenügender Weise den philosophischen *Quellen* des Denkens über mögliche Welten Rechnung. Und zweitens *verliert* das Konzept in dem Prozeß der Übertragung möglicher Welten auf die Literatur seine *ursprüngliche* Bedeutung und wird zu einer diffusen Metapher. (...) Das Ergebnis ist eine naive Adaption oder eine unbeabsichtigte Metaphorisierung eines Konzeptes, dessen ursprüngliche (philosophische und literarische) *nicht-figurative* Signifikanz weit davon entfernt ist, selbst evident zu sein.« (Ronen 1994, S. 7, Hervorhebungen von mir.)

Der Diskurs über Quelle, Ursprung und Verlust beklagt den metaphorischen Transfer und bindet dabei »nicht-figurativ« an Wissen. Diese Auffassung von Geschichte und Kontinuität ist ziemlich verbreitet. Ich verweise hier auf sie, nicht um sie zu verwerfen, sondern um sie gegen eine andersartige Beziehung zu Ideen der Vergangenheit abzusetzen. Die Vorstellung möglicher Welten hat ein völlig anderes Leben. In der Tat braucht es nicht viel Vorstellungskraft, um sich auszurechnen, daß diese Theorie im späten 20. Jahrhundert aus gutem Grund aufgekommen ist, in einer Zeit von virtueller Realität, Hypertext und künstlicher Intelligenz. Während indes die Vorstellung möglicher Welten dazu verwendet wurde, das Konzept von Fiktionalität zu erläutern, wurde es nicht auf inkompatible Welten bezogen, die durch jene Kunstwerke, die auf barocke Bildvorstellungen zurückgreifen, geschaffen wurden. Werke, die »nicht-figurativ« sind und dennoch in intensiver Weise aktiv, metaphorisch, aber trotzdem, was den Affekt anbelangt, effektiv.

Man sollte statt dessen dieses Konzept der möglichen Welten so hinnehmen, wie es auf uns kommt, als ein Konzept, das Resonanzen mit Poesie, Klängen und Formen, Träumen und Illusionen heraufbeschwört. Zum Beispiel fällt es schwer, den Titel von Dujouries Skulptur von 1989 *Echo in the memory, Down the passage which we did not take, Towards the door we never opened, Into the rosegarden* [Echo in der Erinnerung; den Gang hinunter, den wir nicht betraten, in Richtung der Türe, die wir nie öffneten, in den Rosengarten] nicht als einen Kommentar zu möglichen Welten aufzufassen, zu ihrer Bedeutung für unser geistiges Leben wegen, nicht trotz, ihrer Unzugänglichkeit.

Abb. S. 209 [unten]

Die Skulptur besteht aus einem bogenförmigen Fenster mit drei Unterteilungen, schwarzen Holzrahmungen ohne Inhalt; auf dem Boden befinden sich korrespondierend dazu drei Teile aus schwarzem Holz und weißem Marmor, die man als Reflexe oder Schatten der Teile an der Wand lesen kann. Die Teile auf dem Fußboden sind in einem schrägen Winkel zur Wand angeordnet, an welcher die Fensterrahmen gerade hängend angebracht sind. Das Fenster erinnert mich hier an das Erkerfenster in einem der frühen Videos, *Herinneringen met de ontmoeting*, aber ebenso ruft es auch viele Filmfragmente und bruckstückhaft Hotelzimmer in Erinnerung; Erkerfenster haben immer diese Wirkung auf mich, weil sie jedesmal an Reisen und Luxus denken lassen. Diese Skulptur, die 400 x 230 cm mißt, bietet eine mögliche Welt an, einen Rosengarten, wie in »Ich habe Dir nie einen Rosengarten versprochen« — einem populären Roman über

Schizophrenie —, der in der Tat eine Art ausgelebte Theorie einer möglichen Welt darstellt. Da gibt es einen Rosengarten als Möglichkeit, aber »den Gang haben wir nicht betreten« und nie sind wir in den Rosengarten gelangt.

Warum trägt dieses Werk einen dermaßen ausführlichen Titel? *Echo in the memory* beinhaltet eine zweifache Vorstellung: Erinnerung ist ein kultureller Vorgang, das zeigte bereits die Erörterung der Videos. Sie produziert Erzählungen, die eine Alternative zu denen darstellen, die wir im Augenblick des Sich-Erinnerns erleben. Erinnerung eröffnet endlose Möglichkeiten unsere Welt auszuweiten. Echo, die akustische Version der Spiegelung, ist eine Erscheinung, an die sich eine mythologische Erzählung knüpft; ein Nebenstrang zur Geschichte des Narzissus. Echo ist eine Gestalt aus der Geisterwelt, eine Nymphe, die nicht sprechen konnte, sondern nur fähig war, die Schlußlaute dessen, was sie hörte, zu wiederholen; so war sie von jeglicher Kommunikation abgeschnitten und wurde von Narziß zurückgewiesen, den sie anbetete. Ein »Echo in der Erinnerung« ist ein ambivalentes Konzept. Es kann eine Obsession sein, die sich ungerufen einstellt, als traumatische Neuaufführung eines Dramas; oder aber es könnte möglicherweise der angenehme Widerhall eines Rosengartens sein, eine Gelegenheit, die »wir« verpaßt haben. Die Art der Erinnerung kann zwar unterschiedlich sein, in beiden Fällen bleibt die Funktion des leeren Rahmens und der Fußbodendielen gleich: Sie evozieren eine mögliche Welt, eine Welt, die einmal eine Möglichkeit darstellte, aber es nicht länger ist. Heute ist die Illusion in sich zusammengefallen, die Fensterrahmen schließen nichts anderes ein als die leere weiße Wand der Galerie. Der schwarze Holzrahmen wird zum Zeichen der Trauer; eine Trauer über das, was nicht länger möglich ist, selbst nicht im Traum. So ist die Vorstellung einer möglichen Welt aktiviert und im Anschluß daran als unmöglich abgetan. Aber sie behält eine kulturelle Präsenz.

So präsent sie ist, diese Vorstellung ist nicht durch Philosophen von ihrem logischen Rahmenwerk befreit worden und durfte auch nicht die idiosynkratischen Konzepte Leibniz' anklingen lassen, die dieses Rahmenwerk unterdrückt, und die Wissenschaftler oder Logiker lieber in einer von späteren Entwicklungen überholten, metaphysischen Tradition begraben sein ließen. Solche Vorstellungen sind, wie hinreichend bekannt ist, die Monade, die Einheit der Materie, die eine Seele besitzt und das ganze

Universum widerspiegelt; das Labyrinth, ein Bild für das Kontinuum im Raum, wie auch in der Zeit, das an einem makro- wie mikroskopischen Maßstab festhält; ein konzeptueller Atomismus, ein Versuch, ein fundamentales Schema für ein Alphabet menschlicher Gedankenvorgänge zu konstruieren, ein verzweifelter Versuch, der sich auf die recht vernünftige Idee gründet, daß komplexe Konzepte von einfacheren abgeleitet werden können; und die Falte, die barockste unter den Ideen Leibniz' und die offensichtlich visuellste in ihrer Grundstimmung. Diese Vorstellungen sind ein entscheidender Teil barocken Gedankengutes und verdienen einen näheren Blick, der weniger philosophisch als von Phantasie geprägt ist. Denn es sind genau die Konzepte, die in visuellen Kunstwerken übernommen worden sind, welche eine Pluralität möglicher Welten auf der Basis der Fragen schaffen, die diese Konzepte hartnäckig weiter stellen, auch wenn sie nicht länger ernst und wörtlich genommen werden.

Lili Dujourie jedoch scheint für die Verbindung zwischen diesen Ideen empfänglich zu sein, wenigstens was ihr Kunstwerk *Ibant obscuri sola sub nocte per umbra* von 1988 anbelangt, das ich in diesem Sinn interpretiert sehen möchte. Es ist ein Jahr vor *Echo in the memory* entstanden und korrespondiert mit diesem Werk, setzt aber andere Akzente. Vier Männer, nur schwarze Umrisse, gefolgt von einem stilisierten Schatten, gehen durch einen Toreingang. Die Arbeit hat insgesamt die Maße 192 x 288 x 35 cm, dreidimensional sind nur die Stufen unterhalb des Eingangstores. Als Material wurde schwarzes Holz verwendet sowie weißer Marmor, was sich mit der Skulptur *Echo in the memory* deckt, aber die Umrisse der irgendwie bedrohlichen Männer sind Photographien, die auf Tuch gedruckt sind. Die Vier betreten tatsächlich den Korridor, was »wir« in *Echo in the memory* unterlassen haben. Aber sie sind isoliert, jeder von ihnen ist im Begriff eine eigene Welt zu betreten. Es sind nur Schatten, und sie gehen in die Nacht hinein. Jeder von ihnen betritt eine Monade, und Monaden haben keine Kommunikation untereinander.

Abb. S. 208

Wenn die beiden Arbeiten in Zusammenhang gebracht werden können, ist die mögliche Welt von *Echo in the memory* hier als eine Serie von Monaden dargestellt, Miniaturen möglicher Welten, jede in sich vollständig, aber ohne Fenster, da sie in sich versunken sind. Das macht aus den Männern Schatten, unter Umständen sind sie bereits tot. Sie kehren dem Betrachter ihren Rücken zu, ganz wie die Gestalt in *La Tosca*, und daher verlocken sie uns zu dem Impuls, ihnen folgen zu wollen; sie gehen dahin, wo wir nicht hingehen können. Dieser Drang, irgendwohin zu gehen, ist eine Variante des Verlangens zu berühren oder sich mit dem Spiegelbild zu identifizieren, von dem weiter oben die Rede war. Das heißt, wieder ist ein zweiter Sinn miteinbezogen, der das Sehen auf eine besondere, auf Begehren bezogenen Weise qualifiziert.

Diese Arbeit muß ganz einfach Platons Höhlengleichnis in Erinnerung rufen, dennoch bin ich der Ansicht, daß Mythisches hier weniger stark präsent ist als das Konzept der Monade. Das Thema ist nicht so sehr die Wahrnehmung als eine fragwürdige Quelle von Wissen — wie bei Platon —, sondern das auch körperliche Involviertsein in die Wahrnehmung und die tragische Isolierung eines jeden Subjektes. Dazu kommt, daß diese Isolation in Beziehung zu einem Raum gebracht ist, der uns allen gemeinsam sein könnte, wenn die trennende Leibnizsche Monade nicht wäre, die in sich vollkommen, aber in sich geschlossen ist. Annelie Pohlen beschreibt das Verhältnis von *Ibant obscuri sola sub nocte per umbra* und dem Raum wie folgt:

»In den ›Schatten‹, in der Möglichkeit ihrer geschlossenen wie in ihrer den Raum an verschiedenen, je neu zu bestimmenden Plätzen realisierbaren Präsentation deuten die ›Schatten‹ ihre Undeutbarkeit auf je andere Weise. Geschlossen mag ihre Präsenz nachgerade definitiv an das Bild eines Friedhofes, einer Gedenkstätte der verlorenen Wirklichkeit gemahnen, mag als vielleicht bedrückende Hommage an das Reich der Schatten, des Todes erscheinen. In offener, wenngleich im Kontext stringent konzeptueller Plazierung im Raum gewinnen die Schatten über ihren eigenen ›Blick‹ in den Raum die Qualität blinder Betrachter, blinder ›Spiegel‹ im Energiefeld der den Raum besetzenden Fragmente/Stücke. Deren Anwesenheit täuscht definierbare Existenz vor, um sich, wenn man so will, als solche den Schatten zu stellen.« (Pohlen 1989, S. 6)

So ist der »Raum« selbst in Frage gestellt, gerade so wie die Wahrnehmung, die in ihm vonstatten gehen kann.

Dies wäre eine zeitgenössische barocke Ästhetik, die man sich gleichzeitig als eine metabarocke Philosophie vorstellen kann.

Lassen Sie mich dieses Kapitel mit der Betrachtung einer Reihe von Arbeiten abschließen, welche auf ganz unterschiedliche Art und Weise Eingänge zu einem Nicht-Raum darstellen, in einen Raum der Träume, der

Erinnerungen, in eine unzugängliche, aber mögliche Welt. Die drei Fassungen von *Dimanche après-midi à Berlin* [Sonntag nachmittag in Berlin], alle *Abb. S. 210 u. 211* aus dem Jahr 1990, bestehen aus flachen Marmorstücken. Das erste scheint auf den Boden geworfen zu sein und zum Teil auch gegen die Wand, als wäre das Material faltbarer Samt anstelle von hartem, starren Stein. Der Teil auf dem Fußboden trägt Linien, die Zugang suggerieren; dann aber knallt man auf das kleine Stück an der Wand, das einen stoppt. Natürlich erfaßt man das alles, bevor man auch nur einen Schritt tut, und keinem würde es je einfallen, den Marmor zu betreten. Aber das Verlangen ist geweckt, genauso aber auch die Erkenntnis, daß dieser Pfad im wörtlichen Sinn nach Nirgendwo führt.

Die zweite Fassung von *Dimanche après-midi à Berlin* besteht auch aus flachen Marmorplatten mit grünen Marmorstreifen, die einen Pfad suggerieren. Dieser ist völlig gerade ausgerichtet und zerstört von Anfang an die Illusion, daß man irgendwohin gehen kann. Was bleibt, ist ein Gefühl einer offengelegten, theatralischen Illusion, der man nicht verfallen, sondern die man verstehen soll; um Verständnis für die Konstruktion des Theaterhintergrunds zu entwickeln. Das kostbare Material, das gewählt wurde, um diese Hintergrund-Stücke zu fertigen, erweist einer überkommenen Tradition der Marmorskulpturen Reverenz, ohne einfach die Überlieferung weiterzuführen. Statt nach klassischer und barocker Manier ganzfigürliche Skulpturen zu schaffen, legt Lili Dujourie nur eine Basis aus, einen Fußboden, auf dem entweder wirkliche Personen, wirkliche Körper laufen könnten oder, was wahrscheinlicher ist, sich ausmalen können, darauf zu laufen.

Anstelle den Körper mit seiner Dekoration verschmelzen zu lassen, wie bei den Samt-Skulpturen, kehrt Dujourie den Vorgang um; sie schließt den Körper aus, läßt nur noch den Untergrund, auf dem er stand, übrig und fordert den Betrachter auf, selber den Spaziergänger zu verkörpern, der in das Reich der Phantasie und der theatralischen Illusion eintreten könnte, es aber unterläßt. Die dritte Version von *Dimanche après-midi à Berlin* offeriert zwei Wege aus weißem Marmor in einem Environment aus grünem Marmor. Die Platte liegt flach auf dem Fußboden, sie vollzieht eine sanfte Wendung, um die Wand empor zu kriechen, dabei bildet sie keinen rechten Winkel und demzufolge keine Einheit mit der Wand. Von allen drei Arbeiten löst diese das größte Gefühl von Gefährdung aus; es hat Ähnlichkeit mit einem Doppelgrab und deutet kaum die Möglichkeit an, daß man diesen Pfad einschlagen kann. Es scheint, als wünschte sich die Künstlerin, daß der Betrachter den Traum der in sich geschlossenen Welt der Möglichkeiten insgesamt aufgeben solle.

Abb. S. 210 [unten]

Aber dann eröffnet sie doch eine andere Alternative. *Stillicht* [Stilles Licht] von 1991 besteht gleichfalls aus Marmor, drei schwarze Platten, von denen jede eine weiße Platte umfaßt. Die dritte Platte liegt auf den beiden anderen. In Absetzung zu den unteren, bei denen das Weiß in den schwarzen Grund eingelassen ist, besteht die obere Platte aus zwei Einzelplatten, einer weißen, die obenauf liegt, und der schwarzen darunter. Zwei Charakterzüge setzen diese Arbeit deutlich von den beiden vorigen Marmorobjekten ab. Erstens befindet es sich in der Raummitte ohne Bezugnahme zu der umgebenden Wand. Da die Wand in den beiden anderen Fällen indes als Illusion wie auch als Desillusionierung eines Traumes vom Zugang zu einer Welt der Phantasie diente, ist diese Anordnung desorientierend. Zweitens verleiht der extreme Kontrast zwischen Schwarz und Weiß — anstelle von Grün und Weiß — dem Weiß einen Glanz, ein Leuchten, das es wie eine Lichtquelle funktionieren läßt, ganz wie der Körper der Frau auf rotem Samt es tat.

Stillicht wirkt aufgrund dieser zwei Merkmale. Seine Plazierung und seine Abfolge in drei Schichten bedeutet, daß man sich der Monade oder der möglichen Welt von jedem Standpunkt aus nähern kann. Eine Wand ist nicht mehr nötig, oder ein Fenster, ein Türdurchgang, ein Pfad. Hier ist es, in der Mitte des Raumes. Aber wohin geht man? Der Hell/Dunkel-Kontrast spielte in der Malerei Caravaggios eine große Rolle; das hat Louis Marin großartig analysiert. Weiß drängt nach vorne, Schwarz weicht zurück, und als Ergebnis einer umsichtig kalkulierten Kombination der beiden, erreichte es Caravaggio, Tiefe zu schaffen ohne Perspektive als Hilfsmittel.

Daran scheint Lili Dujourie zu erinnern. Darum also ist die obere weiße Platte nicht nur weißer — weniger geädert — als die zwei anderen in Weiß, sondern ist buchstäblich dem Schwarz aufgesetzt. Und wiederum erweist die Künstlerin der Vergangenheit eine Reverenz, indem sie die Grundlagen, auf denen die Illusion aufbaute, bloßlegt. Sollte dieses Marmorwerk eine Form der Annäherung suggerieren, dann ergibt sich diese dadurch, daß man durch das Licht geleitet wird, das als dick, als inkorporiert und nur in der Phantasie existent dargeboten wird. Das Objekt aus Marmor ist damit das radikale, aber notwendige Ergebnis der Untersuchungen eines Zugangs in mögliche Welten, die mir alle diese Marmorwerke zu sein scheinen.

Stilleben

Im Laufe der Zeit haben die Skulpturen von Dujourie an Schwere zugenommen; zumindest sind sie schwer was ihr Material anbelangt. Marmor, Blei und Gips anstelle von Samt und anderen Textilien. Sie sehen jedoch auf keinen Fall schwer aus. Die Schwergewichtigkeit ist materiell, nicht optisch, tatsächlich besteht häufig eine klare Spannung zu der visuellen Wirkung der Stücke. Zu Beginn dieser Erörterung ihrer Skulpturen habe ich den Vorschlag gemacht, daß die schweren Materialien nur eine andere Methode darstellen, derselben Frage auf den Grund zu gehen: Was ist Stofflichkeit, zum Beispiel ein Körper, und in welcher Beziehung steht er zur Wahrnehmung? Wir können nun diese Frage weiter spezifizieren. Was ist ein Körper, wenn man ihn nicht von seinen äußerlichen Dekorationen unterscheiden kann? Wie kann man einen Körper anschauen, inwendig wie von außen, wenn es gar keine Tiefe gibt, nur eine gefaltete Oberfläche? Was bedeutet es für unseren eigenen Körper zu schauen, und wie können wir schauen, ohne das Gegenüber zu einem stummen Objekt zu reduzieren?

Eine auf ihre Art einzigartige Arbeit von 1987 wirft diese Fragen in einer strengen, klassischen Form auf, aber mit Hilfe eines Materials, das genau das Gegenteil davon verkörpert, das flüchtig und nicht in den Griff zu bekommen ist. Ich beziehe mich auf *Fontein* [Fontäne], einen Springbrunnen aus rostfreiem Stahl und Wasser. *Abb. S. 205* Es mag sein, daß diese Arbeit für einen bestimmten Garten in Auftrag gegeben wurde (heute steht sie in einer klassischen französischen Gartenanlage), aber die bloße Tatsache einer Auftragsarbeit kann meiner Meinung nach nie die Bedeutung einer Arbeit innerhalb eines großen Gesamtœuvres wie das von Lili Dujourie erschöpfen. Die Fontäne wird im unteren Teil von eben solch einer Rahmenhälfte gebildet wie sie uns von der oberen linken Ecke von *Crépuscule* geläufig ist. Dieser Halbrahmen ist unten beleuchtet. Die Dreiecksform der geraden Wasserstrahlen ist noch durch einen Unterschied in der Höhe herausgehoben: Die drei Arme sind unterschiedlich hoch. Am

Kreuzungspunkt aller drei Wasserarme ist das Wasser um etliches erhöht; dann senkt es sich, bis es wieder gegen Abschluß des Halbrahmens ansteigt.

Was ist ein Körper, wenn er sogar etwas so flüchtiges wie Wasser sein kann oder immateriell wie Licht? Wie kann man ihn betrachten, wo man doch durch ihn hindurch sieht oder man einer Bewegung zu folgen hat, die schneller vor sich geht, als man sie mit dem Auge erfassen kann. Dennoch ist der Körper des Wassers in diesem überaus ansprechenden Objekt eine Skulptur; eine dreidimensionale Arbeit, die aus Reminiszenzen der zweidimensionalen Kunst — der Rahmen — und aus einer Kunst, die nicht von der Dauer ist, wie sie klassische Tradition aufweist, besteht. Der eingeschränkte Zugang zu der Silhouette dieses Körpers ist Teil seiner geistreichen Aussage. Es ist dies eine Aussage, die zum ersten Mal gemacht wurde, als Barockkünstler anfingen — nicht mehr vom Zauber der Zentralperspektive der Renaissance eingefangen — mit ihrer visuellen Macht, die jene verlieh, mit abgegrenztem Zugang, mit unbegrenzter Materie und unvollendeten Körpern zu experimentieren.

Sogar in rezenten wissenschaftlichen Untersuchungen wird Caravaggio oft dafür kritisiert, daß sein Umgang mit Raum nicht gut gewesen sei. Seine Körper sind oft angeschnitten, extrem verkürzt oder auf andere Weise verzerrt. Die Arroganz einer »Ich weiß es besser«-Attitüde von Kunsthistorikern, die sich auf die Regeln der Zentralperspektive der Renaissance berufen, verhindert die Einsicht in die Problematik, die diese Verzerrungen zu ergründen suchen: eines Zugangs dreidimensionaler Körper zu einem Raum, der visuell vereinheitlicht werden muß. Die Fragmentierung von Körpern in barocker Malerei war ganz offensichtlich eine Beleidigung für das stolze Individuum, wie es der Humanismus kennt, jenes Individuum, das sich portraitieren ließ. Für viele andere gehörte das zu den Tatsachen des Lebens: von Krankheit zerstört, von Gewalttätigkeit und hohem Alter angegriffen, erfaßte der normale Mensch ziemlich schnell, daß der Körper verletzlich war, zu versehren, aber auch zu verehren. Die Aufmerksamkeit, die der Barock dem Körper widmete, entstammte einer harmonischen Idealisierung der Einheit von Körper und Seele, welche keine Verachtung des Körpers zuließ, auch wenn er versehrt, beschädigt oder ins Häßliche gekehrt wurde. Das ist die philosophische Bedeutung von Caravaggios übervölkerten Räumlichkeiten, verbunden mit den illusionistischen, täuschend realen Einzelheiten, die das Subjekt gleichbleibend in den Kategorien von Gesellschaftsklassen beurteilen: schmutzige Fußsohlen, schmutzige Fingernägel, zerrissene Kleidung: Diese Details wurden aufgrund seiner Wahl, nicht aus Notwendigkeit hinzugefügt. Die Ganzheit des Körpers ist besser mit als ohne seine Fehler dargestellt, und das Eindringen des Raumes in den Körper, welches zu einem wichtigen Thema des Surrealismus wurde, ist Teil dieses Makels.

Diese Auffassung von Körper als etwas Verehrungswürdigem, ohne ihn zu idealisieren — in der Tat kann Idealisierung im klassischen Sinn sehr leicht ein Vorwurf gegen den empfindungsfähigen Körper werden, den Menschen tatsächlich besitzen —, stellt auch heute noch eine wichtige Intervention dar, heute, da Kriege und Epidemien die Körper von Menschen jeglichen Alters verwüsten und vernichten. Die AIDS-Krise hat den Körper wieder ins Blickfeld gerückt. Dujourie widersteht der thematischen Konzentration auf den Körper, aber dann kann man auch wieder davon ausgehen, daß sie sich immer auf ihn konzentriert hat, nicht-figurativ, in diesen Arbeiten, in denen Materie und Körper nicht voneinander zu unterscheiden sind und der Körper des Betrachters, ohne sich hinter einer Dissoziation eines retinalen Sehens zu verstecken, dazu verführt wird, sich selbst miteinzubringen. Ausgenommen der Umstand, daß ihre Art »Körperhaftigkeit« darzustellen, immer hinterfragt, was der Körper ist und wie er wahrgenommen werden kann.

Eine Arbeit, die ich ganz besonders mit diesem Interesse am Körper und seiner Ausdehnung verbinde, ist eine Skulptur aus dem Jahre 1990 mit dem Titel *Gide, Stilleven* [Gide, Stilleben]. Diese zählt zu einer Serie von *Abb. S. 214–215* Arbeiten, die alle nach Lili Dujouries Lieblingsautoren benannt sind. Sie besteht aus einem quadratischen kleinen Tisch auf sehr hohen Beinen mit einem Oberteil, das schräg nach unten gestellt ist, wie bei altmodischen Volksschulbänken. Den Tisch bedeckt ein Tischtuch aus Gips, das in bestrickend schönen barocken Faltenformationen nach unten fällt. Gips ist erneut ein Material, das in Widerspruch mit seiner optischen Wahrnehmung steht. Er wurde so gekonnt entfaltet, daß man sich wünscht, ihn zu berühren, und seine Falten erinnern an barocke Stilleben, auf denen Tischtücher oft dazu dienen, die malerische Virtuosität des Künstlers unter Beweis zu stellen.

André Gide, der französische Romancier, der oft über zarte Formen und

Finessen der Umgangsweise schrieb, über unsichere geschlechtliche Identität und die schwierige Trennung zwischen »echt« und »falsch«, hat auch den Begriff »mise en abyme« geprägt. Dieser Begriff bezieht sich auf eine verkleinerte Version eines wichtigen Bestandteils oder Aspektes eines Werkes, der in diesem vorgeführt wird. Van Eycks angebliches Selbstportrait in der glänzenden Kugel oberhalb des Paares in der *Arnolfini-Hochzeit* wäre ein solcher Fall.

Das obige Kunstwerk nach Gide zu benennen mag dann als eine vielschichtige Geste in Richtung Geschichte gelesen werden. Die Tradition des Stillebens datiert bis in die Antike zurück, durchläuft im Barock des 17. Jahrhunderts einen Höhepunkt, als Gedanken über kreatürliche Existenz in religiöse Gedankengänge integriert waren, auf eine Art und Weise, die es später nicht noch einmal gab, bis vielleicht — heute.[56] Der Tisch ist im vorliegenden Fall bis auf das strahlend weiße Tuch leer, das auch ein Leichentuch sein könnte. Aber mit der Namensnennung von Gide kann die historische Referenz auch die Form eines »mise en abyme« annehmen: nur das Tischtuch ist notwendig, damit die Arbeit ein Stilleben wird. Das Tuch, das verhüllt, was sich darunter befindet, und zur Schau stellt, was sich auf dem Tisch befindet. Das erste ist angedeutet, das letztere als überflüssig ausgelassen. Die hohen, dünnen Beine, die das Werk fast gespenstisch erscheinen lassen, fügen der alten Idee des Stillebens eine Eleganz im Sinne Gides hinzu. Es ist eine Version der Subgattung von »ostentativem Stilleben«, das eher Reichtümer als Nahrungsmittel zur Schau stellte, aus dem 20. Jahrhundert. Aber genau wie dieses Zur-Schau-Stellen von Reichtümern eine Bedeutung hat, die mit den anderen Bedeutungsschichten dieses Genres zusammenhängt, so geht diese Eleganz — zwar verbunden mit Fragilität — über das Zur-Schau-Stellen von Eleganz hinaus, indem sie sich auf die Schönheit eines Körpers bezieht, der auch Verletzung und Verfall unterworfen ist.

Ähnlich besteht *Thomas Mann, Stilleven* [Thomas Mann, Stilleben] von 1990 aus einem hochbeinigen Tisch, diesmal mit einem flachen Oberteil, mit einem Gipstuch mit Fältelungen. Die größere Masse dieses Tuches liegt auf der linken, hinteren Seite, wie um zu suggerieren, daß Stilleben auf künstlichem Weg Reliefs konstruierten, mit dem wie zufällig zusam-

56 Siehe dazu Norman Brysons Buch über Stilleben (1989).

mengebauschten Tuch. Beide Werke sehen wie Zwillinge aus, zwei verschiedene Erkundungen, wie ein Tischtuch ein Körper »sein« kann, ihn verhüllt und zur Schau stellt, und wie wir es als solches sehen können. Die Falten in dem Tuch zwingen uns einmal mehr zu realisieren, daß es keine Tiefe gibt, nur Oberfläche, aber eine Oberfläche, die zurückweicht und nach vorne kommt, um an unserem Sehvorgang teilzunehmen.

Ein drittes *Stilleven* [Stilleben] aus derselben Periode (1992) besteht aus *Abb. S. 213* einer rot-braunen Marmorplatte, die an der Wand angebracht ist. Im Bereich des linken Randes befindet sich eine zusammengeknüllte Serviette, wieder aus Gips. Diese Arbeit hat keinen literarischen Bezug durch einen entsprechenden Titel, obwohl man meines Erachtens sehr gut einen solchen zu Proust herstellen könnte. Die beschmutzte Serviette gehörte zu den Dingen, die der kleine Marcel zuerst abstoßend fand und die er später in ihrer Schönheit schätzen lernte. Prousts Vorbild war Chardin, seine von immer neuen Erlebnissen genährte Erfahrung, die Stilleben im Louvre, dann das »reale« Durcheinander nach dem Essen. Unter Dujouries Stilleben erscheint dieses Werk von besonderer Aussagekraft, und zwar durch die Nonchalance, mit der die Serviette auf die Steinplatte hingeworfen wurde. Dies widerspricht wieder völlig den stofflichen Gegebenheiten der Arbeit. Der visuellen Erfahrung wird widersprochen, nicht um Echtheit vorzutäuschen, sondern um die Grundlagen zu hinterfragen, von denen ausgehend wir annehmen, daß etwas, das wir sehen, existiert.

Die ontologische Frage, die postmodernes Denken prägt, »wie können wir wissen, daß Realität existiert, wenn wir uns unserer Wahrnehmung der Realität nicht sicher sind?«, ist die logische Folge des modernistischen Erkundens der Wahrnehmung und der Versuche diese »rein« zu machen. Diese Reinheit des Sehens wurde schon lange angezweifelt und aufgegeben. Im Gegenteil, zeitgenössische Kunst ist multimedial und Dujouries Gebrauch literarischer Bezüge und poetischer Titel müssen in dieser Hinsicht durchaus ernst genommen werden als gezieltes Gemisch von Medien und semiotischen Modi. Die Serie *Kabinetten* [Kabinette] aus dem *Abb. S. 216* Zeitraum 1992-93 deute ich als Hinterfragung der Möglichkeit von Wahrnehmung. Schwarze Vitrinen aus Eisen, wieder auf hohen Beinen und mit beschränktem Raum zwischeneinander, verbergen jeweils in ihrem Innern ein Gipstuch, zusammengeknüllt, gefaltet und gerade dort hineingeworfen. Wenn sie alle zusammen ausgestellt werden, sieht man nur die Kästen auf ihren hohen Beinen.

»Gibt es etwas im Innern der Kästen?«, das ist die Frage, die einem auf der Zunge liegt, und irgendwie schämt man sich sofort darüber. Kunst präsentiert sich selbst, um angeschaut zu werden, sie hat nichts zu verbergen. Diese Vitrinen tun es; sie belehren einen, daß keine Notwendigkeit vorliegt, ins Innere zu sehen, und wir nicht das Recht dazu haben. Dennoch bewirkt die Tatsache, daß die Außenseite zugleich nur eine Oberfläche ist, daß man mit seinen Sinnen durch das Sehen nicht die Grenzlinie der Oberfläche überwinden kann. Diese Beschränkung läßt eher die Grenzen verschwinden, als daß sie sie errichtet. Da wir nämlich nicht durch die Oberfläche durchsehen können, müssen wir uns den Skulpturen nähern, um ins Innere zu schauen. Darüber hinaus feuert die harte Abgrenzung die Phantasie an, die ganz dicht neben dem Wahrnehmungssinn plaziert ist. Warum laden uns diese Vitrinen zum Hineinschauen ein? Es sind ihre Körper, welche die wunderschön gefalteten und geformten Tücher bergen, die Servietten, so weich, so rund in ihren geschwungenen Formen, daß sie Körper sind, in und von sich selbst. Die Idee, die Servietten in den Vitrinen zu verstecken, ist ebenso brillant wie einfach. Sie läßt all die Gewißheiten offen, die wir glaubten zu haben, über das, was wir sehen und was wir nicht sehen, und über den Punkt einer Existenz außerhalb der Wahrnehmung. Anders formuliert, es wendet sich von Seiten eines postmodernen, ontologischen Zweifels an einen modernistischen, epistemologischen Skeptizismus.[57]

Abb. S. 218 Auf sehr unterschiedliche Art wirft *Mille et une nuits* [Tausend und eine Nacht] von 1993 die Frage nach der Ontologie in ihrem Verhältnis zur Wahrnehmung auf. Drei schwarze Eisentafeln (210 cm hoch, 95 cm breit) stehen schräg nebeneinander. An der Vorderseite jeder Tafel hängt ein Gipstuch wie ein Geschirrtuch herunter. Der krasse Schwarz/Weiß-Kontrast stellt die Frage, »welches ist der Körper und was der Zusatz, Kleidung oder Fassade?« Die Tafel als bloße Unterlage für das Tuch als der Körper wäre eine Möglichkeit; die Tafel als der Körper und das Tuch als Umkleidung oder Zierat ist eine andere. Aber der Titel verweist auf ein ganz anderes Dilemma.

---

57 Siehe dazu das Buch von Brian McHale über postmoderne Fiktion, die auf ontologischem Zweifel beruht (1987).

Gemäß der weltberühmten Rahmenerzählung läßt jener bewußte Kalif jede seiner Ehefrauen nach der gemeinsamen Hochzeitsnacht aus Angst vor Konkurrenz töten. Nur Scheherazade, einfallsreich wie sie ist, findet einen Ausweg, ihr Leben zu retten. Sie erzählt dem König fortlaufend Geschichten, deren Ende sie ihm bis zu der darauffolgenden Nacht vorenthält. Leben und Tod sind so gesehen an die Fähigkeit gebunden, Geschichten zu erzählen, den anderen einzufangen, die zweite Person in der Rolle des Zuhörers verharren zu lassen. Die drei Tafeln mit den Gipstüchern darauf könnten für die verschiedenen Geschichten stehen, wobei jede von ihnen im Erzählt-Werden zum Leben erweckt wird, ebenso wie die Tafeln dem Tuch, das sonst zu Boden fallen würde, Halt geben. Die Anspielung auf den Erzählzyklus von »Tausend und einer Nacht« weist metaphorisch auf die Bedeutung hin, das Ende vorzuenthalten. Ebenso wie sie die Analogie zwischen visueller Kunst und Fiktion herstellt, läuft diese Metapher, dieser Appell, den Schluß wegzulassen, der Ambition entgegen, totales Wissen zu erwerben, Einsicht, Sicht.

Hilfe kommt aus der Sprache heraus, gerade so wie Dujouries Titel ihre Werke unterstützen. Aber hier wie in *Gide* und *Thomas Mann* ist es die Sprache der Fiktion, die rettet. Fiktion ist, wie Kunst, in der Lage, Themen aufkommen zu lassen, die normalerweise nicht sichtbar, nicht denkbar wären. Dies ist es letztendlich was »mögliche Welten« bedeutet, ob wir sie nun als ernsthafte Theorie einer Fiktion oder als ein Zeichen und eine Fußnote zu einer historischen Illusion ansehen; als barock oder metabarock. Das soll nicht heißen, daß Sprache die bildende Kunst dominiert, oder daß die visuelle Kunst nicht sich selbst erhalten könnte. Es bedeutet, daß in keiner Kultur eine Wahrnehmung vorkommt, die wirklich »rein« sein kann. Mit anderen Worten, es gibt keine Kultur, in der man wie in einer Amnesie befangen einfach schauen könnte, wobei alle Texte, Worte, und an erster Stelle Erzählungen, die man je gehört, gelesen und gesehen hat, verdrängt würden; all die Erzählungen, die man »kennt«.

Erzählungen, die man »kennt«, sind der Stoff, aus dem Kultur besteht. Sie befähigen Leute verbal und nonverbal zu kommunizieren. *Sextet* *Abb. S. 217* [Sextett] von 1997 hinterfragt diese Grenze, die in der Kunstkritik eine so herausragende Rolle spielt, welche visuelle Kunst als ontologisch verschieden von irgend etwas, das mit Sprache zu tun hat, ansieht. Zwei Reihen von Bleiplatten sind einander gegenübergestellt. Auf jeder Platte ist ein kurzes Wort eingraviert. Die Wörter sind die Personalpronomen in der dritten Person singular aus verschiedenen Sprachen, in der einen Reihe die weiblichen, in der anderen Reihe die männlichen Pronomen. Die dritte Person, die das Objekt von Sprache, des Geschichten-Erzählens ist, nimmt aber nicht an der Konversation teil. Nach dem Geschlecht der eingravierten Pronomina angeordnet, spielt diese Arbeit auf das Verhältnis zwischen männlich und weiblich an.

Ist diese Beziehung eine Begegnung oder eine Opposition? Das Pronomen in der dritten Person stellt männlich und weiblich im Verhältnis eines Unterschiedes heraus, das beides sein kann. Materialiter gesehen ist die Inschrift durch Einwirkung von Feuer entstanden. Die Buchstaben sind in das Blei eingebrannt, wobei sie unregelmäßig ausbuchtende Blasen erhalten haben. Indem die herausgebrannten Löcher das Blei zur Seite trieben, traten jene Blasen zu Tage und gaben dem Werk einen Anflug von Dreidimensionalität, den die flache Platte sonst nicht besäße. Die Höhe der Buchstaben wechselt zwischen konvex und konkav und ruft damit erneut das Verlangen zu berühren wach. Man möchte herausbekommen, in welcher Richtung jene eigentlich verlaufen, in dem Drang mit seinen eigenen Händen zu sehen. Aber die Buchstaben zu berühren, heißt zugleich mit den geschlechtsspezifischen Pronomen in Berührung zu kommen.

Diese haptische Qualität der Buchstaben macht nach und nach aus dem Gegensatz eine Begegnung. Aber zur gleichen Zeit, kaum daß die Beziehung zwischen den beiden Wänden aus geschlechtsspezifischen Platten zum Tragen kommt, bleiben die Wörter nicht länger Pronomen in der dritten Person. Beide Reihen sind sich gegenübergestellt. Gegenüberstellung ist die visuelle, materielle Form, »Du« zu sagen, und sich dadurch, daß »Du« ein Du ist, Gewißheit darüber zu verschaffen, daß Du ein »Ich« bist. Die Distanzierung, die in der dritten Person des Pronomens eingebaut ist, macht diese Gegenüberstellung zum Problem. Als Folge davon wird sich der Betrachter darüber klar, daß hier noch eine weitere Herausforderung präsentiert wird. Die Schwierigkeit, sich entweder für die dritte oder für die erste/zweite Person zu entscheiden, bringt die Beziehung zwischen Sprache und Sehen, Sehen und Berühren ins Spiel, ebenso wie die zwischen Sprache und Objekt. Ob es uns nun gefällt oder nicht, das Pronomen in der dritten Person, das für gewöhnlich dazu eingesetzt wird, um sich auf einen abwesenden anderen zu beziehen, wird zum Beweis einer Deixis, welche

Bedeutung nur innerhalb einer Situation einer sprachlichen Äußerung hervorzubringen vermag.

Sprache erfährt so durch das Einbeziehen des Visuellen eine Bereicherung, statt aus ihr verdrängt zu werden. Die symbolische Ordnung der Sprache wird durch die visuelle Ordnung des »Blicks«, der zurücksieht, verdichtet. Wohin wir auch immer sehen, nach rechts oder nach links, die entgegengesetzte Begegnung vollzieht sich unaufhörlich, und wir sind in der Mitte von beiden gefangen. Der Betrachter fügt seine oder ihre Stimme dem Sextett harmonisch aufeinander abgestimmter Stimmen hinzu — die Pronomen auf jeder Seite »bedeuten« dieselbe Sache, aber sie »sind« unterschiedlich —, um ein vielstimmiges Ereignis von Kommunikation entstehen zu lassen. Die »große Erzählung« des Geschlechterverhältnisses gibt den Ton vor, führt jedoch zum wiederholten Mal zu keinem Ende.

Diese Wirkung hat genauso eine zeitliche Dimension. Das unterstützende System eines kulturellen Hintergrundes, das uns befähigt zu sprechen — Lacans symbolische Ordnung —, hat eine visuelle Komponente von Dingen, die wir gesehen und demzufolge in unsere Erinnerung »eingebürgert« haben. Dieses System um uns hat so viel Einfluß, daß wir nur das wahrnehmen, was sich ihm »einfügt«. Wie schon oft im Vorangegangenen erwähnt, wird dieses System die »Projektionsfläche« genannt. Auf dem Niveau der Projektionsfläche ist Kunst in der Lage, unsere Art zu sehen zu verlagern, und in dem Ausmaß, in dem Lili Dujourie mit den Möglichkeiten des Sehens experimentiert, kann ihre Kunst solche Möglichkeiten zur Veränderung anbieten, welche Gedankennahrung sind. All ihre bisher erwähnten Arbeiten tun das; ob das nun durch die Abtrennung von Rahmen und Figur geschieht, durch den Spalt zwischen Objekt und Spiegelung, oder durch die Diskrepanz zwischen den anschaulichen Qualitäten eines Objektes und deren materiellem »Gewicht«. Sie sind »still«, aber auch »Leben«: lebendig, aktiv.

Zwei Arbeiten von 1993 zeigen es explizit in ihrem (gleichen) Titel, daß sie auf diese Änderungsmöglichkeiten abzielen: *De ochtend zal de avond zijn* *Abb. S. 219* [Der Morgen wird der Abend sein]. Wer legt fest, was der Morgen und was der Abend ist? Welch gewaltiger Magier hat die Fähigkeit, diese beiden Momente innerhalb von Zeit auszutauschen, Zeit zu verwandeln? Die Arbeiten bestehen aus einem einfachen, niedrigen, aber ausnehmend langen, schwarzen Tisch aus Eisen und Holz mit den Maßen 420 x 60 x 95 cm.

Bei dem ersten Werk ist der Tisch mit einem dünnen weißen Gipstuch bedeckt, das an jeder Seite etwas überhängt, mit einer sehr leichten Unregelmäßigkeit irgendwo links von der Mitte; gerade mal kleine Simulakra des Materials — Leinen —, das sie ja eigentlich gar nicht sind. Der Index eines Stillebens, weiter nichts. In der zweiten Arbeit sieht man den gleichen Tisch, aber das Tischtuch ist weggeräumt, gefaltet und dann über den Tisch gehängt; es schleift etwas über den Fußboden, als ob der Tisch noch nicht gedeckt oder nach einer Mahlzeit wieder abgedeckt worden wäre. Die Wirkung der Falten ist außergewöhnlich. Bei dem ersten Tisch fiel es bereits schwer, das dünne Gipstuch als Gips zu *sehen*; bei diesem zweiten fährt das Auge fort, von dem überzeugt zu sein, von dem wir wissen, daß es falsch ist. Die Arbeit stellt damit die Grenze zwischen Sehen und Glauben in Frage, zwischen positivem Wissen und spekulativem Denken.

Abb. S. 220 *Field of Sorrow* [Feld der Sorge], 1996, besteht nur aus Blei; es setzt sich aus zwei Stangen auf dem Fußboden zusammen, auf denen eine Matratze aus Quadraten aus aufgerolltem Blei liegt. Das Stück sieht bequem aus, wie eine moderne Couch in einem luxuriösen Wohnraum, aber nein, es ist das *Abb. S. 221 [unten]* Feld der Sorge, hart, schwer, unnachgiebig. *Luaide*, 1996, besteht aus zwei hölzernen Stöcken, die ähnlich einem Handtuchhalter an der Wand fixiert sind; von jedem hängen gefaltete Bleiplatten herab. Schön, schimmernd, weich, eine mit Falten an der Seite, eine andere säuberlich in der Mitte der Vorderseite gefaltet; diese Arbeiten könnten umwerfend komisch sein, wenn sie nicht, im wahrsten Sinne des Wortes, so schwergewichtig wären. Dujourie hat ohne Zweifel einen ausgeprägten Sinn für Humor und einige ihrer Kunstwerke sind wirklich witzig. Aber diese Bleiobjekte locken mir nicht einmal ein Lächeln hervor. Das Material, aus dem sie bestehen, vermittelt die Vorstellung von Tod. Das silberfarbene Bleipaket mit zwei *Abb. S. 221 [oben]* Tragehölzern darunter, *Grijze velden* [Graue Gefilde] von 1997 mit den *Abb. S. 223* Maßen 33 x 300 x 132 cm, der etwas höhere Kasten aus Blei, *Des points cardinaux* [Kardinalpunkte] von 1997 (100 x 260 x 100 cm), oder der altar- *Abb. S. 222* artige Tisch, Blei auf Holz und Eisen, *Substantia* von 1997. Alle diese Werke scheinen den Tod zu beschwören, ja geradezu den Toten einen Platz zum Verweilen zu offerieren. Vor allem *Substantia*, bei der der Altar mit einem Bleituch bedeckt ist. Die Diskrepanz zwischen Sehen und Fühlen kann kaum weiter getrieben werden, noch kann man in der Illusion verharren, daß mit »Falten« »Tücher« gemeint wären, daß aller Stoff leicht sein müsse. Sollten wir je an all diese Dinge geglaubt haben, dann müßten wir einen Blick zurück auf die Samtskulpturen werfen, welche viel fröhlicher und sinnlicher als die Bleiarbeiten scheinen, dabei aber mit Sicherheit genauso trügerisch sind. Könnte diese Täuschung nicht ein Schlüssel zur Skulptur sein, die immer Materie zwingt, zu etwas anderem zu werden, etwas unendlich Variablem, das ein Gefühl für ein Ende vermittelt, ohne je zu enden: Materie, die lügt, und den Betrachter dabei zum Komplizen macht?

3. Collagen

In der Galleria Borghese in Rom bietet Berninis *Entführung der Proserpina* (1621) eine Definition von Skulptur als Material, das Lügen verbreitet, und zwar hier konkret durch die Hand Plutos, die Proserpinas Fleisch drückt, so daß der spröde Marmor ein optisches Gefühl von Berührung überträgt. Gemäß Umberto Eco (1976, S. 10) ist die Fähigkeit zu lügen eine Definition von Zeichen. Ich führte weiter oben schon aus, daß Lili Dujouries Skulpturen aus Samt, Gips und Blei aus den Achtzigern und frühen Neunzigern ein gutes Beispiel für eine solche Definition abgeben würden, aber anders als Berninis die Sinne täuschende Figurativität, gelingt ihnen dies auf eine Art, die man für gewöhnlich als Abstraktion ansehen würde. Wie zu sehen war, stellt das Œuvre von Dujourie konsequent diese Unterscheidung von Figuration und Abstraktion in Frage, sowohl intellektuell wie durch einen synästhetischen Appell an die Sinne.

Wenn Skulptur eine Sache ist, die lügt und den Betrachter zum Komplizen werden läßt, so daß Sehen und Fühlen radikal voneinander getrennt werden, was kann dann eine Collage sein und bewirken? Nach ein paar konzeptuellen Skulpturen, von denen *Amerikaans Imperialisme* diejenige ist, die immer wieder zitiert wird, schuf Dujourie in den siebziger Jahren, noch vor den Samt-Skulpturen, eine Reihe von Papierarbeiten, die einem ins Gesicht lügen. Collagen sind es deshalb, weil sie aus Papierstückchen bestehen, die auf einen Hintergrund geklebt worden sind. Aber sie passen nicht in die Kategorien, die üblicherweise in der Geschichte dieses Mediums unterschieden werden. Weder sind sie dadaistisch noch surrealistisch in ihrer Vorgangsweise, Bilder aus Fundstücken zu erstellen; sie betonen weder die Bruchstückhaftigkeit, noch schaffen sie neue Ganzheiten, deren Nahtstellen unsichtbar bleiben, um es der Phantasie zu ermöglichen, auf die dargestellte Welt projiziert zu werden. Statt dessen scheinen sie den Raum, der sie umgibt, zu erschaffen. *Abb. S. 188*

Die zweite Täuschung betrifft das Verhältnis dieser Werke zur Collage im allgemeinen Sinn. Die Collage trägt den Illusionismus der Malerei über sich selbst hinaus, indem sie materielle Objekte einsetzt, anstelle sie darzustellen, um diese Form von Illusionismus zu zerstören. Aber ebenso wie Dujourie auch in ihren späteren Arbeiten die Kategorien der Geschichte in Frage stellt, an der sie aktiv teilnimmt, so lehnt sie es hier in ihrem Frühwerk ab, eine Kategorie aufrechtzuhalten, nicht einmal diejenige, die vorausgegangene Kategorien in Frage stellt. Es existiert hier kein

Illusionismus und genauso wenig eine Zerstörung des Illusionismus. Diese Collagen beschäftigen sich mit etwas total anderem. Sie stellen die Materialität heraus und die unstabilen Qualitäten, das Darstellungspotential und die Grenzen jeglichen materiellen Gegenstandes.

Das gelingt ihnen auf eine Art, welche sowohl die dadaistische als auch die surrealistische Collage integriert, nur um über diese hinauszukommen. Sie betonen den Vorgang des Zerreißens von größeren Stücken des aufgelesenen Papiers, wie die Dadaisten es getan haben würden, und integrieren sie, machen etwas Neues daraus, wie es wiederum die Surrealisten getan hätten. Aber anstelle imaginäre Welten zu erschaffen, deren Integrität nur auf dem Niveau der Fiktion, die sie darstellen, sichtbar wird, sind die Collagen selbst die neuen Ganzheiten, die sie erschaffen. Da gibt es keine Fiktion, oder zumindest verlangt die Projektion einer Fiktion auf diese Kunstwerke eine Aktivität des Betrachters, dem nur ungegenständliche Bilder bleiben, um damit zu arbeiten.

Imperialism revisited

In einer Kampfansage an den Imperialismus, der menschlicher Interaktion mit dem Raum innewohnt, streichen diese Werke den Raum heraus. Ob sie nun klein sind (ungefähr 20 x 30 cm) oder riesengroß, die Papierfetzen schwimmen im Raum, füllen ihn fast gänzlich aus, erweitern seine Grenzen, zerlöchern ihn. Raum wird etwas anderes durch das Auftauchen der Neuankömmlinge, die Schnipsel aus zerrissenem Papier. Sie sind zweidimensional, aber sie kündigen drohend an, von dieser Flächigkeit abzuheben und plastisch zu werden. Dies untergräbt die Stabilität des sie umgebenden Raumes, so wie es die Stabilität der Funktion des Hintergrundes untergräbt.

Es gibt drei Collage-Folgen: die kleinen *Stilleven* [Stilleben], die noch kleineren *Roman*-Arbeiten sowie sechs von gewaltigem Ausmaß mit dem Titel *Landschap* [Landschaft]. Alle jene aus der Serie *Stilleven* sind mehr oder weniger aus farbigem Papier ohne Darstellungen darauf. Diejenigen aus der Reihe *Roman* sind hauptsächlich aus derselben Sorte Drucksachen gestaltet, mit denen unsere Briefkästen jeden Tag neu gefüttert werden; billiges, dünnes Hochglanzpapier, voll des bildlichen Ausdrucks der Sehnsüchte einer Konsumgesellschaft im endlosen Verlangen nach Besitz. Diese Zeitschriften sind auch das Ausgangsmaterial für die aufgeklebten Papierausrisse in den *Landschap*-Arbeiten.

Abb. S. 184–185
Abb. S. 186–187

Wie bei vielen von Dujouries Skulpturen und allen ihren Videos, machen die Titel der drei Collage-Serien neugierig und sagen voraus, wie man das Kunstwerk zu sehen hat, zu denen sie gehören. Sie alle bringen ein historisches Genre mit ein, dessen Anfänge dem 16. und 17. Jahrhundert zuzuordnen sind: Zwei der Gattungen widmen sich der Kunst der Malerei, die andere der des Schreibens. Es scheint mir von Wichtigkeit, daß es der letzteren zukommt, eine Attacke gegen die »Integrität« der Geschichte der visuellen Kunst zu führen. Auf andere Weise vollzieht das auch der Titel *Amerikaans Imperialisme* von Dujouries Skulptur/Installation/Stilleben von 1972 — ein Meilenstein ihres Schaffens —, allerdings erreicht er das mit unterschiedlichen Mitteln.

Formal gesehen scheint *Amerikaans Imperialisme* dem Minimalismus zuzurechnen zu sein, einer im wesentlichen amerikanischen Kunstrichtung

(Krauss 1997). Sein Titel insinuiert allerdings eine Kritik an dieser Kunstströmung, in Übereinstimmung mit der zu dieser Zeit vorrangigen Kritik an amerikanischer Politik und der Kehrseite eines Internationalismus in Amerikanischer Kunst. Diese andere Seite: das ist es in der Tat, was diese Arbeit sehr engagiert zur Diskussion stellt, einschließlich der Kehrseite des Internationalismus, welcher Amerikanische Kunst in der Hochzeit des Minimalismus kennzeichnete. Die Stahlplatte ist gegen eine farbig gestrichene Wand gelehnt. Die monochrome Bemalung der Wand setzt dort ab, wo die Stahlplatte auf sie trifft. Wie Bart Cassiman es formulierte, der die Unterbrechung als eine Denunziation der Oberflächlichkeit des Internationalismus deutete: »... dasjenige, das der Oberfläche entkommt, ist ungemalt.« (Cassiman 1989, S. 13)

Die formale Zugehörigkeit dieser Arbeit und die gleichzeitige Kritik an dem, dem sie eigentlich zuzurechnen ist, legt nahe, daß Lili Dujourie eine kritische Perspektive zu bieten hat, welche weder frontal, noch selbstgerecht ist. Es ist eine Perspektive, die ihre Verpflichtung gegenüber der Vergangenheit in der entschiedenen Zielstrebigkeit nach vorne anerkennt. Dieses Werk ist weit mehr als nur die Darbietung eines Konzeptes, es analysiert den Akt des Sehens und seine Begrenztheiten. Man kann einen Gegenstand nicht optisch voll erfassen, Vorder- und Rückseite zugleich. Seine Erscheinung läßt es nicht für den sich aneignenden, kolonialisierenden Blick [the gaze] verfügbar werden (Bryson 1983; Bal 1973). Jedoch drängt die unbemalte andere Seite ihre Anwesenheit durch Sichtbarkeit auf, wenngleich es einer körperlichen Anstrengung bedarf, sie tatsächlich zu Gesicht zu bekommen. Die Provokation, die von diesem Kunstwerk ausgeht, bringt den Betrachter nicht nur zum Nachdenken (zum Konzeptualisieren) über die Begrenzungen eines entkörperlichten Blickes [the gaze], sondern läßt ihn oder sie den Unterschied zwischen einem solchen Blick und einem engagierteren, körperlichen Schauen [the look] durchleben (Silverman 1996). Der Spalt zwischen der Wand und der schräg stehenden Platte, die die Wand zum Anlehnen (zur Stütze) braucht, steht in Analogie zur Kluft zwischen einer verborgenen Anwesenheit und einer Abwesenheit.

Wie ist es möglich einzusehen — nicht nur vom Intellektuellen, sondern auch vom Künstlerischen her, einschließlich des Formalen —, daß diese so formale, minimalistische Skulptur von derselben Künstlerin stammt, die

die überschwenglichen, barocken Skulpturen aus Samt während der achtziger Jahre innerhalb ein und desselben künstlerischen Projektes geschaffen hat? Um eine Verbindung zwischen beiden ausfindig zu machen, möchte ich die Collagen betrachten. Die gigantischen *Landschap*-Collagen mit den Maßen 110 x 280 cm stellen eine Herausforderung gegenüber Standardvorstellungen von Landschaft als einem Genre der Malerei dar. Landschaft, so argumentiert Ernst van Alphen, stellt nicht einfach Raum dar, eine Welt draußen auf der Leinwand, welche ein Fenster zur Realität bietet. Durch die Darstellung eines Außenraums bieten Künstler, so van Alphen, eine meta-künstlerische Aussage über die Beschaffenheit des Raumes, um den es geht, wenn sie ein Kunstobjekt herstellen, »den Raum der Repräsentation« (1997, S. 5).

Diese Sichtweise steht in Übereinstimmung mit meiner Deutung von *Amerikaans Imperialisme* als einer Erfahrung anderer Möglichkeiten, auf ein Objekt zu sehen, dessen Erscheinung auf schmerzliche Weise seine begrenzte Zugänglichkeit für das Sehen herauskehrt. In diesem komplexeren Sinn — des Erforschens, was es bedeutet außerhalb, gegenüber und innerhalb eines Raumes zu stehen, all das zur gleichen Zeit — setzt sich *Amerikaans Imperialisme* nicht nur aus einer Stahlplatte und der Wand zusammen, sondern auch aus dem ansonsten leeren Raum, in dem wir aufgefordert sind, das Werk zu sehen; dieses Werk ist auch eine Landschaft. Aber diese Arbeit als eine Landschaft zu identifizieren macht sie zu einer anderen Art Hybrid. Da wir gleichzeitig auf die Wand und auf die Stahlplatte schauen und so erfahren, was es bedeutet, innerhalb des Raumes zu stehen, der das Werk bestimmt, und das Gefühl haben, eingeladen zu sein, uns vorwärts zu bewegen, bis wir die Rückseite der Platte sehen (das unbemalte Segment der Wand), stellt sich die Skulptur als beides heraus, als Gemälde und als Werk der Architektur, das einen auf Erfahrung beruhenden Moment zu Geltung bringt, in dem Zwei- und Dreidimensionalität nicht länger auseinander gehalten werden können. Wenn man diese Erfahrung beim Betrachten der *Landschap*-Collagen einfließen läßt, wird es möglich zu sehen, wie diese — formal gesehen — völlig unterschiedlichen Arbeiten an ein und demselben Projekt teilhaben.

Landschaft als Laboratorium des Raums

Gerade so wie es nicht auf der Hand liegt, *Amerikaans Imperialisme* als eine Landschaft zu sehen, geben sich die riesigen Papierbögen mit kleinen, kaum sichtbaren Schnipseln, die aus Hochglanzmagazinen herausgerissen wurden, nicht für eine leichte Interpretation her. Die Fetzen, die auf die Bögen aufgekleistert sind, sind figurativ, aber diese Bildlichkeit läßt sie nicht gegenständlich werden. Teile von Gesichtern, Körpern und Gegenständen sind wiederzuerkennen, aber sie sind mokanterweise unvollständig. Es sind Beispiele für Fragmentierung, wie zufällig auf billigen, unkünstlerischen Darstellungen ausgeführt, welche dadurch als solche abgetan werden, in Stücke gerissen. Die räumlich-darstellerische Qualität, die »Landschaftlichkeit« dieser Arbeiten, liegt in der Überlegung und Erfahrung, die sie über den Zusammenbruch der beiden Arten zu schauen anbietet und über die zwei Richtungen, in denen Raum diese programmiert.

Die winzigen Stückchen Papier scheinen auf der riesigen »weißen« Oberfläche, die diese fest im Griff hat, nahezu verloren. Beim Hinschauen — gefoppt durch die Illusion von Darstellungen auf den Papierfetzchen des Hochglanzmagazins — und bei dem Versuch festzuhalten, was jedes der Objekte als seine Vergangenheit in sich trägt, bevor es abgerissen wurde, und des weiteren bei dem Versuch, es mit einer projizierten Erzählung, die ihm Bedeutung verleiht, zu verbinden, scheitern wir. Dieses Scheitern wird im selben Moment empfunden, betrauert und beiseite geschoben. Denn der Blick, der nicht fassen kann, was dort ist, wird selbst von dem »Weiß« erfaßt, das sichtbar wird wie das andere. Das Ergebnis ist eine Erfahrung im Sinne Wittgensteins: von einer Methode, ein Bild anzublicken, hinüberzugleiten zu einer anderen, die nicht zur selben Zeit vollzogen werden können — Kaninchen oder Ente, junges Mädchen oder alte Frau, Freuds Gesicht oder der Gegenstand seiner Begierde (Thiher 1984). Diese Spielchen mit der Wahrnehmung liefern Beweise für eine grundlegend Leser-orientierte Rezeptionstheorie. Was immer das Bild zu bieten hat, der Betrachter entscheidet, was er sieht. Im vorliegenden Fall ist es die Leere der umgebenden »weißen« Oberfläche, die zum Fokus des frustrierten Blickes wird, der zu sehr darauf bedacht ist, durch die darstellerischen

Bilder von der Erfahrung seiner selbst im Raum abgelenkt zu werden.

Diese Erfahrung entwächst einer Frustration. Sollte sie da nicht zweitrangig, unerfreulich, unkünstlerisch sein? Wie in *Amerikaans Imperialisme* und den Skulpturen aus Samt, vollzieht sich das genaue Gegenteil. Die Leere wird als ein Geschenk angeboten; sie ist entspannend, indem sie uns eine Unterbrechung von der hektischen Vorführung viel zu vieler Bilder schenkt, die für unsere Umgebung typisch ist. Sie gewährt einen Raum für individuelle Assoziation, einen Freiraum, in dem es nicht die Landschaft-als-Welt ist, die vorschreibt, was wir sehen, sondern unsere eigene Interaktion mit dem Raum. In diesem Sinn können die Collagen, ebenso wie die so täuschend minimalistische Skulptur und die barocken Werke aus Samt, sogar »pittoresk« genannt werden (van Eck et al. 1994, S. 7f.; Huyssey 1967; Hipple 1957). Durch diese experimentelle Qualität stellt das »Weiß«, das die farbigen Teile umgibt, unsere Gewohnheiten in Frage, beruhigt uns, gefällt, während es bestraft und unterminiert dabei die Kategorie »Kunst« selbst.

Stilleben in Bewegung

Die drei Serien von Collagen nähern sich dieser ultimativen Herausforderung durch die ambivalente Bindung an die Geschichte, die ihre durchaus zutreffenden Titel nahelegen. »Stilleben« ist ein Genre, das durch die Reglosigkeit der Gegenstände geprägt ist, die den abgebildeten Raum ausschließlich in Beschlag nehmen, durch Ausschluß der Anwesenheit von Menschen. Das Stilleben nahm verschiedene Erscheinungsformen im Verlauf seiner Geschichte an, erreichte aber einen überaus produktiven Höhepunkt zu der Zeit, als Malerei zur reichsten künstlerischen Errungenschaft der Niederlande avancierte. Aber wie Norman Bryson demonstrierte, ist die Ausschließung menschlicher Gegenwart in diesen Bildern durch die notwendige Beziehung aufgehoben, die zwischen den Objekten und der physischen Präsenz von Menschen — meist Frauen — besteht, die die Objekte dort hingelegt haben, wie auch von den Menschen, deren kreatürliche Bedürfnisse solch einfache Gegenstände zum Brennpunkt des Verlangens machten, in einer Erzählung der Lustbarkeiten des Essens und Trinkens, die die bisweilen hyperrealistische (Re)-präsentation der

Dinge zerstört, um sie den Sinnen zu erschließen (Pranger 1997).

Dieser letzte Aspekt des Stillebens erfüllt Dujouries Collagen mit jener Kategorie des Genres, die bereits die Namensgebung beinhaltete. Das für ihre Skulpturen so charakteristische Experimentieren mit den Dimensionen kann hier in diesen kleinen, briefformatgroßen Bögen aus weißem oder farbig monochromen Papier wahrgenommen werden, auf die Fetzchen aus farbigem, zerrissenem Papier geklebt wurden, um die ausgefransten Ränder jedes einzelnen Teils zu demonstrieren. Die ausgefransten Ränder geben Einblick in die Stärke des Papiers, wie dünn dies auch immer sein mag. Die betont stofflichen Texturen der gegenständlich dargestellten Objekte auf den traditionellen Stilleben sind auf diese nicht-figurativen Collagen übertragen, wobei sie eine Dreidimensionalität mitsichbringen, die sich an den Tastsinn richtet.

Abb. 1, S. 184 In *Stilleven* wird diese Wirkung betont, indem hier gerade Ränder auf der monochrom roten Oberfläche zusammen mit ausgefransten Ecken, dort, wo das Papier abgerissen wurde, vorkommen. Die erlesene und subtile Farbauswahl macht diese Werke nicht nur beinahe malerisch, sondern bewirkt auch das Aufkommen einer Dreidimensionalität. Die pinkfarbenen Stücke treten hervor aufgrund der kombinierten Effekte von glatten und ausgefransten Ecken und der Leuchtkraft der Farbe. Das schwarze Stück, dessen abgerissene Ecken nicht zu sehen, aber — wie man weiß — vorhanden sind, weichen zurück, so daß Pink und Schwarz ihre Rückseite einander zuwenden, nicht nur zwei-, sondern auch dreidimensional.

Das größere rote Stück, das auf das Blatt geklebt wurde, um dessen Status als Bildträger und Hintergrund zu unterstreichen, drängt nach vorne: Der Klebstoff mag vorzeitig getrocknet sein oder nicht die ganze Rückseite des Papierstücks bedeckt haben. Eine Ecke steht jedenfalls unten ein klein bißchen hervor. Das winzige Stückchen Rot, das des weiteren die *Ton in Ton*-Komposition verkompliziert, und das noch winzigere, dreieckige Fleckchen darunter besitzen durch den Vorgang des Zerreißens betont weiße Ränder, so daß sie die eingeschränkte, aber nicht zu leugnende Sichtbarkeit des unbemalten Streifens der Wand in *Amerikaans Imperialisme* in Erinnerung rufen. Diese Betonung von etwas, das nicht sichtbar ist, verwandelt auch unser Eingehen auf die Oberfläche, die sichtbar *ist*, quasi als Ermunterung, die Befriedigung über das, was wir sehen können, anzuerkennen. Indem sie Erinnerungen an die Zitronenschalen auf

Stilleben des 17. Jahrhunderts wecken, die beide Seiten der Schale zur Schau stellen, sowie die Außenseite und das Innere der Zitrone, steigern diese Collagen die Lust zu sehen, indem sie die Wachheit für das erhöhen, was wir wegen der Diskrepanz zwischen der räumlichen Aufteilung und unserer Wahrnehmung nicht sehen können.

Die Duplizität von visuellem Sich-Einlassen auf die Welt, die uns umgibt, ist oft, wenn auch nicht ausschließlich durch dieses Schwanken zwischen dem zweidimensional dargestellten Raum und dem dreidimensionalen Raum der Darstellung repräsentiert. Diese Strategie ist in *Stilleven* bis zum Extrem getrieben, wo die weißen und blauen Stücke konvex gewölbt werden, und das flachere Schwarz, das durch die Wirkung der Schwarzfarbigkeit ebenso nach hinten weicht, über die strahlenderen konvexen Stücke geklebt wurde. In einer fließenden figürlichen Assoziation scheint das Schwarz nicht nur das Blau in einer Zweidimensionalität festzuhalten, dem sich jenes aber widersetzt; es kehrt auch die Unterschiede zwischen allen beiden hervor.

Abb. 2, S. 184

Dieses Spiel mit den Dimensionen laßt ebenso ein Spiel des Figurativen entstehen, welches neckisch angedeutet, aber von der eigenen Aktivität des Betrachters zu assoziieren abhängig gemacht wird. Die blaue schräge Unterkante erweckt den Anschein, als ob das blaue Stück der Ecke entkommen wollte, wo die Konvexität maximal ist und sich dem Schwarz heftiger zur Wehr setzt als das Weiß, unter dem es sich leichter davonmacht. Figurativität und die Narrativität, die in ihrem Fahrwasser folgt, benötigen einen Platz, der sie befähigt, von der Oberfläche zu entkommen. Diese Überlegung über Raum wird in einer wörtlich zu nehmenden Fußnote angeboten.

Die Bühne zu diesem Vorgang, diesem Ansatz einer Erzählung, ist durch die drei kleinen Stückchen geboten — zwei rote, ein gelbes —, welche gegen den orangefarbenen Hintergrund gesetzt sind, aber eine stärkere Farbverwandschaft zu ihm bewahren — mit ihm in Berührung bleiben — als die drei größeren Stücke es tun. Beim Lesen von der unteren Ecke aufwärts stellt das abnehmende Format dieser Schnipsel den Raum der Darstellung durch eine Darstellung von Raum dar. Die abnehmende Größe spielt auf die Linearperspektive an. Das gelbe, kleinere Stück ist das am wenigsten sichtbare, wobei es auf die Vorstellung des Fluchtpunktes hinweist. Das zentrale, rote Dreieck hat in Relation zu ihm eine Tendenz nach vorne. Aber der untere Teil streicht seine räumliche Dichte auf drei unterschiedliche Arten heraus. Als erstes tritt es durch seine größere Ausdehnung in stärkeren Kontakt zu dem Betrachter und bietet durch das unvermittelte Abreißen am Rand des Blattes einen lokalen Ansatz zur Identifikation. Zweitens zeigen zwei abgerissene Ecken so viel »Weiß«, daß das Papierstück eine materielle Kompaktheit erlangt, die größere Stücke dünner erscheinen läßt, dadurch daß der Raum unter ihnen ausgehöhlt erscheint. Etwas darunter und kaum sichtbar steht — drittens — ein verschwindend kleines Stück Schwarz hervor. Dieses Schwarz, das das rote Teilchen mit einem Schatten versieht, den nur dreidimensionale Körper erzeugen können, fungiert wie das unbemalte Segment der Wand in *Amerikaans Imperialisme*: Es schafft die Evidenz, daß sogar Papier ein Innen, eine andere Seite besitzt. Diese drei kleinen Figuren in der »Fußnote« statten die viel größeren Hauptfiguren, die das Drama von Gefangennahme und Freiheit ausagieren, mit einem komplexen, reichen und ausgiebigen Gefühl von Raum aus.

Andere Collagen in der *Stilleven*-Reihe bestätigen diese integrierte Aufforderung, Unterscheidungen zu überwinden, die charakteristisch für alle künstlerischen Projekte Dujouries sind: Unterscheidungen zwischen Oberfläche und Raum, abstrakt und figurativ, dem Kunstwerk und dem *Abb. 3, S. 184* Betrachter. *Stilleven* weist sogar ein zerknülltes Stück Papier auf, das die Anspielung auf Dreidimensionalität zur Realität werden läßt und die Skulpturen aus Samt der nächsten Dekade ankündigt. Beide, die *Stilleven*-Collagen und die Samt-Skulpturen, beschwören eine Tradition herauf, deren Illusionen und Täuschungen gleichfalls in Frage gestellt werden. Hyperrealistische Malerei ist einen Schritt weitergetrieben, um »Malerei zu zerstören« (Marin 1995). Aber wie Caravaggio gezeigt hat, tut die Zerstörung der Malerei mehr als bloß die Welt darzustellen, sie erstellt sie (Bal, im Druck).

Anstatt sich auf sequentielle oder verdichtete Erzählungen zurückzuziehen, greift »Malerei«, einschließlich der Arbeit »jenseits von Malerei«, auf Geschichte und die dort angewandten Modalitäten zurück, in einer Bewegung nach vorn, hinein in noch nicht erforschte Territorien. Gerade so wie eine Forscherin Ausrüstung aus ihrem eigenen bisherigen Leben braucht, um in den neuen Territorien durchzukommen, benötigt eine *Abb. 4, S. 184* Künstlerin, die experimentieren will, Traditionen. *Stilleven* hat in diesem

Sinn Figuration in seinem Gepäck, Narratives eingerechnet. Das Stück Grau, das wie eine Mondsichel geformt ist, und das kleine bißchen Grau, das wie eine Runzel aussieht, rahmen zusammen etwas, das durch das Wirken dieses Rahmens wie ein Gesicht aussieht. Ohne Gesichtszüge und von demselben Gelb wie der Hintergrund, mithin selbst kaum sichtbar, tritt dieses »Gesicht« tatsächlich vor unseren Augen in Erscheinung. Die scharfkantigen schwarzen Stücke, mit einem abgerissenen schwarzen Schnipsel oben auf dem linken, werden — wieder nur dank des »Gesichtes« — buchstäblich ein Stolperstein. Die Oberfläche wandelt sich, um Teil einer anderen, gegenständlichen Oberfläche zu werden, die nur durch die oberen Ecken der schwarzen Stücke dargestellt ist. Linie und Oberfläche tauschen ihre Plätze. Das winzige abgerissene Stück läßt die Figur, welche in unserer Phantasie entstanden ist, vornüber stolpern. Der Sturz in die bildliche Darstellung hinein schlägt ihm/ihr den Kopf ab.

Andere Collagen aus dieser Reihe bieten sehr viel weniger Ansatzpunkte für figürliche Phantasien. Aber solche Möglichkeiten sind nie ganz ausgeschlossen. *Stilleven* zeigt, daß solche Lockmittel an räumliche Ambiguität gebunden sind, an die Empfindung, daß die Oberfläche in den dreidimensionalen Raum ausgreift, bereit den Betrachter anzulangen. Auf den ersten Blick haben die rechteckigen und dreieckigen farbigen Papierstücke das Aussehen von einem Vogel oder einem Flugzeug im Flug von rechts nach links, wie auf Kinderzeichnungen. Aber durch den Rand eines roten Feldes, das unter seinem blauen »Gegenspieler« hervorschaut, werden diese beiden zusammen eine Art von Zelt, welches dreidimensional im Raum steht. Die Wirkung dieser Verkörperung der zwei rechteckigen Stücke, die eins über das andere geklebt wurden, besteht darin, daß die Rollen der grünen und schwarzen Stücke, über die sie geklebt sind, vertauscht werden. Jetzt werden beiden zu stützenden Zonen, einem Teppich oder einem Campingplatz. Die Dimensionalität der farbigen Papiere zusammen ist jetzt nicht tatsächlich dreidimensional, sondern eine Darstellung von ihr in Trompe l'œil-Manier.

Abb. 5, S. 185

Zur gleichen Zeit, in der ich mir diese kleine Geschichte ausdenke, besteht der dringende Wunsch, ihr Widerstand entgegen zu setzen. Denn die »Stilleben« von Lili Dujourie bleiben nicht-figurativ, selbst wenn man sie im Akt des Alludierens fast erhaschen kann. Daraus resultiert eine Vor-und-zurück-Bewegung, in der sie mobil werden, und die Tradition der

Darstellung des dreidimensionalen Raumes in der Landschafts- und Stilleben-Malerei alternierend evoziert, dargeboten und wieder fortgeschoben wird.

Aber bildliche Darstellung ist nicht immer das Negativ einer Abstraktion, das nur zurückgerufen wird, um wieder verworfen zu werden. *Abb. 6, S. 185* In *Stilleven* wird die Tradition der Malerei auf andere Weise wachgerufen. Auf einem vollkommen weißen Blatt bietet eine scharf geschnittene schwarze Fläche eine Colour field-»Malerei«, die zwangsläufig an Barnett Newman erinnert. Leicht rechts von der Mitte suggeriert ein Stück Schwarz mit einem weißen Rand rechts, der die Stärke des Papiers verrät, und ein bißchen Rot, das darunter hervorlugt, eine Art Nase oder einen Griff »vor« der schwarzen Fläche. Es ist kein gegenständliches, erkennbares Element vorhanden. Das modernistische Farbfeld ist jedoch unterbrochen; es gibt etwas, einen Gegenstand, ein Ding zum Berühren, ähnlich einem Kissen oder einem Teekannenwärmer oder was auch immer es sein mag, das sich hier herauswölbt. Das Farbfeld kann sich nicht heraushalten aus dem, was keine Fläche, sondern eine Szene ist, wo das Schwarz auch den Fußboden abgibt, und das »Weiß« die Wand. Dieses seltsame Gebilde dringt in die »Integrität« der Flächen mit einer Körperlichkeit ein, welche sich jeder Personifikation enthält.

Roman

Wenn die Collagen der *Stilleven*-Serie das Narrative zur Zielscheibe einer Destruktion machen, die nur noch eine Spur hinterläßt, so ist diese Serie auf den ersten Blick fast im Übermaß narrativ. Während einige Arbeiten aus dieser Serie den Blick auf der Suche nach Narrativem genau in demselben Maß frustrieren wie die großen Arbeiten von *Landschap* das getan haben, bieten die Mehrzahl auf quälende Weise mehr Sichtbarkeit. Sie zeigen wirklich Teile von Körpern. Sobald man ein Fragment eines Körpers sieht, will man ihn ganz zu Gesicht bekommen. Die betonte Fragmentation ist nur zu verwirklichen, wenn es einmal ein Ganzes gab, von dem das Fragment ein Relikt darstellt. Während die *Stilleven*-Kompositionen eine Einheit *schaffen*, rufen die *Roman*-Episoden eine Einheit in *Erinnerung*. Anstelle Gelegenheiten für eine Projektion zu offerieren, bieten sie Spuren davon.

Indessen fungieren diese Spuren in *Roman* und in *Landschap* auf unterschiedliche Weise, auch wenn diese kleinen und großen Collagen dasselbe Material in vergleichbarer Weise verwenden. Das Gefühl von Hilflosigkeit, das den Betrachter befällt, wenn er die *Landschap*-Arbeiten sieht, ist in der *Roman*-Reihe auf die Figuren an der Oberfläche übertragen worden. Die Bruchstücke sind sichtbarer, weil das kleinere Format eine unmittelbare Nähe zuläßt. Hier existiert auch ein Überangebot an umgebendem Raum, was Hilflosigkeit hervorruft. In *Roman*, das den *Landschap*-Arbeiten am nächsten kommt, ist man von dem gleichen Gefühl wie bei dem letzteren überwältigt, daß es um Größenverhältnisse geht. Die winzigen Stücke liegen auf der Oberfläche wie Kies oder sogar Sandkörner, Spuren von Arbeit im Raum—Bauarbeiten zum Beispiel oder Vergnügungen am Strand. Sie halten zusammen, weil der Raum einfach zu groß ist. Eines von diesen fünf Stücken hält sich abseits und zeigt im Alleingang, was alle fünf in Beziehung zu dem Blatt an Wirkung auslösen. Sie verleihen dem Raum eine Gestalt, ihren Ort, und eine Funktion, ihr Bildträger zu sein. Der Raum, der diese Materie gewordenen Kleinheiten im Pascalschen Sinn umgibt, versieht sie mit räumlichen Koordinaten, so daß sie überhaupt als Dinge existieren können. Abweichend zu den *Landschap*-Collagen befähigt uns das kleine Format dieser Arbeit zu zweierlei, sich damit zu identifizieren und diesen verlorenen Existenzen, die in der Ungeheuerlichkeit des Raumes verschwinden, zu Hilfe zu kommen.

Abb. 1, S. 186

Andere Arbeiten aus dieser Reihe sind oberflächlich gesehen gegenständlicher, aber bei genauerem Hinsehen sind sie das sogar in geringerem Maß. In *Roman* wird ein verhältnismäßig großes Gesicht angedeutet. Die Gestalt, zu der dieses Gesicht gehört, würde den Raum der Darstellung sprengen, doch das Gesicht ist in zwei Hälften geteilt. Die Gestalt liegt im Sand und macht damit die kleinen Stückchen aus dem zuvor besprochenen Werk zu Sandkörnern, wobei ihr Haar über den Rahmen, den wir zu sehen bekommen, hinaus weit ausfächert. Das Auffächern läßt ihr Gesicht flacher erscheinen. Ist das eine Frau, die glücklich die Sonne am Strand genießt, voller Ergebenheit gegenüber Reklamesprüchen für Sonnenschutz, oder ist sie das Opfer eines Mordes, das auf das flache Papier aufgespießt wurde?

Abb. 2, S. 186

Diese quasi-figurativen Neckereien sind nicht der eigentliche Grund, warum der Titel *Roman* so zutreffend ist. Denn auf der anderen Seite, bleibt ihre bildliche Darstellung fragmentarisch. Der leichtere Zugang, ausgelöst durch ihr Format, wird durch das rücksichtslose Abreißen von dem, was wir beinahe sehen können, neutralisiert. Aber wie als Kompensation dafür, breitet sich zum anderen die Narrativität von Objekt zu Objekt weiter aus. Jedes Objekt vermehrt unser Unbehagen, indem es in Stücke zerrissene Körper zeigt, verheißt aber den Trost eines neuen Ganzen, das aus den Trümmern konstruiert ist. In *Roman* befindet sich in dem unteren Abschnitt des weißen Bogens ein Miniaturgebilde aus abgerissenem Papier, das einen Mund darstellen könnte.

Abb. 3, S. 186

Wegen des kleinen Formats kommt man näher, beginnt den Mund zu »lesen« und entdeckt dabei den Körper einer Frau; Pobacken und den Ansatz der Schenkel, fast symmetrisch von hinten gesehen. Weggeschnitten in einer Bewegung, die auf Gewalttätigkeit schließen läßt, ist dies beinahe ein erniedrigendes Bild. Aber dann zeigt die rechte Ecke des »Mundes« den Anfang des Rückens eines Körpers, der geschwungen verläuft, wobei sich die Ikonographie von Ingres offenbart. Der Körper war einst ein Ganzes, aber seine Sichtbarkeit in der Kunst kann mit dieser Einheit nicht zusammenfallen. Die Kleinheit des Körperteils greift auf *Roman* zurück und nimmt zugleich andere Arbeiten aus dieser Serie vorweg, in denen das abwesende Gesicht zum Erscheinen gebracht wird — aber eben nicht ganz.

Abb. 1, S. 186

Der serielle Effekt ist hervorgehoben, da die Collagen bisweilen einen dazugehörigen anderen Teil der Gesamtheit, die sie zerstörten, zum Einsatz bringen. In *Roman* taucht die andere Hälfte des geteilten Gesichtes auf. Wegen der Verkürzung und der scharfen Markierung des Randes, an dem das Bild zerrissen wurde, sieht die Nase zu lang aus, ein Pinocchio-Effekt. Daher wird selbst der dem Narrativen am meisten zugeneigte Betrachter, der zurückschaut, hier mit einer anderen Person konfrontiert sein als derjenigen, die dort vorweggenommen wurde. Das visuelle Spiel, das sich ergibt, macht aus der »anderen Hälfte« eine andere Person.

Abb. 4, S. 186

Was hier dem Gesicht widerfährt, das wir zu einem Ganzen wiederherstellen wollen, das unser fetischistisches Bemühtsein um Realität befriedigt, ist genau dasselbe, was dem Genre, den ontologischen Gebieten und den Räumlichkeiten widerfährt. Was durch das Größenverhältnis trotz des Überflusses an räumlicher Wirkung zerrissen wird, ist die Illusion eines räumlichen Fetischismus, den diese Werke hervorrufen, und die sie dann gleichzeitig erschüttern. Die beruhigende Wiedererkennbarkeit, auf welche uns darstellende Kunst fixiert hat, ist aufgehoben und ersetzt durch räumlichen Exzeß, welcher wiederum abgebrochen wird, indem zwei unterschiedliche Halbgesichter ihm seine Ganzheit nehmen und sich so für die Tatsache rächen, daß er — der Raum — zunächst die ihre genommen hat.

So also verbinden die Collagen *Amerikaans Imperialisme* mit den formal ganz anderen, später entstandenen Skulpturen. Als die komplementäre Seite zu den dauerhaften Materialien Stahl oder Marmor, die für die Ambitionen von monumentaler Skulptur so enorm geeignet sind, betonen sie die Stofflichkeit und die instabilen Eigenschaften, das Darstellungspotential und die Grenzen eines jeglichen Stücks Materie.

Nachträgliche Gedanken

Alles Denken, alles Schreiben über Kunst ereignet sich als nachträgliche Gedanken. Der Kritiker denkt nach der visuellen Erfahrung und fragt sich, was den visuellen Reiz ausgelöst hat. Im vorliegenden wurde der Versuch unternommen, ein Gespür für die Sensualität zu vermitteln, die diesem Denken vorausging und die es beherrschte. Aber während kritisches Denken nicht nur nachträgliches Verbalisieren einer Tatsache ist, sondern ein Bericht von Denken, das sich simultan mit dem Abenteuer der Sinneswahrnehmung vollzog, ist diese »Sensualisierung« von Denken nur im Dialog mit der intellektuellen Kraft von Kunst möglich, die Teil dessen ist, was den Sinnen geboten wird.

In diesem Essay ging es sehr oft um das Denken. Ich schrieb Lili Dujouries Werken »Denken« zu, den emphatisch ruhigen Videos, den ausdrücklich und im Überschwang visuellen Skulpturen und den frühen Collagen. Dennoch ist *Amerikaans Imperialisme* das einzige Werk von allen hier diskutierten, dessen Status als »konzeptuelle Skulptur« solchem Sprechen über Denken ganz eindeutige Relevanz verleiht. Wenn man sich Dujouries frühestem Werk zuwendet, entdeckt man ein größeres Spektrum an Gedankengut.

Es gibt oder gab weitere konzeptuelle Skulpturen, die bisher nicht erwähnt wurden. Da existierte zum Beispiel eine inzwischen vernichtete Skulptur von 1967 ohne Titel, die aus einer Stahltafel bestand, die von einem Dreieck aus zwei Pfählen gestützt wurde. Eine weitere aus demselben Jahr und gleichfalls zerstört bestand aus einer einzelnen quadratischen Stahltafel mit einem Schnitt, der von einer Seite bis zur Mitte reichte. Es zeigt die feine Differenz der Höhe, die als ein Ereignis eintritt, wenn die Tafel aus Stahl nicht mehr vollkommen in sich geschlossen ist. Da gibt es dann noch ein eisernes Parallelogramm aus dem Jahr 1969, das gegen die Wand gelehnt ist, bei dem die schräge Linie der Tafel auf den schrägen Winkel trifft, in dem diese Tafel angeordnet ist. Drei gefirniste Eisentafeln von 1970, die gegen eine Wand lehnen. Und aus demselben Jahr eine Zeichnung: zwei schwarze Rechtecke, welche gegen eine weiße Wand gehängt wurden, die unterhalb der beiden dünnen Blätter rot angemalt war.

Frühe Zeichnungen skizzieren Dreiecke mit der Absicht, das Wesentliche von »schräg«, von »angelehnt«, von der Ausbalancierung von Formen zu erfassen. Nichts läßt hier in diesen kaum visualisierten Gedanken, die Sensualität, den haptischen Reiz der späteren Skulpturen erahnen. Hat die

Künstlerin die konzeptuelle Kunst aufgegeben, weil es ihr an dem fehlte, was visuelle Kunst vor allem ausmacht, dem Anreiz visuelle Erfahrungen zu machen? Wie dem letzten Teil meines Essays zu entnehmen war, gibt es nicht eigentlich einen Bruch zwischen Dujouries konzeptuellen und ihren übrigen Arbeiten. Während die ersteren viel visueller sind als der Begriff »konzeptuelle Kunst« nahelegt, sind die letzteren intellektueller als ihre üppige Visualität einen zunächst vermuten lassen.

Was Lili Dujouries Œuvre, unabhängig von Medium oder »Stil« und außerhalb jeder Polemik, die jedes Kunstwerk auch in sich trägt, mit anderer Kunst verbindet, ist das fortlaufende Experimentieren, die nicht endenwollende Überlegung, wie Denken und die Sinne getrennt werden können. Es mag sein, daß das nicht die Debatte in der Kunstwelt ist, welche dieses schonungslose Verfolgen einer integrierten Erfahrung durchdringt, welches jegliche Grenzen überschreitet und keine Ideologien der Klassifizierung anerkennt. Die Videos machen den Eindruck, als wären sie im Gespräch mit Marguerite Duras begriffen. Die Skulpturen scheinen sich manchmal auf eine Passage über Kunst einzulassen, sie zu überdenken und zu hinterfragen, wie sie in Marcels Prousts *A la recherche du temps perdu* vorkommt, einem Schriftsteller, der Marguerite Duras' Texte prägte.

Während seines Besuches im Atelier des Malers Elstir reflektiert der Protagonist dieses Romans über die Überraschungen, die das Sehen für diejenigen bereithält, die sich aus jenen Routineannahmen herauslocken lassen, die durch den Intellekt etabliert sind. Indem er über die Übertragung zwischen Meer und Himmel in Elstirs Gemälde als Metaphern nachdenkt —bevor sie rhetorische Figuren sind, bedeuten Metaphern genau dies: Übertragung—, trägt der junge Marcel, der sich über einen bestimmten anachronistischen Effekt im Klaren ist, welcher die Malerei aus dem Gesichtspunkt der erst kürzlich entwickelten Kunst der Photographie auszeichnet, das folgende Paradox vor, um das, was eine Photographie »hervorragend« macht, zu beschreiben:

»..., daß es [das Beiwort »hervorragend«] sich gewöhnlich auf die erstmalige neue Schau einer an sich bekannten Sache bezieht, eine Ansicht, die sich von den gewohnten unterscheidet, eigenartig und neu, aber dennoch wahr und gerade deshalb doppelt ergreifend, weil sie uns in Staunen versetzt, aus unserm alten Gleise wirft und uns gleichzeitig in uns selbst an einen erinnerten Eindruck gemahnt.«[58]

In dieser Passage stellt Proust zum ersten Mal visuelle Erfahrungen neben jene durch routinemäßigen Intellekt. Die ersteren sind »wahr«, direkt, ohne den Umweg der Sprache, welche das Bild nie vollständig erreichen kann. Aber Proust macht, ganz wie Dujourie, keinen Halt bei Gegenpositionen, die Rivalitäten mit sich bringen, die auf Grundsätzlichkeiten beruhen. Die Wahrhaftigkeit solcher visuellen Überraschungen ist vielmehr nicht gegen Sprache oder Denken ausgespielt, sondern gegen die Routine, welche Denken auslöscht.

Das »Staunen« ist gleich zweifach, schreibt Proust, weil wir zunächst »aus unserm alten Gleise« geworfen werden, und dann den »erinnerten Eindruck« zurück in diese tragen, um sie von Innen her zu erneuern. Während ihrer ganzen Karriere sinnt Dujourie über die Bedingungen nach, die solche Überraschungen möglich machen, solche Wahrhaftigkeit ermöglichen. Aber während sich Proust, zumindest in diesem Textabschnitt, auf den Subjektivismus beschränkt, der ein Charakteristikum von literarischem Modernismus ist, indem er visuellen Reiz verwendet, um sich selbst zu steigern, macht Dujourie, deren Gesprächspartner nicht nur Modernismus, sondern auch andere, frühere Gedankenmodelle sind, wie z.B. die, die der in Vergessenheit geratene Barock aufstellte, hier nicht Halt.

Metapher, das Wort, das man in Griechenland auf Möbelwagen lesen kann, dieser Begriff für Übertragung, ist nur dann auf Prousts visuelle Wahrnehmungsmöglichkeit anwendbar, wenn er im Sinne von Sigmund Freud gesehen wird. In der Psychoanalyse bringt die Metapher den intersubjektiven Austausch mit sich, der die Übertragung zu einem nützlichen, wenn auch gefährlichen Prozeß macht. Beide, der Prozeß und die Intersubjektivität, sind unerläßlich, um die erwünschte Wirkung entstehen zu lassen. Jenseits Proustscher intellektueller Verbesserung ist die Wirkung eine Erfahrung, die genauso den Körper einem Wandel unterzieht wie den Geist,

58 Marcel Proust, *Auf der Suche nach der verlorenen Zeit. Im Schatten junger Mädchenblüte* (1981), S. 541f.
Franz. Original: » …quelque image singulière d'une chose connue, image différente de celles que nous avons l'habitude de voir, singulière et pourtant vraie, et qui à cause de cela est pour nous doublement saisissante parce qu'elle nous étonne, nous fait sortir de nos habitudes, et tout à la fois nous fait rentrer en nous-mêmes en nous rappelant une impression.« (*A la recherche du temps perdu*, 1954, Bd. 1, S. 838).

weil die tatsächliche Unterscheidung von beiden nicht akzeptiert wird.

Diese Erkenntnis macht es — vielleicht — möglich, sich Gedanken »über« Dujouries Kunst zu machen und ihnen Ausdruck zu verleihen, welche, da sie durch diese Kunst erst ausgelöst wurden, nicht bloße nachträgliche Gedanken sind, sondern vielmehr affektive Effekte dieser Kunst, die nicht in der gewöhnlichen zeitlichen Abfolge auftreten. Vielleicht darf ich meine spekulativen Betrachtungen über die Bedeutung von Dujouries fortlaufendem Experiment mit visuellem Denken mit der Bemerkung abschließen, daß die Untrennbarkeit von Denken und sinnlicher Erfahrung nie begriffen oder fixiert werden kann, sondern nur in flüchtigen Augenblicken zu erreichen ist, die jedes neue Kunstwerk, das wir anschauen, in Aussicht stellt. Momente, in denen die Zeit, weil sie nicht länger eine intellektuelle Maßeinheit ist, sondern die Erfahrung einer Übertragung, verdichtet wird, so verdichtet, daß der hastige, intellektuell voreingenommene Betrachter jäh stehen bleibt. Wo Denken geschieht, da gibt es kein Nach-Denken.

Literaturverzeichnis

Alcoff, Linda und Potter, Elizabeth (Hg.): *Feminist Epistemologies*, New York: Routledge, 1993.

Alpers, Svetlana: *Kunst als Beschreibung. Holländische Malerei des 17. Jahrhunderts*, Vorw. v. Wolfgang Kemp, aus d. Engl., Köln: DuMont, 1998.

Alpers, Svetlana und Baxandall, Michael: *Tiepolo*, aus d. Engl. v. Ulrike Bischoff, Berlin: Dietrich Reimer, 1996.

Alphen, Ernst van: »The Portrait's Dispersal: Concepts of Representation and Subjectivity in Contemporary Portraiture«, in: Woodall, Joanna (Hg.): *Portraiture. Facing the Subject*, Manchester: Manchester University Press, 1997, S. 239–256.

ders.: *Caught by History: Holocaust Effects in Contemporary Art, Literature, and Theory*, Stanford: Stanford University Press, 1998.

Anzieu, Didier: *Das Haut-Ich*, aus dem Franz. v. Meinhard Korte u. Marie H. Weiss, Frankfurt/M.: Suhrkamp, 1991.

Argan, Giulio Carlo: *The Baroque Age*, New York: Rizzoli, 1989.

Austin, John Langshaw: *Zur Theorie der Sprechakte* (Orig. 1962), dt. Bearbeitung v. Eike von Savigny, Stuttgart: Reclam, 1972.

Bal, Mieke: *Murder and Difference: Gender. Genre and Scolarship on Sisera's Death*, Bloomington: Indiana University Press, 1988.

dies.: *Reading »Rembrandt«: Beyond the Word-Image Opposition*, New York: Cambridge University Press, 1991.

dies.: »Scared to Death«, in: *The Point of Theory: Practices of Cultural Analysis*, Amsterdam/New York: Amsterdam University Press/Continuum, 1994, S. 32–47.

dies.: *Double Exposures: The Subject of Cultural Analysis*, New York: Routledge, 1996.

dies.: *The Mottled Screen: Reading Proust Visually*, Stanford: Stanford University Press, 1997.

dies.: *Narratology: Introduction to the Theory of Narrative* (1978), überarbeitete Ausgabe, Toronto: University of Toronto Press, 1997.

dies.: *Quoting Caravaggio*, Chicago: University of Chicago Press, im Druck.

Bal, Mieke; Crewe, Jonathan und Spitzer, Leo (Hg.): *Acts of Memory: Cultural Recall in the Present*, Hanover, HN: University Press of New England, im Druck.

Banu, Georges: *Le rideau, ou la fêlure du monde*, Paris: Adam Biro, 1997.

Barthes, Roland: »L'effet de réel«, in: *Communications*, 1968, S. 84–89; engl. Ausg.: »The Reality Effect«, in: *The Rustle of Language*, übers. v. Richard Howard, New York: Hill and Wang, 1968, S. 141–154; dt. Ausg.: *Das Rauschen der Sprache*, aus d. Franz. v. Dieter Hornig, Frankfurt/M.: Suhrkamp, angekündigt für März 1999.

Benveniste, Emile: *Probleme der allgemeinen Sprachwissenschaft* (Orig. 1966), aus d. Franz. v. Wilhelm Bolle, München: List, 1975.

ders.: »L'appareil formelle de l'énonciation«, *Langage*, Bd. 17, 1970, S. 12–18.

Brouwer, Marianne: »›Hommage to …‹: The Pensive Images of Lili Dujourie«, in: De Zegher, M. Catherine (Hg.): *Inside the Visible*, Ausstellungskatalog, The Institut of Contemporary Art [ICA], Boston; Cambridge, MA und London: The MIT Press, 1996, S. 265–269.

Bryson, Norman: *Vision and Painting. The Logic of the Gaze*, London: Mc Millan, 1983.

ders.: *Looking at the Overlooked: Four Essays on Still-Life*, Cambridge, MA: Harvard University Press, 1989.

Buci-Glucksmann, Christine: *La folie du voir: De l'esthétique baroque*, Paris: Editions Galilée, 1986.

Calabrese, Omar: *Neo-Baroque: A Sign of Times*, Vorw. v. Umberto Eco. Princeton, JN: Princeton University Press, 1992.

Calloway, Stephen: *Barock – Baroque. Die neue Lust am Exzentrischen*, aus d. Engl. v. Antoinette Gittinger, München: Callwey, 1997.

Careri, Giovanni: *Bernini: Flights of Love, the Art of Devotion*, übers. v. Linda Lappin, Chicago: University of Chicago Press, 1995.

Cassiman, Bart: »Die Rückseite des Rechtes«, in ders. (Hg.): *Lili Dujourie*, Bonn/Berlin: Bonner Kunstverein/DAAD-Galerie, 1989, S. 13–25.

ders. (Hg.): *Lili Dujourie*, London: Lisson Gallery, 1997.

Clark, T.J.: *The Painting of Modern Life: Paris in the Art of Manet and his Followers*, London: Thames and Hudson, 1985.

Code, Lorraine: *What Can She Know? Feminist Epistemology and the Construction of Knowledge*, Ithaca/London: Cornell University Press, 1989.

Corrin, Lisa G. und Spicer, Joaneath (Hg.): *Going for Baroque: 18 Contemporary Artists Fascinated with the Baroque and Rococo*, Baltimore, MD: The Contemporary and the Walters, 1995.

Crary, Jonathan: *Techniken des Beobachters. Über Sehen und Modernität im 19. Jahrhundert*, Dresden: Verlag der Kunst, 1995.

Culler, Jonathan: *Framing the Sign: Criticism and its Institutions*, Norman/London: University of Oklahoma Press, 1988.

Damisch, Hubert: *Le jugement de Paris*, Paris: Flammarion, 1992.

ders.: *L'origine de la perspective*, Paris: Flammarion, 1987.

De Lauretis, Theresa: »Semiotics and Experience«, in dies.: *Alice Doesn't: Feminism, Semiotics, Cinema*, London: Mc Millan, 1983.

Deleuze, Gilles: *Die Falte. Leibniz und der Barock*, übers. v. Ulrich J. Schneider, Frankfurt/M.: Suhrkamp, 2. Aufl. 1996; Engl. Ausg.: *The Fold: Leibniz and the Baroque*, Vorw. u. übers. v. Tom Conley, Minneapolis: University of Minnesota Press, 1993.

Eck, Caroline van; Eynde, Jeroen van den und Leeuwen, Wilfred van (Hg.): *Het schilderachtige. Studies over het schilderachtige in de Nederlandse kunsttheorieen architectuur 1650-1900*, Amsterdam: A&NP, 1994.

Eco, Umberto: *A Theory of Semantics*, Bloomington: Indiana University Press, 1976.

Fanon, Frantz: *Black Skin, White Masks*, übers. v. Charles Lamm Markmann, London: Pluto Press, 1986.

Felman, Shoshana: *Le scandale du corps parlant. Don Juan avec Austin ou la séduction en deux langages*, Paris: Editions du Seuil, 1980.

Figlio, Karl: »Knowing, Loving and Hating Nature: a Psychoanalytic View«, in: Robertson, George; Mash, Melinda; Tickner, Lisa; Bird, Jon; Curtis, Barry und Putnam, Tim (Hg.): *Future Natural*, London/New York: Routledge, 1996, S. 72–85.

Foster, Hal: »Vision and Visuality«, *Dia Art Foundation, Discussions in Contemporary Culture*, Nr. 2, Seattle: Bay Press, 1988.

Foucault, Michel: *Die Ordnung der Dinge. Eine Archäologie der Humanwissenschaften*, aus d. Franz. v. Ulrich Köppen, Frankfurt/M.: Suhrkamp, 1974.

Freud, Sigmund: *Die Traumdeutung* (1900), Gesammelte Werke in Einzelbänden, Bd. 2/3, Frankfurt/M.: S. Fischer, 7. Aufl. 1987.

Gruzinski, Serge: *La guerre des images. De Christophe Colomb à »Blade Runner« (1492–2019)*, Paris: Fayard, 1990.

Handler Spitz, Ellen: *Art and Psyche: A Study in Psychoanalysis and Aesthetics*, New Haven and London: Yale University Press, 1985

Heyne, Pamela: *Mirror by Design: Using Reflection to Transform Space*, New York: John Wiley & Sons, 1996.

Hipple, W.J.: *The Beautiful, the Sublime, and the Picturesque in Eighteenth Century British Aesthetic Theory*, Carbondale, ILL: Southern Illinois University Press, 1957.

Hirsch, Marianne: *Family Frames: Photography, Narrative and Postmemory*, Cambridge, MA: Harvard University Press, 1997.

Hutcheon, Linda: *Narcissistic Narrative: The Metafictional Paradox*, New York: Methuen, 1980.

Huyssen, Andreas: »Monumental Seduction«, in: Bal, Mieke; Crewe, Jonathan und Spitzer, Leo (Hg.): *Acts of Memory*, a.a.O.

Huyssey, Christopher: *The Picturesque: Studies in a Point of View* (1927), London: Archon Books, 1967.

Innis, Robert E. (Hg.): *Semiotics: An Introductory Anthology*, Bloomington: Indiana University Press, 1984.

Jay, Martin: *Downcast Eyes: The Denigration of Vision in Twentieth-Century French Thought*, Cambridge, MA: Harvard University Press, 1993.

Keller, Evelyn Fox: *Reflections on Gender and Science*, New Haven: Yale University Press, 1984.

Kermode, Frank: *The Sense of an Ending: Studies in the Theory of Fiction*, Oxford: Oxford University Press, 1966.

Krauss, Rosalind: *Die Originalität der Avantgarde und andere Mythen der Moderne*, hg. von Hertha Wolf, aus d. Amerikan. v. Jörg Henninger, Verlag der Kunst: Amsterdam, 1997.

dies.: *Cindy Sherman 1975-1993*, Text v. Rosalind Krauss, mit einem Essay v. Norman Bryson, New York: Rizzoli, 1993.

Kristeva, Julia: »Women's Time«, übers. v. Alice Jardine und Harry Blake, in: Moi, Toril (Hg.): *The Kristeva Reader*, New York: Columbia University Press, 1986, S. 188–213.

Lacan, Jacques: »Le stade du mirroir comme formateur de la fonction du Je'«, Paris: Editions du Seuil, 1966, S. 89–100; dt. Ausg.: »Das Spiegelstadium als Bildner der Ich-Funktion, wie sie uns in der psychoanalytischen Erfahrung erscheint« (Vortrag vom 17. Juli 1949) in ders.: *Schriften*, Bd. 1, aus d. Franz. von Norbert Haas u.a., Weinheim: Quadriga, 3. korr. Aufl., 1991, S. 63–70.

ders.: *Die vier Grundbegriffe der Psychoanalyse. Das Seminar*, Buch XI (1964), bearb. v. Jacques A. Miller, aus d. Franz. von Norbert Haas, Weinheim: Quadriga, 3. Aufl. 1987.

Laplanche, Jean: *Leben und Tod in der Psychoanalyse* (1970), Olten und Freiburg im Breisgau: Walter, 1974.

Longino, Helen: »To See Feelingly: Reason, Passion, and Dialogue in Feminist Philosophy«, in: Stanton, Domna C. und Stewart, Abigail: *Feminisms in the Academy*, Ann Arbor: University of Michigan Press, 1995, S. 19–45.

Lubbe, C.A. und van Zoest, Aart J.A.: »Subtypes of Inference and their Relevance for Artificial Intelligence«, in: Rauch, Irmengard und Carr, Gerald F.: *Semiotics Around the World: Synthesis in Diversity*, Berlin/New York: Mouton de Gruyter 1997, S. 805–808.
dies.: »Semiotics and the Question of Time in Artificial Intelligence«, a.a.O., S. 801–804.
dies.: »Inference Switching in Interpretation of Poetry«, a.a.O., S. 493–496.
Maravall, José Antonio: *Culture of the Baroque: Analysis of a Historical Structure* (Orig. 1975), übers. v. Terry Cochron, mit einem Vorwort v. Wlad Godzich und Nicholas Spadaccini, Minneapolis: University of Minnesota Press, 1986.
Marin, Louis: *To Destroy Painting*, übers. v. Mette Hjort, Chicago: University of Chicago Press, 1995.
McHale, Brian: *Postmodernist Fiction*, London und New York: Methuen, 1987.
Mulvey, Laura: »Visuelle Lust und narratives Kino« (Orig. 1975), in: Weissberg, Liliane (Hg.): *Weiblichkeit als Maskerade*, Frankfurt/M.: Fischer, 1994.
O'Toole, Michael: *The Language of Displayed Art*, London: Leicester University Press, 1995.
Panofsky, Erwin: »Die Perspektive als symbolische Form«, in: *Aufsätze zu Grundfragen der Kunstwissenschaft*, hg. v. Hariolf Oberer und Egon Verheyen, Berlin: Wissenschaftsverlag Volker Spiess, 1992, S. 99–167; ursprüngl. erschienen in: Vorträge der Bibliothek Warburg, 1924/25, Leipzig/Berlin 1927, S. 258–330.
ders.: »What is Baroque?« (Vortrag vom 3. Mai 1935), in: *Three Essays on Style*, hg. v. Irving Lavin, Nachwort v. William S. Heckscher, Cambridge, MA: MIT Press, 1995, S. 17–90.
Paz, Octavio: *Sor Juana or, The Traps of Faith*, Cambridge: Harvard University Press, 1988
Peirce, Charles S.: »Logic as Semiotic«, in: Innis, Robert E. (Hg.): *Semiotics: An Introductory Anthology*, a.a.O., S. 10–21.
Pohlen, Annelie: »Die Kunst des Nichtvorhandenen«, in: Cassiman, Bart. (Hg.): *Lili Dujourie*, a.a.O., S. 5–11.
Pranger, M.B.: »Images of Iron: Communication and Dislocation in Ignatius of Loyola and Joyce«, Vortrag auf der Konferenz *Religion and Media*, Paris: Dez. 1997, S. 12–14.
Proust, Marcel: *A la recherche du temps perdu*: *A l'ombre des jeunes filles en fleurs*, hg. v. Pierre Clarac u. André Ferré, Paris: Gallimard, 1954 (Orig. 1918) Bd. I; dt. Ausg.: *Auf der Suche nach der verlorenen Zeit: Im Schatten junger Mädchenblüte* , Bd. II, Zweiter Teil, aus d. Franz. v. Eva Rechel-Mertens, Frankfurt/M.: Suhrkamp TB, 1981.
Ronen, Ruth: *Possible Worlds in Literary Theory*, Cambridge: Cambridge University Press, 1994.
Rose, Jacqueline: *Sexualität im Feld der Anschauung*, aus d. Engl. v. Catharina Zakravsky, Wien: Turia & Kant, 1995.
Rorty, Richard: *Der Spiegel der Natur. Eine Kritik der Philosophie* (1979), übers. v. Michael Gebauer, Frankfurt/M.: Suhrkamp, 1980.
Silverman, Kaja: *Male Subjectivity at the Margin*, New York: Routledge, 1992.
dies.: *The Threshold of the Visible World*, New York: Routledge, 1996.
Spivak, Gayatri Chakravorty: »Overdeterminations of Imperialism: David Ochterlony and the Rance of Sirmoor«, in: Barker, Francis (Hg.): *Europe and Its Others: Proceedings of the Essex Conference on the Sociology of Literature*, Juli 1984, Colchester: University of Essex 1985, S. 1–21.

Sternweiler, Andreas: *Die Lust der Götter: Homosexualität in der Italienischen Kunst von Donatello bis zu Caravaggio*, Berlin: Rosa Winkel GmbH, 1993.

Thiher, Allen: *Words in Reflection: Modern Language Theory and Postmodern Fiction*, Chicago: University of Chicago Press, 1984.

Todorov, Tzvetan: *Nous et les autres. La réflection française sur la diversité humaine*, Paris: Editions du Seuil, 1989.

ders.: *Nous et les autres*, Paris: Editions du Seuil, 1991.

Van der Kolk, Bessel und Van der Hart, Onnoy: »The Intrusive Past: The Flexilility of Memory and the Engraving of Trauma«, in: Caruth, Cathy (Hg.): *Trauma: Explorations in Memory*, Baltimore: Johns Hopkins University Press, 1995, S. 158–183.

Weber, Samuel: *Die Freud-Legende. Vier Studien zum Psychoanalytischen Denken*, hg. u. aus d. Engl. übers. v. Theo Wassner/Michael Scholl, vollst. überarb. u. erw. Ausg., Wien: Passagen 1989.

White, Hayden: *Metahistory: The Historical Imagination in Nineteenth-Century Europe*, Baltimore: Johns Hopkins University Press, 1973.

Kurzbiographien

MIEKE BAL ist Professorin für Literaturtheorie und Gründungsdirektorin der Amsterdam School for Cultural Analysis an der Universität von Amsterdam. 1999 erscheint ihr Buch *Quoting Caravaggio: Contemporary Art, Preposterous History* bei der University of Chicago Press. Ihre wichtigsten jüngsten Veröffentlichungen sind neben anderen *The Mottled Screen: Reading Proust Visually*, Stanford: Stanford University Press, 1997, und *Double Exposures: The Subject of Cultural Analysis*, New York: Routledge, 1996. Ihre Arbeitsschwerpunkte liegen auf den Bereichen Literaturtheorie, Semiotik, Bildende Kunst, Cultural Studies, postkoloniale Theorie, französische Sprache und Literatur, die Hebräische Bibel, das Siebzehnte Jahrhundert und zeitgenössische Kultur.

LILI DUJOURIE, geboren 1941 in Roeselare, Belgien, ist seit den späten sechziger Jahren in Ausstellungen mit ihren Videoinstallationen und Skulpturen präsent. Ihre erste Einzelausstellung fand 1970 in der X-ONE Galerie in Antwerpen statt. Seitdem zeigte sie Arbeiten u.a. in Einzelausstellungen 1978: Orez-Mobiel Galerie, Den Haag; Galerie Kiki Mayer-Hahn, Düsseldorf; 1981: Vereiniging Aktuele Kunst, Gewad, Gent. 1983 u. 1985 Galerie Micheline Swajcer, Antwerpen; 1984: Galerie L'A, Lüttich; Lisson Gallery, London; Galerie 't Venster, Rotterdam; 1988: Stichting De Apple, Amsterdam; 1992: Louver Gallery, New York; Galerie Xavier Hufkens, Brüssel; Galerie Nelson, Paris; 1997: Lisson Gallery, London (Kat.). 1989–90 fand eine große Überblicksausstellung ihrer Skulpturen im Bonner Kunstverein, Le Magazin, Grenoble, dem Kröller-Müller Museum, Otterlo und der DAAD-Galerie, Berlin (Kat.) statt. 1998 folgte eine retrospektive Ausstellung ihres Frühwerkes 1969–83 im Kunstverein München.

Sie war ebenfalls beteiligt an internationalen Gruppenausstellungen u.a. 1979: »Inzicht-Overzicht. Hedendaagse Kunst in België«, Museum van Hedendaagse Kunst, Gent (Kat.); »Camere Incantate«, Palazzo Reale, Mailand (Kat.); 1984: »De Tijd – Le Temps«, Palais des Beaux-Arts, Brüssel (Kat.); 1985: Stedelijk Van Abbemuseum, Eindhoven (Kat.); 1986: »Falls the Schadow«, Hayward Gallery, London (Kat.); »Sonsbeek 86«, Arnhem (Kat.); »Initiatief 86«, St.Pietersabdij, Gent (Kat.); »Aperto«, Biennale Venedig; »A Distanced View«, New Museum of Contemporary Art, New York (Kat.); 1987: »Century 87«, Amsterdam (Kat.); 1988: Biennale von Sydney (Kat.); 1989: »L'art en Belgique, Flandre et Wallonie au XXe siècle, un point de vue«, Musée d'Art Moderne de la Ville de Paris (Kat.); 1991: »Carnegie International«, Carnegie Museum of Art, Pittsburgh (Kat.); 1993: »The Sublime Void«, Koninklijk Museum voor Schone Kunsten, Antwerpen (Kat.); »Kunst in België na 1980«, Koninklijk Museum voor Moderne Kunst, Brussel (Kat.); 1994: «Cocido y Crudo«, Museo Nacional Centro de Arte Reina Sofia, Madrid (Kat.); 1996: »Inside the Visible«, ICA Boston, National Museum of Woman Art, Washington, Whitechapel Art Gallery, London (Kat.); 1997: »Opening Programme«, P.S.1 Museum, New York; 1998: »Arterias«, Collection of Contemporary Art Fundacio »La Caixa«, Malmö Konsthall, Malmö.

Abbildungen

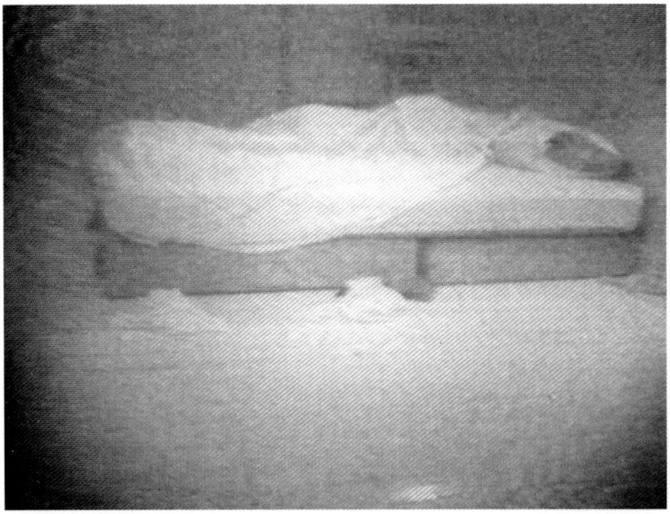

Hommage à… I, 1972

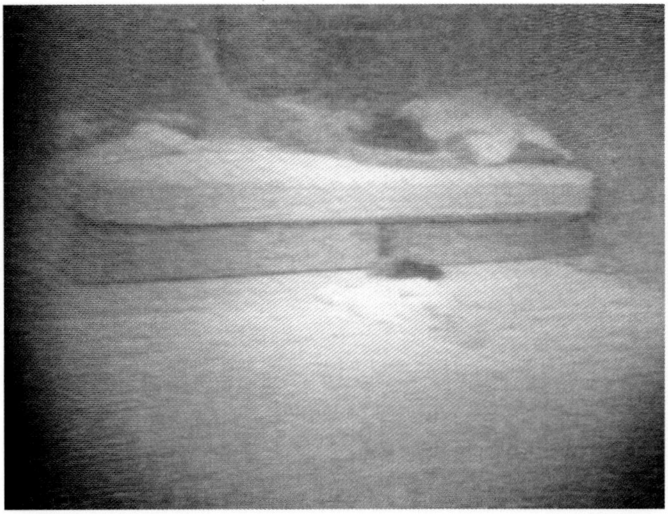

Hommage à… II, 1972

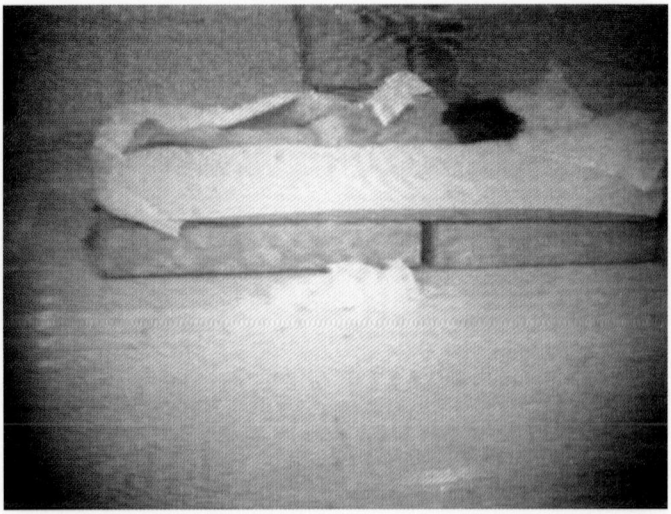

Hommage à… III, 1972

Hommage à… IV, 1972

Sonnet, 1974

Sanguine, 1975

Spiegel, 1976

Herinneringen met de ontmoeting, 1977

Une tache de silence, 1978

Schaduw van een idee, 1978

Contrapunt, 1981

Stilleven, 1976 (Abb. 1)

Stilleven, 1976 (Abb. 2)

Stilleven, 1976 (Abb. 3)

Stilleven, 1976 (Abb. 4)

Stilleven, 1976 (Abb. 5)

Stilleven, 1976 (Abb. 6)

Stilleven, 1976

Stilleven, 1976

Roman, 1978 (Abb. 1)

Roman, 1978 (Abb. 2)

Roman, 1978 (Abb. 3)

Roman, 1978 (Abb. 4)

Roman, 1978

Roman, 1978

Roman, 1978

Roman, 1978

Amerikaans Imperialisme (VIII), 1972

Installation Museum van Hedendaagse Kunst, Gent (1979)

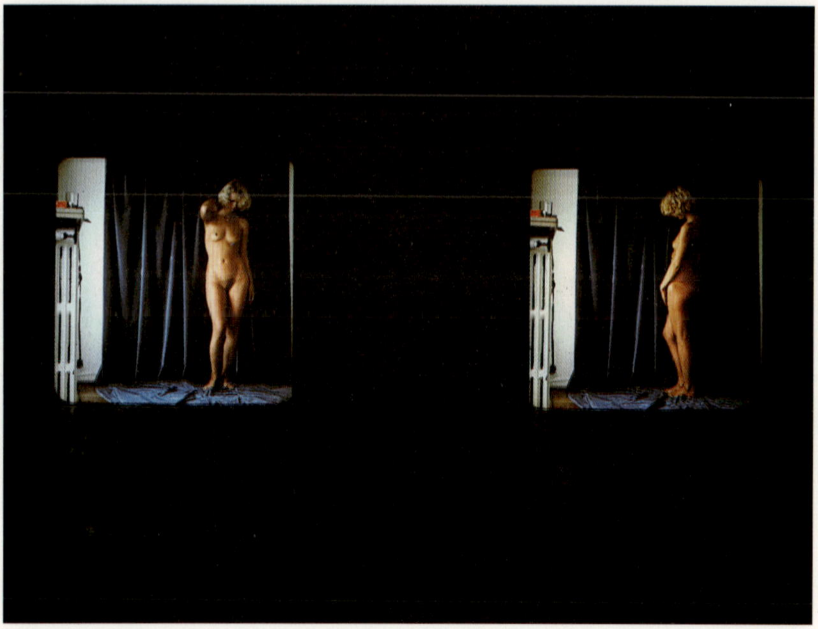

Blauw naakt, 1980

O suet gepheys, o swaere fantasyen, 1982

Places Devoted to the Night, Remote from Tumults and Noise, 1983

Zonder titel, 1983

Zonder titel, 1983

Caresse de l'horizon de la nuit, 1983

Opus 8, 1984

Venise, 1984

Jusqu'au sombre plaisir d'un cœur mélancholique, 1983

La Traviata, 1984

La Tosca, 1984

Crépuscule, 1985

In mijn nacht nadert niemand, 1985

Portret, 1985

The Kiss, 1986

Between Black and Pink, 1986

Fontein, 1987

Jeu de dames, 1987

Paris, 1987

Ibant obscuri sola sub nocte per umbra, 1988

Meroe, 1987

Echo in the memory, Down the passage which we did not take, Towards the door we never opened, Into the rosegarden, 1989

Dimanche après-midi à Berlin, 1990

Stillicht, 1991

Dimanche après-midi à Berlin, 1990

Zonder titel, 1983

Stilleven, 1992

Eluard, *Stilleven*, 1990

Balzac, Stilleven, 1990

Kabinetten, 1992-1993

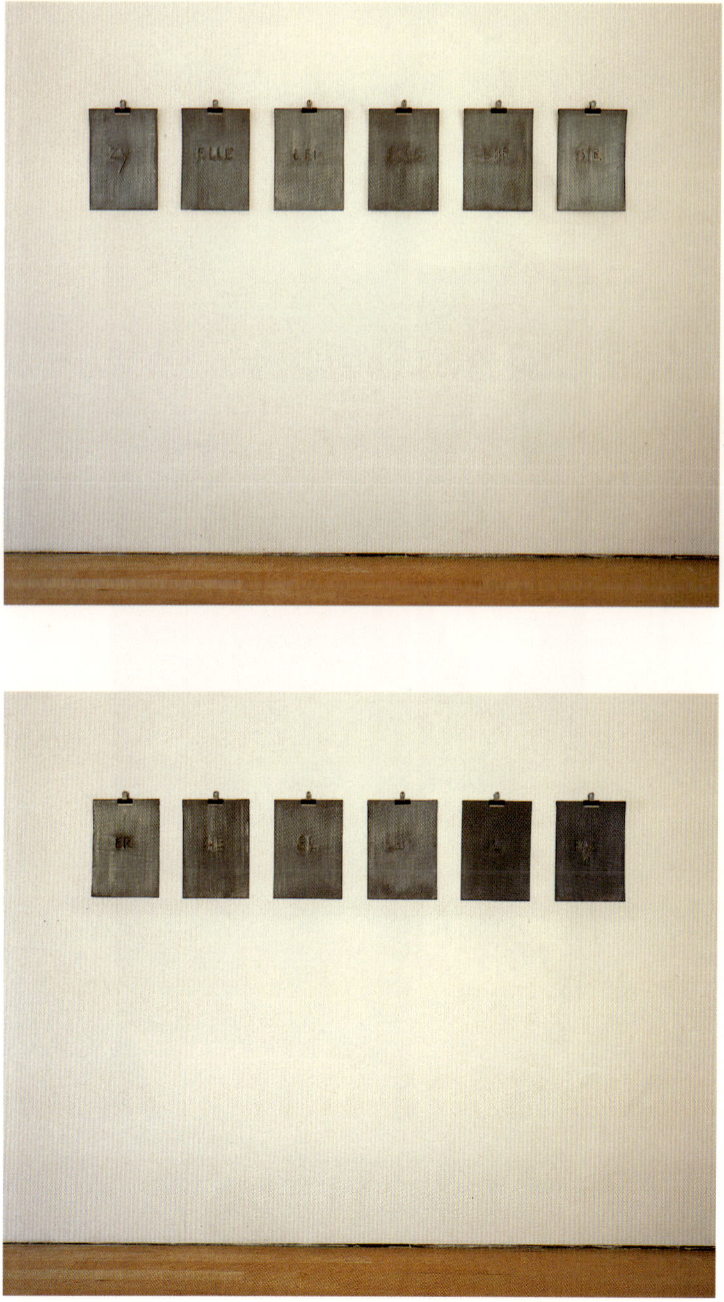

Sextet, 1997

Mille et une nuits, 1993

De ochtend zal de avond zijn, 1993

Field of Sorrow, 1996

Grijze velden, 1997

Luaide, 1996

Substantia, 1997

Des points cardinaux, 1997

Photonachweis:

The Nelson-Atkins Museum of Art, Kansas City, Missouri (Purchase: Nelson Trust) S. 100; de Cugnac, Fabien: S. 190, S. 197; Daem, Kristien: S. 194, S. 200, S. 201, S. 204, S. 208, S. 214, S. 219–223; Dee, James: S. 210; Frac Pays de la Loire: S. 209 (oben); Haartsen, Tom: S. 209 (unten); Hardman-Jones, Jerry: S. 216, S. 218; Huysmans, Bart: S. 184–187; Linders, James: S. 205; Maranzano, Attilio: S. 210–211; Mayaert, Paul R.: S. 206–207; Petzi, Wilfried: S. 212; Sonneveld, Hans: S. 178–183; Ysabie, Piet: S. 191, S. 195, S. 199; Whittuck, Andrew: S. 213, S. 217

Wir haben uns bemüht, alle in diesem Buch reproduzierten Photographien dem jeweiligen Photographen korrekt zuzuordnen. Sollten Sie Ihre Urheberrechte nicht berücksichtigt sehen, wenden Sie sich bitte an den Kunstverein München.